ERIKA APPEL

DEM ROTEN STURM ENTKOMMEN

HV

ERIKA APPEL

Dem roten Sturm entkommen

Die abenteuerliche Flucht einer jungen deutschen Frau 1945

HOHENSTAUFEN VERLAG

Die Wiedergabe der Zeichnung auf dem Umschlag nach einer Originalzeichnung von Professor Ernst von Dombrowski aus Privatbesitz

CIP-Kurztitelaufnahme der Deutschen Bibliothek

Appel, Erika:
Dem roten Sturm entkommen: d. abenteuerl.
Flucht e. jungen dt. Frau 1945 / Erika Appel. –
Berg/Starnberger See; Bodman/Bodensee:
Hohenstaufen-Verlag, 1986.
ISBN 3-8056-3901-5

Printed in Germany
Gesamtherstellung: Ebner Ulm
ISBN 3-8056-3901-5

BERICHT EINER FLUCHT

»Sie können sich darauf verlassen, meine Damen und Herren, daß die deutsche Reichsregierung, die Ihnen in guten Zeiten mit Rat und Tat zur Seite stand, Ihnen auch in Notzeiten ihre Hilfe nie versagen wird. Sollte sich also ganz unerwarteterweise die Frontlage so verschlechtern, daß unsere Landsleute in Gefahr geraten, dann werden wir Ihnen rechtzeitig die nötigen Anweisungen und Befehle zukommen lassen, die für die Sicherheit der Schüler, des Aktenmaterials und natürlich auch für Ihre eigene, unerläßlich sind. Gehen Sie beruhigt in Ihre Dörfer. Berichten Sie von dem unerschütterlichen Siegeswillen, der in uns allen steckt! Festigen Sie den Glauben an die deutschen Waffen. Die unermüdliche Schaffenskraft unseres geliebten Führers ist ungebrochen.
Adolf Hitler! Sieg Heil! Sieg Heil! Sieg Heil!«

Siebenunddreißig Lehrer und Lehrerinnen springen von ihren Sitzen auf. Sie recken die Arme und stimmen in den Ruf ein. Der Schulrat, der aus P. gekommen ist, um zur »Lage« zu sprechen, verläßt das Schulhaus. Es wird still im Raum. Die Lehrer des Kreises, die sich in der engen Aula der Volksschule von B. eingefunden haben, schieben sich aus den Bänken. Alle fühlen in diesen Augenblicken wohl, daß es das letzte Mal sein wird, daß wir uns hier in diesem kleinen, polnischen Landstädtchen versammelt haben. Alle fühlen es, aber keiner spricht es aus. Keiner will es wahrhaben und keiner will darüber nachdenken.

Die lange Durchgangsstraße des Ortes, mit den niedrigen, alten, verschmutzten Häusern liegt friedlich und still da. Am Schulhaus lehnen klapprige Fahrräder. Daneben stehen drei Kastenwagen. Die polnischen Kutscher hocken, in graue Wolldecken gehüllt, auf den Sitzbrettern. Ihre Pelzmützen haben sie weit über die Ohren gezogen. Wie angefroren hängen die Reste ausgeglühter Zigaretten unter ihren vereisten Bärten. Die Pferde, zottig und schläfrig, dösen mit hängenden Köpfen. Es ist so kalt, daß man sich so wenig wie möglich bewegen möchte, um nur keine Luft an den Körper zu lassen. Ein klarer Wintertag neigt sich dem Abend zu. Aus den Seitenstraßen ziehen feine, dünne Nebelstreifen aus den Feldern heran. Die Dorfstraße, die sonst im Lehm ertrinkt, ist knochenhart gefroren.

Heute bleibt uns keine Zeit für einen Abschiedsplausch. Jeder will so rasch wie nur möglich nach Hause. Die Schuldörfer liegen weit verstreut – und überall ist Partisanengebiet. Es ist gut, vor Einbruch der Dunkelheit im Haus zu sein. Die Einsamkeit nächtlicher, polnischer Landstraßen ist bedrükkend. Ich winke Katschmarek, unseren Gemeindekutscher, heran und klettere über das hohe Vorderrad zu ihm auf den Bock. Ruth, meine Kollegin aus dem Nachbarort, steigt hinten auf. Sehr fest wickeln wir uns in die dicken Felldecken. Mit steifen Fingern verknote ich mein Kopftuch unter dem Kinn. Katschmarek hat den Pferden die Futtersäcke abgenommen und stülpt sich die riesigen Handschuhe über. Dann geht es mit einem Ruck los. Schneeflecken liegen wie festgefrorene, ausgebreitete Leinentücher auf den Feldern. Es hat seit drei Tagen nicht mehr geschneit, aber die 24 Grad Kälte beißen sich durch den Fahrwind ohne Erbarmen in unsere Gesichter. 14 Kilometer! Trab-Schritt-Trab-Schritt – 14 Kilometer bis in mein kleines, vertrautes, Schuldorf, in dem ich bereits seit zwei Jahren 23 Jungen und Mädchen gemeinsam in einem Klassenraum unterrichte. Kinder von Volksdeutschen, Siebenbürger Bauern, Banatern, Bessarabien-Deutschen, Wolhyniern. Dicht an der Grenze des Generalgouvernements hat man diese Heimkehrer angesiedelt, als Bollwerk gegen den Osten. Es sind fleißige, genügsame Menschen, die gewohnt sind zuzufassen, und die hier im Dorf schnell heimisch wurden.

Drei Kilometer von meinem Schulort entfernt, in K., mitten in der polnischen Heide, hat Ruth ihre Schulstelle. Wir sind alte Freundinnen. Während des Studiums haben wir uns kennengelernt, haben unzählige Streiche gemeinsam ausgeheckt und auch hier, im Osteinsatz, sind wir nie länger als zwei Tage ohne Verbindung. Es ist uns noch immer etwas eingefallen, was wir dringend »bereden« müssen! Heute aber hocken wir schweigend auf dem Wagen. Als wir an der Straßenkreuzung ankommen, von wo aus ihr hohes, schmales Schulhaus bereits zu sehen ist, bittet sie mich: »Laß mich hier. Ich will noch rasch zum Förster. Er bringt mich dann heim. Ruf mich morgen an.« Ich nicke und sie stapft davon. Katschmarek hält mir seine Zigarette hin. Wir rauchen schweigend. Aus den Nüstern der Pferde steigen feine Dampfwölkchen auf. Die letzten zwanzig Minuten des Weges vergehen rasch.

Als ich daheim, vor dem Amtskommissariat, aussteige und die Treppe hinaufspringen will, ruft Katschmarek mich zurück. Langsam zieht er unter seinem Sitz meine Pistole hervor. Behutsam drückt er sie mir in die Hand. Er grinst und ich lache laut auf. Es ist immer das gleiche Spiel zwischen uns. »Wenn Deutsche das heimische Dorf verlassen, so ist es zu empfehlen, daß Sie ihre Schußwaffe bei sich führen«, so lautet die Anweisung, die wir erhalten haben. Ich habe auch häufig das Schießen mit dieser Waffe geübt und verstehe sie gut zu handhaben. Immer, wenn ich über Land fahren muß, achtet mein Mann darauf, daß ich die Pistole bei mir habe. Ich übergebe sie beim Einsteigen stets dem treuen Katschmarek und der verstaut sie jedesmal ordentlich unter seinem Sitz in der Futterkiste. Bei jeder Heimkehr blinzelt er mir zu und übergibt mir vorsichtig das wichtige Stück.

Heute steht mein Mann schon wartend an der Haustür. »Komm und erzähle«, drängt er. Überstürzt, ein wenig müde, gebe ich einen kurzen Bericht. »Vom Krieg, von der Front nichts?« »Nein, das Übliche!« Er schüttelt den Kopf, sieht mich etwas mitleidig an und verschwindet in seinem Amtszimmer.

Es ist der 12. Januar 1945. Im Osten tobt der Krieg. 85 Kilometer entfernt von uns kämpfen deutsche Soldaten verzweifelt, um die Russen vom Reichsgebiet fern zu halten.

Der nächste Tag verläuft und still und einförmig. Ein ganz gewöhnlicher Schultag. Ich denke nicht an Krieg, nicht an die Heimat, nicht an Gefahr. Unterricht, Pause, Diktat, Pause, Rechnen, Pause – – – alles läuft wie immer. Am Nachmittag beginnt es zu schneien. Es schneit die ganze Nacht hindurch. Früh haben besonders die Kleinen Mühe bis zur Schule zu kommen. Die Dorfstraße liegt unter riesigen Schneewehen. Hier ist ein Durchkommen unmöglich, solange die Bauern nicht geräumt haben. Vereinzelt fahren Pkw's auf der Reichsstraße entlang, die 200 Meter hinter dem Ort vorüberführt. Wir beachten sie kaum. Erst am Nachmittag, als der Verkehr ansteigt, werden wir aufmerksam. Truppenverschiebungen, denken wir – und arbeiten in gewohnter Weise weiter. Als sich die Nacht über das Land senkt, hat sich nichts Ungewöhnliches ereignet. Ein unendlicher, weißer Schneeteppich bedeckt das kleine, unscheinbare Dorf. Die Menschen haben sich in ihren Häusern verkrochen und weißlich-grau steigt Rauch in den jetzt sternklaren Himmel.

Plötzlich, es ist bald Mitternacht, wird das Dorf zu neuem Leben erweckt. Boten rennen von Haus zu Haus, Schlitten jagen in die Nachbarorte, Kutscher zerren Pferde aus den Ställen und die Bauern versammeln sich vor dem Gemeindehaus. Das erste Aufgebot des Volkssturmes ist aufgerufen. Um 1 Uhr stehen 16 Männer frierend zum Abmarsch vor der Bürgermeisterei. Mein Mann spricht kurz zu ihnen. Dann rücken sie ab. Das Knirschen der Schlittenkufen verhallt in der Nacht. In den Häusern erlöschen nach und nach die Lichter. Eiskalt flackern die Sterne.

Der Morgen bringt als Erstes ein dringendes Gespräch mit der Kreisleitung. Anfrage, ob in der vergangenen Nacht der Volkssturm befehlsgemäß abgerückt sei. Kaum ist die bejahende Antwort durchgegeben, da schrillt der Apparat wieder. Die Stimme des Batl.Führers des Volkssturms gellt aus der Muschel: Feige Bande – – –Volksdeutsches Pack – der Teufel soll sie alle holen! – – – Unser Bürochef bekommt rote Ohren. Seine Hände zittern. Er wagt die leise Frage, was denn eigentlich geschehen sei. Der Kreisleiter schaltet sich zu. Er berichtet kurz und zornig: Ihre Männer sind hier nicht angekommen! Die Schlitten wurden von einem russischen Flugzeug angegriffen. Im Feuer eines Maschinengewehres flüchteten alle Männer in den nahen Wald. Nach wenigen Minuten wurde zum Sammeln gerufen – – geschrieen –, gebeten, befohlen – Es erschienen nur sechs Mann! Den Rest hatte der Schreck vertrieben. So heftig hat sich wohl keiner von den Bauern den Kriegsbeginn für sich vorgestellt. Der dicke Bürochef murmelt verlegen etwas in die Telefonmuschel und hängt ein.

Die Schule fällt aus. Die Kinder stiefeln durch den Schnee wieder nach Hause. Erneut rennen Melder und Boten durch das Dorf und rufen die Männer noch einmal aus ihren Häusern, wo sie sich am gedeckten Kaffeetisch gerade von dem ausgestandenen Schrecken erholen. Auf klapprigen Lastwagen kommen ihnen nun sechs zuverlässige Volksstürmer mit Gewehren bewaffnet entgegen. Sie formieren unsere Leute neu und ziehen mit ihnen zum zweiten Mal ab. Wir erfahren, daß man sie in P. einkleidete, ihnen Panzerfäuste und Karabiner gab, und sie nach Litzmannstadt brachte. Dort verliert sich ihre Spur für immer. Ihr Schicksal ist bis heute unbekannt geblieben.

Um vier Uhr nachmittags wird das zweite und bereits um fünf Uhr das dritte Aufgebot des Volkssturms telefonisch angefordert. Im ganzen Bezirk bleiben nur noch wenige alte, kränkliche und unabkömmliche Männer zurück. Die sechzehn Reichsdeutschen sind für unentbehrlich erklärt worden, drei von ihnen sind durch alte Kriegsverwundungen auch noch frontuntauglich. Auf den Höfen sind nur noch die Bäuerinnen mit ihren Kindern und einige alte Großeltern. Acht Mann Feldgendarmerie, zwei Förster, ein Bezirkslandwirt, ein Amtskommissar, ein Bürochef, eine Lehrerin und das Ehepaar, welches das große Gut verwaltet, das sind die letzten Deutschen im Ort.

Man hat mich gebeten, den Telefondienst in der Bürgermeisterei zu übernehmen. Ich schiebe mir zwei Korbstühle zusammen und mache es mir am Schreibtisch bequem. Im Halbdunkel sehe ich dicke Flocken am Fenster vorübertanzen. Langsam nur verrinnt die Zeit. Eine Uhr tickt. Um halb zwölf schrillt die Glocke. Die Kreisleitung! Eine Liste der dienstverpflichteten Deutschen wird angefordert. Ich gebe Anzahl und Namen durch, danach schlafe ich in meinem Stuhl ein.

Am nächsten Vormittag versuche ich meine Freundin Ruth zu erreichen. Es meldet sich niemand. Der Gemeindebote, der am Mittag aus K. zurückkommt, berichtet, daß Ruth nach Pabianice gefahren sei. Ich rufe den mit ihr befreundeten Förster G. an und erfahre, daß sich Ruth mit viel Mühe und Liebe eine Rote-Kreuz-Schwesterntracht zusammengenäht hat und versuchen will, mit einem Zug in die Heimat zu kommen. Recht sprachlos bleibe ich zurück. Ganz fest drücke ich ihr in Gedanken die Daumen, auch, als die Entrüstung bei den zurückgebliebenen Deutschen förmlich überzuschwappen scheint. Als Berufstätige hätte sie auszuharren, bis der Befehl zur endgültigen Räumung erfolgt, muß ich mir oft anhören. Wie sollten damals die Menschen wissen, daß gerade dieser Befehl nie kommen würde?? – – –

Bis Mittag habe ich an jenem Morgen Telefondienst.

Langsam und müde gehe ich danach die Dorfstraße entlang, unserem Haus zu. In den meisten Gehöften stehen vollbeladene Fuhrwerke. Polnische Kutscher hantieren emsig an Rädern, Geschirr und Planen. Durch die Scheunen und Häuser hallen Rufe und Befehle der alten Bauern und der tüchtigen Frauen, die ihre Habe wohldurchdacht verpacken und aufladen lassen. Irgendwo heult jämmerlich ein Hofhund. Leer und öd erscheint mir heute der Ort. Ein Gefühl von trostloser Verlassenheit ergreift mich. Ich ziehe meinen Pelz zusammen und bin froh, als ich Cella, die volksdeutsche Telefonistin und Posthalterin am Fenster ihres winzigen Häuschens stehen sehe. Sie ist sich immer noch nicht im klaren, ob sie mit uns allen ins Reich fliehen soll, oder hier, in ihrer alten Heimat, den Ansturm der Russen abwarten soll. Vorsorglich aber hat sie ihre Sachen gepackt. Wir winken uns flüchtig zu.

Am späten Nachmittag schickt mein Mann Katschmarek mit den Pferden in die Schmiede. Sie sollen neue, geschärfte Stollen bekommen, die auf vereisten Straßen fest greifen. In der Zwischenzeit beginnen wir zu packen. Der robuste Panjewagen steht hinter unserem Haus. Irko und Janina, die polnischen Mädchen, brutzeln in der Küche. Sie wickeln Brote und Fleisch ein, füllen Kaffee in die leeren Flaschen, kochen Eier – und die Tränen laufen ihnen über die Wangen. Als es zu dunkeln beginnt, kommt Katschmarek zurück. Er führt die Pferde in den Stall und beginnt Körbe und Kisten zu verstauen. Über dem Wagen hat er eine große, starke Querstange befestigt. Er ist gerade dabei, zwei unserer Teppiche als Plane und Schutz darüber zu werfen, als die schwache Dorfsirene, die auf der Gendarmeriestation angebracht ist, Fliegeralarm gibt. Noch nie haben wir sie heulen hören – und wir kümmern uns auch jetzt nicht darum. Ruhig arbeiten wir weiter. Eine Stunde vergeht. Dunkle, tiefhängende Schneewolken schieben den Tag davon. Kein Flugzeug ist zu sehen oder zu hören. Janina steht auf dem Wagen und bindet vorsorglich zwei Pferdetränkeimer am Seitenbrett fest. Urplötzlich rollt es in der Ferne. Das Grollen wächst an – und wie ein Blitz ist Janina vom Wagen herunter. Zitternd versteckt sie sich hinter Katschmarek. Putzi, mein wolliger Polarhund, den mir freundliche Umsiedler geschenkt haben, verkriecht sich mit eingezogenem Schwänzchen unter dem Fuhrwerk. Am Horizont steigt langsam ein roter Feuerball empor. Ein grausig, schöner Anblick. Trotz Pelz und Stiefeln überfliegt mich ein Frösteln. Barry, unser mächtiger Bernhardiner sitzt unbeweglich neben mir und knurrt ärgerlich. Wir starren wie gebannt nach oben. Noch nie haben wir so etwas gesehen. »Pabianice? Belchatow?« Keiner antwortet. Keiner weiß es. Mein Mann kommt mit schweren Schritten durch den Garten: »Nun wird es Ernst. Wir werden wohl gleich den Befehl zum Abzug erhalten.« Der Himmel am Horizont verfärbt sich langsam in ein mattes Lila. Janina bekreuzigt sich. Sie verschwindet in der Küche. Wir werkeln weiter amWagen herum. Die Feuerspritze aus Kurnos jagt die Dorfstraße entlang. Auf den Trittbrettern an den Seiten klammern sich einige jungen Polen fest. »In S. brennt das Gutshaus. Gibt aber nichts mehr zu retten. Wir fahren heim«, schreien sie herüber. Wir gehen in die Küche, trinken heißen Kaffee und legen uns angezogen auf die Betten, die keine Bezüge mehr haben.

Um halb sieben weckt uns Irko. Nach einem flüchtigen Frühstück beginne ich wieder meinen Telefondienst. Wenn der Wind günstig steht, hören wir wie fernes Donnergrollen die Abschüsse der schweren Geschütze bis zu uns herüber. Ungeduldig erwarten wir den Befehl zum Abziehen. Sogar die polnischen Gemeindevorsteher werden unruhig. Immer wieder kommen die Leute von ihren Dörfern herüber und warnen vor zu langem Warten. Ich glaube, sie sind wirklich besorgt um uns.

Am frühen Nachmittag rollen Lastwagen mit Infanteristen durch das Dorf. Wendige Geländefahrzeuge huschen vorbei.

Auf der Reichsstraße drüben rasseln Panzer westwärts. Das Dröhnen der Radketten bringt unsere Fenster zu leichtem Beben. Wir haben keine Zeit, länger hinauszuschauen. Kein Fahrzeug hält an. Wir können mit keinem reden, keinen fragen. Erst viele Tage später erfahren wir, daß die Soldaten glaubten, die Ortschaften seien längst von allen Deutschen verlassen.

Wie aus dem Erdboden gewachsen steht bei einbrechender Dunkelheit plötzlich ein kleiner, wirrhaariger Soldat in der Tür. Er fragt in sehr schlechtem Deutsch nach »anderen Soldaten«. Unsere polnische Schreibkraft wird gerufen. Nach langem Hin und Her stellt sich heraus, daß der Mann ein Versprengter – ein Angehöriger der Wlassow-Truppe ist, der seine Leute bereits vor zwei Tagen verloren hat. Sein Pferd hat er bei sich. Es steht mit herabhängendem Zügel brav im Schnee. Mein Mann läßt den »Einsamen«, so taufen wir ihn gleich, in's Gutshaus bringen. Dort ist schon seit Tagen eine Sammelstelle für Versprengte eingerichtet. Der »Einsame« ist der Erste und zugleich auch der Letzte, der je dort aufgenommen wurde!

Aber es ist, als hätte das Erscheinen dieses Mannes unsere kleine Welt verändert.

Auf der Landstraße wird es still. Auch auf der Reichsstraße drüben ist kein Verkehr mehr. Ein beißender Ostwind pfeift um die Häuser. Die schweren Brettertüren der Stallungen knarren und quietschen. Ich liege zusammengerollt auf einer Decke auf dem Fußboden, neben dem Telefon. Es rührt sich nichts. Seit Stunden kein Anruf. Die Nacht scheint in einem großen Schweigen zu versinken.

Um zwei Uhr zehn fahre ich aus meinem leichten, nervösen Schlaf auf. Es ist mir unheimlich. Ich greife zum Hörer und rufe Cella an. Sie ist schrecklich aufgeregt und ängstlich. »Ich bekomme nirgends Verbindung mehr. Versucht es doch von dort einmal.« Ich laufe hinauf zu meinem Mann. Er ist vor Übermüdung am Schreibtisch eingeschlafen. Ich rüttle ihn wach. Unten probiert er sofort er sofort B. zu erreichen. Nichts! P. – auch nichts. Es gibt keine Anschlüsse mehr. Kein Ort meldet sich. Ratlos sehen wir uns an. Minuten werden zur Ewigkeit. Mir ist, als säßen wir allein auf einem riesigen Stern. Cella ruft zurück. »Was soll ich tun?« Mein Mann versucht sie zu beruhigen. Aber was soll er sagen, wenn es keinen Rat und keinen Trost mehr gibt? Hoffnungslosigkeit – Verzweiflung, Zorn –, alles durchflutet uns. »Versuch es nochmal mit Scerzow. Es liegt ja nur 6 Kilometer östlich von uns«, fordert mein Mann. Wir nehmen den Hörer zwischen uns. Es klingelt und klingelt. Das Warten zerrt an unseren Nerven. Gerade als ich resigniert auflegen will, knackt es in der Leitung. Eine Stimme brüllt: »Wer ist da?« Ich schreie in die Muschel: »Hier ist Gemeinde K. Wir bekommen mit keinem Ort mehr Verbindung. Was ist los?« Am anderen Ende bleibt es Sekunden still. »Hallo, so antworten Sie doch!« Dann spricht ganz ruhig eine Stimme zu uns: »Hier spricht der Ortsgendarmerieführer. Ich bin der einzige Mensch noch im Dorf. Die anderen Deutschen fuhren bereits vor sieben Stunden ab. Alle Polen sind in die Wälder geflohen und halten sich versteckt. Ich zerstöre jetzt das Telefon und versuche dann mich westwärts durchzuschlagen. Haben Sie noch Deutsche im Dorf?« »Ja, wir sind noch 16 Reichsdeutsche und 24 Umsiedler.« »Mann, haben Sie denn nicht das Stichwort zum Abmarsch erhalten?!« »Nein, nichts!« »Dann sind Sie verloren. Wir liegen unter Beschuß. Einige Häuser sind bereits völlig zerstört.« Dann ist es minutenlang still. Plötzlich wieder die Stimme, aufgeregt, zerrissen: »Ich vernichte jetzt den Apparat. Retten Sie sich. Viel ...« Ich starre auf den toten Hörer in meiner Hand. Wir können es nicht fassen. Wie gelähmt sitzen wir da. »Weg!« mein Mann springt auf. »Katschmarek! Kuischeck!« Der Kutscher und der Gemeindediener, die im Nebenzimmer auf der Erde geschlafen haben, stürmen herein. »Los! Durch das Dorf! In 5 Minuten müssen alle Reichsdeutschen und alle Bauern vor dem Amtskommissariat stehen. Abfahrbereit. Die übliche Treckaufstellung.« Der dicke Bürochef trippelt herein: »Und was wird mit den Meldelisten der polnischen Holzfäller?« Wir starren ihn fassungslos an. Er hat zwei Räume weiter so eifrig gearbeitet, daß ihm die ganze Aufregung entgangen ist. »Mensch, kommen Sie, wir müssen die Akten verbrennen. Die Russen stehen vor der Tür.« Die beiden Männer laufen hinaus. Ich reiße die Leitungsschnur aus der Wand und renne über die Straße zu unserem Haus. Mamsell, die gute, immer lustige Köchin der Feldgendarmen, steht in unserem Stall und schlachtet Hühner und Karnickel. Ich ziehe mich mit zitternden Händen an: Strümpfe, Wollsocken, lange Hosen und zwei Pullover übereinander. Ein Pullover hat nur einen Ärmel. Der ist noch nicht fertig geworden. Ich stopfe die Wolle rasch in den Korb. »Vielleicht habe ich irgendwo und irgendwann einmal Zeit«, fährt es mir durch den Kopf. Wie im Traum stelle ich das Radio an. Es läuft. Merkwürdig, daß man oft völlig sinnlose Dinge tut, wenn man in Hilflosigkeit zu ertrinken glaubt. Marschmusik! – In der Ferne rollen dumpfe Donnerschläge. Der Krieg greift nach uns.

Ich rufe nach Janina. »Kommt Cella mit?« »Ja, sie hat gepackt und will mit.« »Lauf zu ihr. Sie soll alle Kabel zerstören. Sie fährt mit Hellmanns. Das Fuhrwerk steht schon bereit.« Janina verschwindet. Ich ziehe den schweren Schafspelz über und klettere auf den Wagen. Irko gibt mir die Zügel herauf, während Katschmarek noch schnell einen Nagel durch den Teppich schlägt, der sich wie ein Zelt über den ganzen Aufbau wölbt. Mamsell läuft herbei. Sie steigt auf ein Wagenrad, umarmt und küßt mich und über ihr gutes, rundes, mütterliches Gesicht laufen große Tränen. Wir hatten uns immer sehr gern. Stets war sie der gute Geist im Haus. Unzählige Male hat sie mich mit spitzbübischem Lächeln gewarnt, wenn ich allein durch die Wälder reiten wollte. »Pani Erika, heute nicht nach S., prosze.« Ohne daß sie es aussprach, wußte ich dann, daß polnische Partisanen unterwegs waren, um heimlich Lebensmittel, besonders Zucker, in das Generalgouvernement zu schmuggeln. Da diese Männer sich immer verfolgt fühlten, war es besser, ihnen auf ihren Schleichwegen nicht zu begegnen.

Vor dem Gemeindehaus haben sich 13 Fuhrwerke versammelt. Mein Mann prüft in aller Eile die Aufstellung. Sechs Wagen aus einem Nachbarort fehlen. Es ist nicht möglich, sie in der kurzen Zeit zu verständigen. Im fahlen Licht eines diesigen Wintermorgens blicke ich herunter auf den jungen Wroblewski, unseren Frisör, sehe Pana Surbanietz, die Schreibkraft und Dolmetscherin, blicke zu Katschmarek herüber, zu Janina und kann auch meine Tränen nicht mehr zurückhalten. Plötzlich steht Irko an meiner Seite. Sie hat ihr kleines, vier Monate altes Kind im Arm. Es ist eingewickelt in viele bunte Decken. »Irko mitfahren. Hat Angst vor den Russen. Haben doch Vater erschossen.« Im Nu ist sie hinten im Wagen drin. Dann geht alles blitzschnell. »Setze dich an die Spitze« ruft mein Mann herüber. Die Pferde ziehen an. Mein Mann reitet am Ende des Zuges. Er erwartet die Wagen des Gutes, die sich aus einem Seitenweg heraus uns anschließen. Irgendwo bollert in der Ferne Geschützdonner. Ist das helle Tackern Maschinengewehrfeuer? Meister Oldenburg, der Gendarmerieführer, ruft mit gedämpfter Stimme nach vorn: »Schneller fahren! Schneller. Weit sind sie nicht mehr!« Das dumpfe Gerumpel der holpernden Wagen wird lauter. Die Pferde greifen kräftig aus. Ich lenke den Treck über festgefrorene Moorwege. Wie Tuchfetzen hängen graue Frühnebel zu beiden Seiten der schmalen, ausgefahrenen Straße. Barry, der plumpe Bernhardiner, springt in unbeholfenen Sätzen hinter uns her. Putzi, der Zottige, kläfft ab und zu in den trüben Morgenhimmel. Jeder fürchtet, daß sein Bellen uns verraten könnte. G., unser Revierförster, kommt nach vorn gelaufen: »Der Hund ist eine Gefahr. In jedem Ort kann der Russe schon sein. Soll ich ihn irgendwo anbinden?« Ich gebe Irko ein Zeichen. Sie springt herab und nimmt das

Tier zu sich herauf. Es wird hell. Ein klarer Morgen löst sich aus der nebelverhangenen Nacht. Frost schneidet sich messerscharf in unsere Gesichter. Das Trab-Trab der Pferdebeine wird von keinem anderen Geräusch unterbrochen. Nur nicht anhalten: Fahren und fahren – so weit westwärts wie es nur möglich ist. Eine unbeschreibliche Angst frißt in uns und treibt uns weiter.

An der Kreuzung nach Rozniatowice stoßen vier fremde Treckwagen zu uns. Gruß- und wortlos ordnen sich die Kutscher mit ihren Fuhrwerken in unseren Zug ein. Gehetzte Menschen, in Schweigen gehüllt! Die Pferdekörper dampfen. Ich fahre wieder einmal ein Stück im Schritt. Die Straße ist glatt. Noch sechs Kilometer bis S.

Vor der winzigen Kleinstadt halten uns zwei Soldaten an. Im Wald, hinter einem zusammengefallenen Holzstoß, haben sie sich verborgen. In ihren weißen Tarnhemden sehen sie aus wie lustige Schneemänner. Sie deuten in einen Waldweg hinein. Wir hören nur Wortfetzen: Zur Warthe – Panzer – Vorsicht – Straßenkämpfe – schneller –. Mein Mann reitet an unseren Wagen heran: »Komm, umdrehen. In S. waren schon russische Spähpanzer. Wir müssen im Wald weiterfahren und sollen alle Ortschaften meiden.« Er greift herab und zieht die Pferde herum. Der Waldweg ist hoch schneebedeckt. Wir kommen nur mühsam vorwärts. Nach etwa einer halben Stunde halte ich an. Meine Hände sind vom Führen der Zügel fast steifgefroren. Alle Wagen rücken auf. Die Fuhrleute springen herab, laufen mit kurzen Schritten hin und her und schlagen die Arme mit kräftigen Schwüngen um die Schultern. Irko klettert herunter und kommt mit dem Bündel Mensch zu mir. »Pani Erika, mein Kind erfriert. Ich nicht weiter mitfahren. Ich zurück.« Zwei alte Bauern kommen dazu. »Wir sind mehr als dreißig Kilometer von K. fort. Wirst du heimfinden?« Irko nickt. »Bis S. sind's nur ungefähr vier Kilometer. Geh' dorthin, den Weg zurück«, rät mein Mann. Irko verabschiedet sich weinend. Ich streiche ihr über das dicke Kopftuch: »Viel Glück!« Ich verstehe sie. Dies ist ihr Land. Es sind ihre Menschen und es ist ihr niedliches, kleines Baby, das sie retten will. Wer weiß, was mit ihr im Reich geschehen würde? Ob sie dort bei mir bleiben kann? Welcher Zukunft fahren wir entgegen? In der einen Hand ihre volle Tasche, auf dem anderen Arm das Kind, so stapft sie durch den hohen Schnee davon. »Irko«, ich springe vom Wagen und laufe hinter ihr her. »Nimm den Hund mit. Auf dich hört er, bei dir bleibt er gerne – und er wärmt euch.« Sie dreht sich um und ruft halblaut: »Putzi!« Mit einem Satz springt der kleine Kerl vom Wagen und läuft hinter ihr her. Ein kurzes Winken, dann verschwindet sie grau und fern zwischen den verschneiten Bäumen und Büschen. – Ob sie es geschafft hat? Ob sie überlebte? Ob das Kind gerettet wurde? Dreiunddreißig Jahre sind vergangen und nichts weiß man von den Menschen, mit denen man ein Stück Wegs zusammen ging. –

Mein Mann steigt auf den Kutschbock. Der Treck setzt sich in Bewegung. Ich reite nebenher. Wir überholen drei Flüchtlingswagen, die noch eine Weile hinter uns herrollen, dann aber zurückbleiben, da die Pferde nicht gut beschlagen sind. Sie können mit unseren Tieren nicht Schritt halten. Der Wald ist ohne Ende. »Hoffentlich reicht er bis zur Warthe«, bete ich verzweifelt. Alle fürchten wir die endlos weiten Ebenen des polnischen Landes. Wo sollen wir uns auf freiem Feld vor den russischen Panzern und den brummenden Jabos verstecken?

Viele, viele Kilometer haben wir noch vor uns. Aber keiner weiß genau wie viele! »Die Warthe«, so gellt es uns in den Ohren. Dort soll die gewaltige Verteidigungslinie sein. Dort werden wir Schutz bekommen. Dort sind wir gerettet. Ich habe ein unbändiges Verlangen nach Menschen! Nach vielen Menschen, hinter denen man sich verstecken kann – die einem das schreckliche Gefühl des Alleinseins fortnehmen –, die einen schützend umstellen. Dumme, merkwürdige Gedanken fliegen durch meinen Kopf. – Die Pferde greifen noch gut aus. Es ist keine Zeit zum Träumen. Ich reite an die Spitze und lasse das Knarren der Räder und das Trommeln der Pferdebeine hinter mir. Ob der Wald noch lange genug Deckung bietet? Etwa 500 Meter bin ich voraus – da steigt Angst in mir hoch. Freies, weites Land liegt vor uns. Was nun? So weit ich sehen kann, nur Weiß –, unendliches Weiß! Kein Dorf – kein Laut. Ebenes Land. Ich reite zurück. Unter den letzten verschneiten Bäumen halten wir. Die Männer beratschlagen. »Die Pferde brauchen Rast. Es ist bald ganz dunkel. Laßt uns etwas schlafen.« Die Futtersäcke werden herausgekramt. Wir verkriechen uns unter den Federbetten, kauen hartes Brot und fallen in einen kurzen, traumlosen Schlaf.

Mein Mann weckt mich. »Es müssen noch ungefähr 13 Kilometer bis nach L. sein. Wir fahren weiter. Noch bietet uns der Frühnebel etwas Deckung.« Es bleibt keine Wahl. Wir müssen weiter. Mit vereinten Kräften heben wir Barry auf den Wagen. Seine Pfoten sind blutig. Auf den warmen Decken schläft er sofort ein. Weiter! Die Warthe! Das ist ein Zauberwort. Das verleiht uns neue Kräfte.

Mein Mann fühlt sich mit dem Gespann recht unsicher. Wir wechseln die Plätze. Gut, daß wir so viele Stangen Zigaretten mit haben. Das Rauchen vertreibt etwas die Angst, und es wärmt!

Nach einer guten Stunde tauchen in der Ferne die ersten Häuser von L. auf. Aus Seitenwegen schieben sich fremde Treckwagen zwischen uns. Bis in diesen Kreis hinein kamen wir früher ab und zu bei sonntäglichen Fahrten oder Ritten. Worte und Grüße fliegen hinüber und herüber. Hier haben einige noch Bekannte und Freunde. Die Stadt aber erkennt kaum einer wieder. Alle Straßen sind verstellt. Der Marktplatz ist völlig verstopft. Hunderte von drängenden, schiebenden Menschen, ineinander verkeilte Wagen, ein Schreien, ein Schimpfen, Flüche – ein wirrer, verknäulter Haufen zügellos, ungeordnet Flüchtender! Pferde werden wild vorwärts gepeitscht, schlagen verängstigt um sich – Wagen rammen sich rücksichtslos. Das Brechen von Holz geht unter in Hundegekläff und hellem Wiehern. Jeder ist sich selbst der Nächste. Über allen liegt zornige Verzweiflung oder aber lähmender Fatalismus. Mitten im Gewühl entdeckt jemand den Bezirkslandwirt H. mit seiner Frau. Ihr schwerer Leiterwagen hat sich im Gewirr völlig festgefahren. Ratlos starren sie in die drängende Masse um sich herum. »Hallo, Heinz!« Mein Mann, auf dem Pferd beweglicher als wir mit den schweren Wagen, schiebt sich zu den Beiden durch. »Schließen Sie sich an!« Brüllen, fluchen, ausweichen, zusammenstoßen – ein Chaos! Nach einer halben Stunde haben sie es geschafft. In einer Nebenstraße reihen sie sich endlich ein. Andere Bauernwagen schließen sofort auf. So rasch als möglich versuchen wir aus dem Ort herauszukommen. Wir sind überflutet von Parolen aller Art: In unserem Ort sind bereits die Russen – nur 4 Kilometer hinter uns steht feindliche Infanterie – unsere Gehöfte brennen – meinen Nachbarn haben sie im Wald erwischt und einfach erschlagen – – –

Uns schwirrt der Kopf. Mein Mann taucht plötzlich neben mir auf. »Wenn wir uns nicht beeilen, werden wir eingeschlossen. Im Umkreis von 80 Kilometer gibt es keine Deutschen. Sie sind bereits vor Tagen alle geflohen.« Polen haben es ihm erzählt. Sie haben in fast allen Ortschaften hier schon von den leerstehenden Häusern, Wohnungen und Höfen Besitz ergriffen und ausgeräumt, was noch brauchbar ist. Und das ist für die Polen vieles!

Wir sind erschöpft und müde. Der Frost frißt sich eisig durch die Mäntel und Decken. Auf einem Wagen hinter mir weint ein Kind. In den verlassenen Dörfern, die wir durchfahren, streunen scheu Polen umher. Sie verschwinden flink in ihren Häuschen. Nirgends steigt Rauch auf. Ein Windstoß reißt erbarmungslos die Teppichplane hinten am rechten Wagenende ab. Langsam senkt sich Dunkelheit über das

Land. »Im nächsten Dorf rasten wir! Die Pferde halten sonst nicht durch.« Mein Mann verschwindet schemenhaft im düsteren Grau des Abends. Später, als wir in ein verlassenes Dorf einfahren, steht er an der Seite und weist die Leute ein. Alle Höfe sind leer. Offene Scheunentore quietschen in den Angeln. Vier Kühe stehen angebunden im Stall. Nun kommt Leben in uns. Überall ist das Klappern von Eimern zu hören. Im Nu sitze ich auf einem Hocker und leere einer Kuh das überpralle Euter. Zwei große Töpfe fülle ich. Die warme Milch gießen wir gierig in uns hinein. Die dritte Schüssel lasse ich für Barry stehen. Er schlappert sie mit sichtlichem Behagen. Ich spanne die Pferde aus und führe sie in die Scheune. Futter ist genügend da. Ich kann ihnen reichlich vorlegen. Im Haus ist es kalt. Wir dürfen nicht heizen. Der Rauch könnte uns verraten. Unser Eßvorrat ist knochenhart gefroren. Zum Glück finden wir Kartoffeln, Fett und gefüllte Sirupgläser. Nach diesem herrlichen Mahl legen wir uns zu den Kühen in den Stall. Es ist warm und behaglich. Nach Minuten schlafen wir ein.

Es ist noch dunkel, als ich einspanne. Einer unser Gendarme läuft von Haus zu Haus und treibt die Leute an. Die fünf Stunden Rast haben uns und auch die Pferde gestärkt. Sie haben sich runde Bäuche angefressen und fast zwei Eimer Wasser geleert. Nun hat uns die Landstraße wieder. Beim Reiten und Fahren wechsle ich mich mit meinem Mann ab. Wenn ich auf Berko sitze, bleibt immer etwas Zeit, sich an einen Wagen heranzuschieben und nach dem Woher zu fragen. Ganz langsam wächst unsere Treckgemeinschaft ein wenig zusammen. Zweiunddreißig Wagen haben sich vereint und ziehen wie eine lange Schlange ihre Spur durch den Schnee. Berko ist eine vorzügliche Verbindung zwischen Zuganfang und -ende. Bereitwillig trabt er hin und her und steht fest auf seinen Beinen. Die Zugpferde haben es schwerer. Übervollbepackte Wagen sind schwer zu ziehen. Auf den glatten Straßen schleifen die Gefährte oft schräg über die graugefrorene Fläche. Verzweifelt versuchen sich dann die Tiere mit den Hufen in das Eis der Chaussee festzukrallen.

Kurz vor Opatowek überholt uns eine Flakeinheit. Wir drücken uns mit den Wagen an die Seite und lassen die Autos vorbei. Ein junger Soldat erblickt unseren Barry und ruft herüber: »Wozu braucht ihr diesen Mordshund? Den bringt ihr ja doch nicht bis ins Reich.« Das Auto hält, der Bursche kommt herüber. »Ach, der arme Kerl hat schon ganz wunde Pfoten. Gebt ihn uns mit. In zwei Tagen sind wir sicher schon an der Grenze.« Ehe ich mich entscheiden kann, hat mein Mann schon zugestimmt. Vier Männer stemmen mit Schwung den massigen Hundekörper auf ihr Auto. Meine Kehle ist zugeschnürt, aber ehe ich recht zu mir komme, braust der schwere Lastwagen davon. Es bleibt keine Zeit zum Nachdenken. Die Pferde ziehen an. Es geht weiter. Der Warthe zu! –

Hinter einem sehr kleinen Dorf – die Landstraße macht nach dem letzten Haus einen starken Bogen – ist der Weg gesperrt. Drei Wehrmachtsoffiziere stehen rechts und links. Neben ihnen zwei Soldaten mit Karabinern. Jedes Fuhrwerk halten sie an. Die wehrfähigen Männer suchen sie heraus und schicken sie in das trostlose Nest zurück. Wir hören, daß sich immer wieder Soldaten abzusetzen versuchen, sich bei Trecks verstecken und sogar verkleidet in die Heimat gelangen zu wollen. Fassungslos blicke ich den jungen Hauptmann an. Während wir um unser Leben fahren... »Es sind nicht viele«, sagt er lachend. »Heute nur vier.« Gendarmeriemeister Oldenburg stellt sich mit seinen Männern sofort zur Verfügung. »Na, die Leute, die Sie haben, sind alle etwas alt, aber wir sind über jeden Mann froh, denn je länger wir uns hier festhalten können, desto mehr Menschen können gerettet werden und erreichen die Heimat noch.« Ein flüchtiges Winken, einige kurze Rufe – wir fahren weiter. »Ich glaube, die Männer sind richtig froh, daß sie den langweiligen Streifendienst los sind. Er hing ihnen zum Halse raus«, versichert mir mein Mann. Dann setzt er sich wieder an die Spitze. Ein alter Landser dirigiert uns in einen Seitenweg. »Ihr müßt wenigstens zwei Kilometer zurückfahren. In dem Ort vor uns ist ein russischer Stoßtrupp gesehen worden.« Der Schreck fährt uns in die Glieder. Ich treibe die Pferde an und bin froh, als uns ein kleiner Wald aufnimmt. Doch nach wenigen Minuten schon entdecken wir im Unterholz, zwei überladene Panjewagen. Die Bauern, die drei Kinder bei sich haben, deuten auf die Hufe ihrer Pferde. Sie sind mit dicken Lappen umwickelt. »Hier ist der Russe nahe. Wir müssen sehr leise sein. Geht neben den Gäulen her und haltet ihnen die Nüstern zu, falls sie schnauben.« Ich lenke meinen Wagen in den weichen Schnee. Alle Sinne sind zum Zerreißen gespannt. Schon das Brechen eines Astes läßt uns zusammenschrecken. In der Ferne brummt ein Flugzeug. Sehr langsam gleitet der Treck voran. Als der Wald lichter wird, erkenne ich vor uns Eisenbahnschienen. Ich halte. »Wartet hier! Ich reite vor.« Mein Mann kehrt nach wenigen Minuten zurück: »Da vorn ist ein Bahnhof. Wollen wir hin?« Die Bauersfrauen nicken froh. Vielleicht glauben sie doch noch an die Möglichkeit, mit den Kindern im Zug ins Reich zu kommen? Als wir das winzige Bahnhofsgebäude erreichen, sehe ich Leute mit Kisten, Koffern, Kartons und Säcken auf der Erde, an der Hausmauer sitzen. »Kommt hier denn noch ein Zug durch«, rufe ich halblaut hinüber. »Wir wissen es nicht. Wir warten schon seit gestern.« Eine alte Frau wiegt ein Kleinkind auf dem Schoß. »Es kam schon mal ein Zug durch – heute früh, als es fast noch dunkel war. Aber er hielt nicht. Er war voller Soldaten. Sie winkten nicht einmal.« Wir bieten der Frau an mit uns zu fahren. Sie schüttelt den Kopf und sagt sehr ruhig: »Dann bringe ich mein Enkelchen nicht lebend nach Deutschland. Hier im Haus ist's nachts noch bissel warm. Zweihundert Meter von hier sind drei Höfe. Da ist keiner und wir melken uns selbst die Milch für die Kinder. Vielleicht kommt doch noch ein Zug... Aber tagelang auf einem Wagen« – Die Bauern hinter mir drängen zur Weiterfahrt. Ich schnalze mit der Zunge. Wohl hundert Meter vom Gebäude entfernt ist ein Übergang. 10 oder 14 Wagen schließen sich an.

Plötzlich höre ich deutlich in der Ferne das Rollen eines Zuges. Ich gebe den Tieren die Peitsche. Im Trab überquere ich die Gleise. Hinter mir rattern über die Bohlen noch ein paar Wagen. Etwas abseits, unter dürren, kahlen Bäumen halte ich an. Ich drehe mich um. In diesem Augenblick geschieht so vieles auf einmal, daß ich es nur verschwommen registriere. Ich blicke zurück. Flüchtig nur. Die anderen Fuhrwerke warten jenseits der Schienen. Am Himmel jagen drei dicke Flugzeuge heran. Nicht sehr hoch – laut. Die gedrungenen Maschinen heulen wie zornige Wespen. Der Zug braust heran. Ich erkenne das große rote Kreuz auf einem weißen Tuch. Es ist über die Lokomotive gespannt. Aber dann ist schon ein Pfeifen und Tosen um mich. Ich sehe Feuer aufsteigen. Mit einem Satz bin ich vom Wagen, laufe zwei, drei Schritte und werfe mich auf den Acker. Ich höre das Bersten und Krachen von Einschlägen und drücke mich noch fester in die Erde. Dann ist es still – bedrückend still. – Vorsichtig hebe ich den Kopf, ziehe die Schultern hoch und atme tief. Ich glaube, ich bin unverletzt. Neben mir liegen drei alte Bauern, dicht dahinter eine Frau, die ein Mädchen an sich preßt. Die Männer stehen auf. Meine Beine zittern noch so sehr, daß ich, an einen Baum gelehnt, sitzen bleibe. Drüben am Bahnhaus brennen einige Waggons. Es riecht nach Holz. Rauch beißt in den Augen. Die Lokomotive hat den Angriff am besten überstanden – der Tender hängt schräg. Einige Wagen sind aus den Schienen gesprungen. Überall liegen Eisenteile herum. Menschen schreien. Soldaten rennen hin und her. Wie ein Film des Grauens läuft alles vor meinen Augen ab. Nur wenige Minuten sind vergangen, doch für uns scheint es eine Ewigkeit. Überall auf den Feldern stehen Pferde mit zerrissenem Geschirr und zitternden Flanken. Umgestürzte Wagen, verstreuter Hausrat, Kleidung, weinende Frauen. Erst jetzt vermisse ich meinen Mann. Ich bin mir nicht im klaren, ob er hinter mir die Gleise noch überquert hatte, oder zurückgeblieben war. Wie benommen gehe ich auf die Straße zurück. Hinter einer zur Hälfte aufgerissenen Kartoffelmiete entdecke ich unseren umgestürzten Wagen. Zitternd stehen die Pferde davor. Sie haben sich im Geschirr verfangen und ich beginne, sie aus den Leinen zu wickeln und zu schneiden. Plötzlich steht mein Mann neben mir. »Bist du in Ordnung?« Er faßt mich an den Schultern. »Die Beine zittern mir noch.« Berko, den er am Zügel führt, guckt mich mit riesigen Augen an. Schaumflokken hängen an seinem Maul. Wir arbeiten gemeinsam. Als der Wagen wieder steht, binden wir die Pferde an einen Baum und gehen hinüber zum Bahnhof. Zu dem, was von ihm übriggeblieben ist. Schwestern in Tracht rennen hin und her. Landser heben Verwundete aus den Waggons. »Ein Glück, daß diese Jagdflugzeuge keine großen Bomben mit sich führen, sonst wären wir jetzt alle hin«, meint ein spindeldürrer Leutnant, der seinen Arm in der Schlinge trägt. Wir suchen nach der alten Frau mit dem Kind. Ganz still und zusammengekauert sitzt sie in einer Mauerecke. Kopf und Mantel sind weiß, staubbedeckt. »Kommen Sie!« Schweigend steht sie auf, geht müden Schrittes hinter uns her. Mein Mann hebt sie in den Wagen, reicht ihr das Kind nach. Mit dem großen Federbett decken wir sie zu. Jetzt beginnt für uns die Arbeit. Wir schuften bis in die späte Nacht hinein. Die Pferde müssen eingefangen, Geschirrzeug so gut wie möglich repariert, die Fuhrwerke ausgebessert und neu beladen werden.

Drei Pferde sind tot, zwei nicht mehr aufzufinden. Eine Frau ist verletzt. Ihr umstürzender Wagen riß sie mit. Auf den Feldern suchen wir zusammen, was uns noch wichtig erscheint. Lange nach Mitternacht wickeln wir uns unter den Bäumen in die Decken und schlafen sofort ein.

Als der Morgen graut, geht das Ordnen des Trecks weiter. Drüben am Bahnhof ist immer noch geschäftiges Treiben. Uns bleibt keine Zeit um hinüberzugehen. Wir haben auch keine Zeit für Mitleid, Entsetzen und Trauer. Wir flicken Zügel, klopfen Bretter fest, nutzen die Stunden zum Füttern und Tränken. »Es geht um jede Minute. Wir müssen weiter«, schimpft der alte Oberförster. »Wie schnell können die Russen ihre überall verstreuten Panzereinheiten herbeirufen. Los, so macht schon!« Drei leichtverwundete Soldaten sitzen noch bei einem Bauern auf. Die Leute, die ihre Wagen oder Pferde verloren haben, verteilen wir im Treck. Jeder drängt zur Eile. Als ich anfahre, beginnt es zu schneien. Die Männer haben einen Weg ausgemacht, der rechts und links von dünnen Bäumen etwas geschützt ist. Die Angst vor freiem Gelände steckt noch tief in uns.

Schneeflocken umwirbeln uns. Wir treffen auf keine Menschenseele. Der Tag vergeht. Wie ein gewaltig weißes Federbett liegt das Land vor uns. Hinter uns verschluckt es die Nacht.

Ein verlassenes Dorf nimmt uns auf. Kühe brüllen laut. Ihre prallen Euter schmerzen. Zum Glück hat der vernünftige Bauer die Tiere freigelassen. Sie stehen im Hof, neben einem Brunnen, und sehen uns mit ihren großen Augen flehend an. Alles sieht sauber und gepflegt aus. In der offenen Scheune liegt genügend Futter für die Tiere. Ich spanne aus, füttere und tränke. Mein Mann teilt die Wachen ein.

Im Haus finden wir nur kalte, gekochte Kartoffeln. Sie schmecken wunderbar! Die Betten sind aufgeschlagen und überzogen. Wir schlafen mit den Kartoffeln in der Hand ein.

Das Brüllen der Kühe weckt uns noch vor dem Klopfen der Wache. Füttern, tränken, ein- und ausspannen sind inzwischen für mich vertraute Arbeiten geworden. Während die Frau auf meinem Wagen die Zügel hält, melke ich noch rasch einige Kühe aus. Wir wollen auch auf der Fahrt noch etwas von dieser warmen Köstlichkeit mitnehmen. Noch sind nicht alle Fuhrwerke bereit. Ich nutze die Zeit und melke, einfach auf die Erde, in den Schnee, um den gequälten Tieren etwas Erleichterung zu verschaffen.

Wieder ein Tag! Einsamkeit! Man hat uns wirklich vergessen. Es ist, als wären wir allein auf der Welt. Wohin wir auch kommen, die Deutschen sind geflüchtet – die Polen halten sich vor uns versteckt. Hühner, Enten, Gänse, ja sogar Hunde und Katzen sind verschwunden. Nur Kühe und Schweine stehen in den Ställen oder laufen verloren über die verschneiten Felder.

Dem dicken Bürochef ist das linke Wagenrad gebrochen. Hastig verteilen wir sein Hab und Gut auf andere Fuhrwerke. Er klettert schwerfällig auf den langen Leiterwagen, den die Frau des Bezirkslandwirtes lenkt. Ihr Mann kommt mit einem gefundenen Pritschenwagen, der Gummiräder hat, hinterher. Es geht nur mühsam voran. Die Pferde scheinen erschöpft – und wir sind es auch. Mir ist kalt. Ich tausche mit meinem Mann die Plätze. Das Reiten macht mich etwas munterer. Es beginnt zu dunkeln, als ein schneidender Wind aufkommt. Ich bin dem Zug ein wenig voraus. Ein Dorf taucht auf. Zehn Häuser vielleicht. »Laß uns ausspannen. Wir können alle nicht mehr.« Mein Mann nickt. Der Treck verteilt sich. Nach kurzer Zeit erscheinen die Gespannführer in der Stube unseres niedrigen Bauernhauses. Wachen werden eingeteilt, der Marschplan für den neuen Tag besprochen. Wir schleppen Stroh in den Schweinestall. Im Zimmer zu schlafen, wagen wir nicht. Niemals!

Es ist dunkel, als uns ein Rattern und Rollen weckt. Der Boden unter uns zittert. Wir kriechen auf allen Vieren bis zur Stalltür, wagen aber nicht, sie aufzuschieben. Mein Mann legt mir seinen Finger auf den Mund. Regungslos liegen wir nebeneinander. Durch die Ritzen der Türbretter versuchen wir nach draußen zu spähen. Nichts zu erkennen. Mein Mann flüstert mir ins Ohr: »Panzer.« Die Frau, die auf unserem Wagen mitfährt, schiebt sich neben mich. Ich fühle ihre Lippen an meinem Ohr: »Sind es Deutsche?« Sie spürt das Zucken meiner Schultern. Ich fühle mein Herz bis zum Hals hinauf pochen. Die Angst nimmt mir fast den Atem. Noch heute spüre ich im Halbschlaf den gleichen Schrecken, wenn ein schwerer Lastwagen an meinem Schlafzimmerfenster vorüberrattert.

Das Rollen wird leiser, schwächer. »Nicht rühren! Warten.« Neben mir grunzt unverdrossen, wohlig und behaglich eines der vier Schweine. Meinen Mann hält es nicht mehr im Raum. Millimeterweise schiebt er die Tür auf. Er gleitet auf dem Boden hinaus in den Hof. Ich krieche ihm nach. Das Kettenrasseln wird wieder lauter. Wir springen auf, laufen drei Schritte und werfen uns nebeneinander dicht an die Mauer. Direkt neben dem Hoftor. Eng pressen wir uns an die Steine. Eine Ewigkeit vergeht bis der Panzer heran ist. Ohne zu stoppen rattert das Ungetüm die Dorfstraße wieder herab. Erst als es ganz still ist, wagen wir uns in den Stall zurück. Das Bübchen weint in den Armen der völlig verängstigten Großmutter. Wir setzen uns zu den beiden und schweigen. Als die Stalltür behutsam aufgeschoben wird, schlüpft J., der Gutsverwalter herein. »Sie sind weg. Es waren Russen. Sie hatten den Turm oben auf und fuhren ganz nah an dem Brunnen vorbei, hinter dem ich zum Wachen lag. Mensch, da haben wir aber Schwein gehabt.« Einer der Umsiedlerbauern kommt herüber. »Es waren zwei Panzer«, berichtet er. »Einer blieb am Dorfeingang zur Sicherung stehen. Ich hab' gebetet, daß sich keiner von unseren Leuten rührt. Die Wagen haben sie gar nicht beachtet.« Die Stimme des Mannes zittert noch immer. Der Schock, zum ersten Mal direkt mit den Russen konfrontiert zu sein, ist so stark, daß wir übereinkommen, sofort wieder aufzubrechen. Wir haben kaum drei Stunden gerastet. Es ist noch tiefe Nacht. Mit klammen Fingern spanne ich wieder ein. Mit brennenden, aber wachen Augen fahren wir los.

Der Tag bricht an. Augenbrauen und Wimpern sind weiß

gefroren. Die Pferde trotten mit hängenden Köpfen. Zusammengesunken sitzen die Fahrer auf ihren Böcken. Es geht westwärts – ins Nichts? In die Heimat? – In uns hämmert noch immer das Wort »Warthe«. Es ist wie ein Fanal – es treibt uns an und gibt uns Kraft.

Am Mittag stoßen wir auf andere Wagen. Der Zug wird immer länger. Schweigend reihen sie sich ein und das endlose Flüchtlingsband gleicht einem riesigen, müden Heerwurm. Wir müssen in der Nähe der Warthe sein. Wir fühlen es. Aber wo ist der Übergang? Wo ist der gewaltige Warthedamm? Wir wissen noch nicht, daß die Teilstrecke, die wir nun zurücklegen müssen, so grauenhaft sein wird, daß sie für alle, die sie miterlebt haben, unvergessen ist. Wie ein Zeichen letzter Konzentration aller körperlicher und seelischer Kräfte, aber auch gleichzeitig ein Symbol sinnloser Aufopferung unzähliger, gehetzter, getriebener Menschen, deren hintergrundslose Gläubigkeit hier elend zerbricht, so steht dieser Zug über den Warthedamm vor den Augen der Erinnerung aller derer, die ihn überlebten. Die Nacht auf dem Warthedamm wird noch lebendig sein, wenn die anderen Erlebnisse unserer Flucht längst verblaßt sind.

Der Weg des Schreckens beginnt unendlich mühsam. Im Schritt nur kommen wir vorwärts. Die Wagen drängen sich dicht an dicht. Ab und zu stößt eine Deichsel an das Kastenbrett des Vordermanns. Eiskalter Wind treibt Nebel herbei. Die Straße wird immer glätter. Schimpfwörter wehen herüber. Die Nacht senkt einen Trauermantel über diesen Zug der Vergessenen. Ich halte die Zügel in starren Händen. Mein Mann ist der bessere Reiter, ich der bessere Fahrer. Nun sitzt er hinten auf und hält Berko an kurzer Leine. Ich kann nicht erkennen, wo das Land aufhört und der Damm anfängt. Ich sehe nur ein undurchdringliches Nebelgrau rechts und links der Fahrbahn. Vor mir das braune Holz des Planwagens. Ich schließe dicht an. Die Chaussee ist stark gewölbt. Es kostet viel Mühe, die Pferde genau auf der Straßenkrone zu halten. Ab und zu schreien Menschen auf. Ich höre ein dumpfes Krachen – ein Poltern – schrilles Wiehern – aber ich sehe nichts. Aus der Niederung des Warthebruchs quellen immer neue Nebel herauf. Die Schwaden hüllen uns ein, wie ein nasses Tuch. Hinter mir kriecht ächzend ein langer, schwerer Wagen her. Manchmal stößt meine Deichsel den Vorderwagen an. Der Ruck, der dann durch meinen Wagen geht, ist mir wie ein Stich ins Herz. Ich starre auf die Beine meiner Tiere – weit nach vorn gebeugt –, angespannt bis in die Fußspitzen. »Nur nicht ins Schleifen kommen«, flüstere ich mir immer wieder zu. Wir stehen! Wir fahren an! Unendlich langsam alles. Ich fühle mein Blut klopfen. Bei jeder unerwarteten Bewegung des Wagens zucke ich zusammen. Alles ist gleichgültig geworden – alles unwesentlich. Nur der Wunsch, lebend über den Damm zu kommen beherrscht mich.

An der Seite taucht aus dem Nichts ein Mann auf. »Fahren Sie um Gottes willen genau in der Mitte«, ruft er. »Der Damm ist mehr als drei Meter hoch! Die Straße spiegelglatt. Wenn Sie abstürzen, sind Sie verloren.« Laut ruft er es jedem Fahrer zu. Noch fester verkrampfen sich die steifen Finger um die Zügel. »Drei Meter Abhang auf jeder Seite«, kreischt hysterisch eine Frauenstimme. Im Schritt geht es voran. Ich komme mir sehr allein vor. Sonst fühle ich nichts – nur eine zitternde Angst! Nach wenigen Metern schon kommt mein Wagen ins Schleifen. Ich glaube, ich bete – obwohl ich nie fromm, nie gläubig war. Vorsichtig, aber unnachgiebig ziehe ich die Pferde etwas über die Straßenmitte. Noch immer hängt das Gefährt schräg. Die Räder drehen durch. »Wenn die Stollen nur scharf genug sind«, fährt es durch meinen Kopf. Ich ziehe weiter nach links. Wir stehen fast quer. Ich weiß nicht mehr woran ich in diesen schrecklichen Minuten dachte – aber ich fühle noch heute die Hitze, die in mir hochstieg, als ich merkte, daß sich der Wagen Stück für Stück wieder zur Mitte schob. Die Räder stehen gerade. Ich habe es geschafft. Ich will aufatmen. – Da, direkt vor mir, ein Schrei.

Grell, spitz. Holz splittert. Ein Fluch – das jähe Aufwiehern eines Pferdes. Dann Totenstille. – Wir stehen. Eine Stimme kreischt: »Die sind abgestürzt. Langsamer fahren!« Ganz weich ziehen meine Pferde an. So behutsam, als wüßten sie, wie gefahrvoll dieser Weg ist. Unten, aus der schwarzen Tiefe, aus dem Leeren dringt kein Laut. Kein Stöhnen, kein Ruf klingt herauf. Zu sehen ist durch diese Nebelwand nichts. Die anderen drängen nach. Es bleibt keine Zeit nach den Menschen zu forschen, ihnen zu helfen. Hier ist sich jeder selbst der Nächste. Es geht für jeden nur ums Überleben.

Mit rotgeränderten, übermüdeten Augen starre ich auf das glänzende Band der Straße, das im Mondlicht einem Silberstreifen gleicht. Ein Rechts und Links gibt es nicht. »Wie lang mag dieser furchtbare Damm noch sein«, durchfährt es mich. Mitternacht ist längst vorüber – da beginnt das unheimliche Spiel mit meinem rutschenden Wagen noch einmal. Die Räder knarren. Die Hufe der Pferde schlagen Feuer. Ich fühle ihre Angst. Ruhig, ruhig! Ich rede mit mir selbst. Jäh ein spitzer Schrei: »Hans!« Das Fuhrwerk vor mir beginnt sich zu drehen. Ich kann die Pferde sehen. Blitzschnell, einem Filmstreifen gleich, der vorgespult wird, zieht das Bild an mir vorbei. Verzweifelt kratzen Pferdehufe sich ins Eis. Wie ein Schatten gleitet der Wagen von der Straße. Wie bei einem Kinderspielzeug hängen die Gäule daran. Unten schlägt krachend Holz auf. Stille! Mein Planwagen hängt immer noch schief. Wir stehen. Hinter mir eine Stimme: »Sind sie abgestürzt? Sie haben uns doch eben noch gewarnt.« Ich kann nicht antworten. Was soll ich auch sagen? »Weiter! Los! Weiter!« Eine tiefe Männerstimme brüllt es in die Nacht. Mit angehaltenem Atem, ganz vorsichtig, ziehe ich die Zügel an. Wir schlittern. Mirko, die Stute, setzt ihre Hufe sehr behutsam. Sie hat die Ohren weit nach hinten gedreht, so, als wolle sie jedes Flüstern von mir erfassen. Sie drückt sich gegen die Deichsel und stemmt den dicken, gutmütigen Fritz weit hinüber. Ich riskiere noch einen Zug – und es ist geschafft.

Der treue Katschmarek, denke ich flüchtig, er hat die Hufe wirklich tadellos beschlagen lassen. Im Schritt geht es weiter. Nebel fliegen in Fetzen vorbei. Erst jetzt spüre ich den Frost, der mir in Wangen und Nase beißt.

Und dann sehe ich sie! Sehr nahe schon, aber noch vom Frühnebel verhangen – die Warthebrücke!
Ich schaue nicht zurück. Ich sehe nur die unendliche Wagenreihe vor mir, höre das Dröhnen der Hufe auf den ausgefahrenen Bohlen – und bin unsagbar glücklich. Aus dem Gewühl der Decken lächelt mir die Großmutter zu. »Ich habe nie geglaubt, daß wir es schaffen werden«, flüstert sie. Ich nehme eine neue Zigarette, um das bohrende Hungergefühl zu unterdrücken, das auf einmal an meinen Magenwänden frißt. Wie lange haben wir eigentlich nichts gegessen? Unwichtig, denn vor uns liegt der Ort Wartha. Hundert Meter weiter halte ich an. Am Brückengeländer, in Häusereingängen und -nischen hocken vermummte Gestalten. Vereinzelt stehen Soldaten neben Treckwagen und reden mit den Fuhrleuten. Vier oder fünf schwere Geschütze recken ihre Rohre steil in den Himmel. Ob der Ort einmal unter Beschuß lag? Ich weiß es nicht. Bei vielen Häusern fehlen die Fensterscheiben – Ziegelsteine liegen auf der Straße. Wie eine Kette ohne Ende rollen die Fahrzeuge an uns vorbei. »Los! Weiter! Hier darf nicht gehalten werden!« Ein Wehrmachtsposten scheucht uns davon.

Wir halten außerhalb des Städtchens. Mein Mann kommt nach vorn. Er ist sehr blaß und seine Augen liegen tief in ihren Höhlen. Schweigend umarmen wir uns. »Geschafft! Das hast du hervorragend gemacht, Kamerad«, sagt er mit belegter Stimme. Bezirkslandwirt Jahn stiefelt heran. »He, Zugführer«, grinst er breit und klopft mir auf die Schulter. »Das Dickste ist vorüber. Ich hab' schon beinahe nicht mehr daran geglaubt, daß wir noch durchkommen. Aber wo ist denn nun die riesige, vielgepriesene Abwehrstellung, die uns die Russen vom Halse halten soll?« Wir sehen uns an, zucken mit den

Schultern. Oberförster K. kommt hinzu. »Sechs schwere Geschütze habe ich gezählt. Wird wohl noch mehr da sein.« Wir sind im Grunde alle zu erschöpft und zu sehr an unserem eigenen Wohlergehen interessiert, um uns über Abwehrstellung und Truppenstärke zu unterhalten.

Erst als wir uns zur Weiterfahrt bereitmachen, höre ich einen blutjungen Soldaten sagen: »Die Russen können wir hier nie aufhalten, aber wir können ihnen den Weg nach Westen etwas schwerer machen. Und wir werden ihnen so viele deutsche Menschen wie möglich aus dem Maul reißen, wenn wir dieses Loch hier noch lange aufhalten!«

Wir dürfen in Wartha nicht anhalten und auch nicht ausspannen. Der Ort wäre sonst total verstopft – und er muß freibleiben für die Nachkommenden. Und sie kommen. Sie kommen ohne Pause. Die Vergessenen, die Gejagten, Gehetzten und Verzweifelten. Alte Männer, Frauen mit Kindern, Kranke. – Mit Pferd und Wagen, zu Fuß, mit Karren und Rädern. Hinter Wartha haben wir zum ersten Mal Zeit, jedenfalls so viel, um die ersten schrecklichen Berichte über Ausschreitungen von Polen an flüchtenden Deutschen zu hören. Bei Bauer Hilke laden Sanitäter einen älteren Mann auf den Wagen. Er hat einen Bajonettstich im Oberschenkel. »Die Russen hielten mich für tot«, erzählt er. »Meine Kameraden, acht Volkssturmmänner, fesselten sie, legten sie auf die Dorfstraße und fuhren unter Lachen und Gröhlen mit dem Panzer über sie.« Dem Alten steht das Grauen noch in den Augen. Wir stehen und hören und schweigen. Während wir zum Wagen zurückgehen denke ich: Wem müssen wir danken, daß wir davongekommen sind? Dem Zufall, dem Himmel, Gott? Gibt es ihn überhaupt noch? –

Nach 200 Meter biegen wir in eine Seitenstraße. Mit steifen Beinen klettere ich vom Wagen. Mein Mann redet mit einem Landser, der so dick vermummt ist, daß nur seine Nasenspitze hervorguckt. Ich stelle mich dazu. »In der letzten Nacht sind mehr als 10 Wagen auf die Wiesen am Damm gestürzt.

Wir haben nur 8 Leute retten können. Viele sind dort schon verletzt erfroren. 12 Tage liegen wir hier und 52 Tote haben wir in dieser Zeit aus den Wiesen geholt. Was an Wagen und Pferden da liegt, das zählen wir gar nicht. Die Tage sind ja noch zu ertragen, aber in den Nächten ist's grauenhaft.« Ein Volkssturmmann mit Armbinde kommt hinzu. »O ja – am Tage und auch in der Nacht taucht manchmal ein russischer Panzer in der Nähe auf. Bis jetzt konnten wir ihn mit einigen Schüssen wieder vertreiben. Aber wie lange noch? – Nein, Zivilisten leben hier nicht mehr. Alles ist vor fünf Tagen geräumt worden.«

Für uns aber ist dieser Platz ein Stück Himmel. Zum ersten Mal haben wir das Gefühl der Sicherheit. Wir kommen uns beschützt vor. Der Lebenswille erwacht. Es ist noch lange nicht Deutschland, das wir erreicht haben – aber es ist ein Zipfel Hoffnung! – und den halten wir fest!

Wir fahren noch eine kurze Strecke, dann finden wir ein ebenerdiges Haus in einer Vorsiedlung. Ein herrliches Quartier. Die Leute unseres Trecks kommen alle in der Nähe unter. Ich spanne aus, tränke und lege Futter vor, während draußen ohne Unterlaß der Zug der Flüchtenden weiterrollt. Wir werfen uns, so wie wir sind, auf die beiden sehr klapprigen Betten, und schlafen sofort ein.

Am nächsten Morgen geht mein Mann von Haus zu Haus, um zu sehen, ob unser Treck noch vollzählig ist. Elf Fuhrwerke finden sich zusammen. Einer ist abgestürzt, einer blieb mit gebrochenem Rad zurück und die anderen hatten sich wohl schon wieder auf den Weg gemacht. Wir versammeln uns und besprechen das Tagesziel. Auf Seitenstraßen wollen wir westwärts. Auf der großen Hauptstraße drängen sich zurückflutendes Militär und ein Strom von zu Fuß gehender Zivilisten. Die Soldaten haben uns bereits gewarnt. »Auf Nebenwegen könnt ihr aber auch feindlichen Vorausabteilungen in die Finger laufen – und die Wege sind schlechter«, so sagen sie uns. Wir stimmen ab. Die Furcht vor einem

Angriff aus der Luft, eingekeilt in eine unendliche Wagenschlange, ist größer. Wir wählen die Nebenstraßen.

Den ganzen Vormittag fahren wir. Ein strenger Ostwind begleitet uns. In kleinen Wölkchen zerstiebt der Atem der Pferde. Die Plane knattert und ich lege mir noch eine Decke über die Beine. Es ist Mittag, als wir in einem winzigen Dorf halten. »Stellt die Wagen eng an die Hausmauern und laßt eingespannt«, ruft mein Mann herüber. Mirko und Fritz stecken ihre Nasen gleich tief in die Futtersäcke. Ich durchstöbere das Haus nach etwas Eßbarem. Allmählich finden sich alle Leute bei uns in der Wohnküche ein. Gemeinsam breiten wir unsere Vorräte aus und genießen ein beinahe üppiges Mahl. Da wir noch immer nicht wagen Feuer anzuzünden, fehlen uns nur die wärmenden Getränke.

Mein Mann hat es sich in einer Ecke bequem gemacht. Er zieht seine Stiefel aus. »Ich spüre beim Reiten meine Füße kaum noch«, klagt er. Als er die Socken abstreift, erscheinen mir seine Füße sehr weiß und blutlos. Ein Bauer kommt hinzu. »Reiben, reiben«, empfiehlt er. »In warmes Wasser stecken«, rät ein anderer. Eine Frau meint sogar zweifelnd: »Ob da noch was zu retten ist?« Ich reibe seine Füße mit beiden Händen. Dann wickelt er sie in dicke Fellappen ein und läuft im Raum auf und ab. Später, als ich Eimer um Eimer herbeischleppe, um die Pferde zu tränken, treffe ich Herrn J., den Gutsverwalter. Er sitzt auf einem Faß in der Tenne und flickt Lederzeug. Immer, wenn ich bei ihm vorbeikomme, erzähle ich ihm von den erfrorenen Füßen meines Mannes. Er hört geduldig zu, obwohl er sicherlich selbst genügend Sorgen hat. Als ich meine Arbeit beendet habe, steht er auf und sagt: »Ich will mal nach Ihrem Mann sehen.« Im Zimmer wickelt er meinem Mann die Lappen ab und betrachtet sich die Zehen sehr genau. Er kneift jede Zehe und als mein Mann laut »Au« ruft, meint er ruhig: »Das kriegen wir wieder hin«, und geht hinaus. Mit einer Flasche kehrt er gleich wieder zurück. Erst nimmt er einen kräftigen Schluck, bietet uns beiden auch an – und gießt mit Schwung den scharfen Fusel meinem Mann über die Füße. Wie wild beginnt er zu reiben. Lange macht er das. Schnaps – reiben – Schnaps – reiben. Die Füße werden rot. Er gießt Schnaps auf ein Tuch, schlingt es ihm um die Zehen und brummt: »Ziehen Sie die Stiefel ruhig an, aber laufen Sie. Immer laufen! In einer Stunde werden Sie dann wieder in Ordnung sein.« Während ich schon längst tief und fest schlafe, marschiert mein Mann immer noch im Zimmer hin und her.

Um 3 Uhr weckt er mich. Schnell sind wir aufbruchsbereit. Berko binde ich hinten an den Wagen an. Neben mir auf dem Kutschbock, wickelt mein Mann seine Füße genüßlich in ein weiches Federkissen. Es geht ihm besser und die Freude macht uns redselig. »Wo mag nur die große Abwehrstellung unserer Wehrmacht sein?« »Ich habe bis jetzt noch keine Geschütze gesehen.« »Sie wird wohl noch vor uns liegen.« »Ich kann morgen schon wieder reiten.« »Dann mußt du dich bei J. bedanken.« Mein Mann nickt. Wir schweigen. Hinter uns zieht, lautlos beinahe, der Treck her. Wir kommen gut voran. Der Tag vergeht. Die schmale Straße ist wie leergefegt. Auf einem Dorfplatz steht eine Gruppe Polen. Sie betrachten uns aus den Augenwinkeln und verschwinden in den Häusern. »Die ziehen ostwärts, wir westwärts. Eine verrückte Welt«, befindet mein Mann. Wir halten und beratschlagen. »Wir müssen weiter« – alle sind sich einig.

Am Abend fahren wir immer noch. Ich bin matt und schläfrig. Plötzlich steht im Halbdunkel eine Frau am Straßenrand. Sie winkt und ruft mit gedämpfter Stimme: »Ruski! Ruski!« Entgeistert halte ich an und springe vom Wagen. »Ruski?« »Tak, tak! Ruski!« Ihre Hände zittern, als sie nach vorne deutet. Fassungslos blicke ich meinen Mann an. Er springt auf, schwingt sich auf den immer gesattelten Berko und reitet zurück. »Wenden! Wenden!« höre ich ihn rufen. Die Wagen drehen sich. Wir rollen ostwärts! An einer kleinen Kreuzung treten unerwartet zwei deutsche Soldaten hinter einem Busch hervor. Im Straßengraben sehe ich einige Soldaten liegen. Maschinengewehre, mit eingelegten Gurten stehen schußbereit. Eine Panzerfaust liegt im Schnee. Mein Mann fragt: »Habt ihr Russen hier gesehen?« »Ja. Die sind im nächsten Ort. Wir warten hier auf sie«, lacht einer. »Und warum schießt ihr nicht«, forscht G., der Förster. »Wir sind nur 28 Mann und haben den Auftrag, dem Haupttreck auf der Reichsstraße die Flanken zu decken. Unnötige Kämpfe sollen wir vermeiden«, gibt ein dicklicher Unteroffizier Auskunft. »In zwei Stunden ziehen wir uns zurück! Also beeilt euch ein bißchen!« Uns ist gar nicht wohl zu Mute. Wir lassen uns den Umweg erklären und ziehen davon. Am Abend stellen wir fest, daß wir nahezu 7 Kilometer Tageszielstrecke verloren haben. Im Gehöft, in das wir in der Dunkelheit einbiegen, herrscht reges Leben. Im Wohnzimmer sitzen um einen runden Tisch drei Polen mit ihren Frauen. Sie haben viele Flaschen Wein und Likör vor sich stehen. Fröhlich laden sie uns zum Mittrinken ein. »Alles gefunden in Haus«, versichern sie mit glänzenden Augen. Als sie bemerken wie müde wir sind, übernehmen die drei Männer sofort das Ausspannen, Füttern und Tränken. Die Frauen schieben uns Brot und Eier zu. Ich trinke drei roh aus. Später stoßen wir mit ihnen an und schlafen am Tisch erschöpft ein. Wir bemerken nicht, daß sich der Hof mit anderen Treckwagen füllt, daß es in dem Zimmer so eng wird, daß ich nachts, als ich kurz erwache, kaum noch einen Platz zum Liegen auf dem Fußboden finde.

Am Morgen krieche ich über Beine, Arme, Bäuche hinaus ins Freie. Überall stehen Pferde. Dichtgedrängt. Es ist mühevoll unsere drei Tiere herauszubekommen. Die Finger wollen in der Morgenkälte noch nicht so recht zugreifen. Ich will Berkos Sattel auflegen. Er ist verschwunden. Irgend jemand hat ihn gestohlen. Ich suche fast eine Stunde, im Stall, in der Scheune, im Haus – alles vergeblich. Später sucht mein Mann noch fast eine Stunde mit mir. Wir sind zornig und auch traurig. Als langsam die anderen Fuhrleute herauskommen, fragen wir überall nach dem Sattel. Wir durchstöbern das Haus und Hof – erst dann machen wir uns auf den Weg. Berko trottet mit hängendem Kopf hinter dem Gefährt her. Nach zwei Stunden haben wir den Anschluß an unseren Treck geschafft. Wir lassen uns treiben. Die Landstraße ist eisglatt. Der bissige Wind begleitet uns. Meine Augen tränen. Halb dösend hocken wir nebeneinander auf dem Bock. Der Trott der Pferde ist so einschläfernd, daß ich die Reiter, die aus den Feldern an den Treck herandrängen, erst bemerke, als sie den Zotteltrab meiner Tiere stören. Die Männer schieben sich mit ihren kleinen Pferdchen zwischen unsere Wagen. Ich sehe einige, die im Schlaf den Kopf auf die Brust gesenkt haben. Pelzmützen mit heruntergeklappten Ohrenschützern wippen auf und nieder. Ihre Hände haben sie tief in den Manteltaschen vergraben. Schwere Reitpeitschen stecken in ihren Stiefeln. Um Brust und Bauch sind breite Patronengurte geschlungen. Sie scheinen die Pferde nur mit Schenkeldruck zu lenken. Die Zügel hängen über den Hälsen oder Sätteln lose herunter. Wie ein Bienenschwarm begleiten sie uns den ganzen Tag. »Hilfstruppen« meint J., der Gutsverwalter. Er ist Baltendeutscher und meint, daß es Ukrainer seien. Wir fragen nicht. Ihre Begleitung ist nicht ganz ungefährlich für uns. Nach einer kurzen Zwischenrast jammern bereits einige Bauern, daß ihnen Kochgeschirr, Eimer, Decken und auch Lebensmittel fehlen. Am schlimmsten aber ist, daß auch unsere Pferde nicht sicher vor ihnen sind. Fremde Bauern berichten, daß diese Soldaten ihnen heimlich die Gäule aus den Sielen geschnitten hätten, während sie selbst ermattet unter der Plane ihres Wagens schliefen. »Mit ihren eigenen, abgetriebenen Pferden glauben sie wohl nicht mehr Deutschland zu erreichen. Sie lassen ihre Tiere dann einfach auf freiem Feld stehen.« Es ist wie eine Erlösung, als wir gegen Abend die 30 bis 40 Mann in der Dämmerung verschwinden sehen. Ich bin jedoch noch einige Tage so verunsichert, daß ich vor dem Einschlafen im Stall mir eine Schnur um das Handgelenk binde und das andere Ende am Hinterhuf von Mirko befestige. Mein Mann tut das gleiche bei dem guten Fritz. So werden wir wohl erwachen, wenn man die Tiere fortführen will. Obwohl wir den Schnüren unter dem Stroh reichlich Spielraum geben und die beiden recht still stehen, schlafen wir unruhig und schlecht.

Wir haben Kalisch und Pleschen umgangen und weichen nach Jarotschin und Opatowek aus. Heute hören wir zum ersten Mal aufmunternde Worte von Wagen zu Wagen! Wir fühlen, daß das Vertrauen wächst, doch noch die Heimat zu erreichen. Am Straßenrand tauschen wir mit fremden Fuhrleuten Erfahrungen aus. Aus einer breiten Hauptstraße rükken abziehende Truppen an uns vorbei. Schlafend und vorsich hindösend pressen sich die Landser auf dem Mannschaftswagen zusammen. Sie sehen schmutzig und erschöpft aus. Ob sie aus dem Kampfgebiet kommen? Keiner fragt. – Wir sind froh, als sich unser Treck hinter ihnen wieder formiert und es weitergeht.

Nach fast sieben Stunden Fahrt biegen wir in ein langgezogenes Straßendorf ein. In das erste Gehöft fahren wir sofort ein. Viele Wagen haben hier schon Rast gemacht. In der Küche, mit dem Rücken an eine Wand gelehnt, schlafe ich mit angezogenen Beinen ein. Das Rattern abfahrender Wagen weckt mich auf. Wir füttern und tränken gemeinsam. Im Stall melke ich für uns einen großen Topf Milch. Im Stroh sitzend schlürfen wir mit Genuß diese warme Kostbarkeit. Während mein Mann noch einmal in die Küche geht, um mit unseren Leuten den Tagesplan zu besprechen, spanne ich ein. Als er herauskommt, geht er an einem schwerbepackten Kastenwagen vorbei. Er stutzt, bleibt stehen, winkt mir aufgeregt zu. Ich laufe über den Hof und stehe vor unserem verlorenen Sattel! Er hängt oben, an der Querstange eines Planwagens. Ich schlage die Seitengurte hoch – da steht sauber und deutlich lesbar unser Name. Ohne zu warten oder zu fragen heben wir ihn ab und legen ihn unter unsere Decken. Erst nach Stunden wagen wir Berko zu satteln. Mit stolz erhobenem Kopf galoppiert der Gute dann mit meinem Mann davon. Nun können wir uns wieder mit dem Reiten und Fahren abwechseln. Alle unsere Vermutungen, wie der Sattel wohl in den Besitz dieser fremden Leute gekommen ist, bleiben für immer ungelöst. Wir haben ihn wieder und fahren etwas glücklicher in den neuen Tag hinein.

Am Mittag kommen wir in ein großes Dorf. In einem Hof lagert eine Gruppe Soldaten. Am offenen Feuer braten sie ein Schwein. Es ist seit Fluchtbeginn das erste Feuer, das wir sehen. Natürlich bleiben wir sofort stehen und wärmen uns an der Glut. Heute scheint ein Glückstag zu sein: Der Sattel ist wieder da und unsere roten Hände genießen die Hitze. Die Männer sind freundlich und aufgeschlossen. Wir tauschen Zigaretten gegen einen Becher Kaffee. »Macht nur schnell, daß ihr heimkommt«, raten sie uns. Einer sagt trocken: »In zwei Tagen ist der Russe hier. Wenn an der Oder nicht ein Wunder geschieht – wir können sie nicht mal acht Stunden aufhalten. Fahrt zu was ihr könnt!« Eine Händedruck, ein Winken – dann hat uns die Strecke wieder.

Der Himmel ist klar, blau, kalt. Kein Wind, keine Schnee. Die Pferde kommen gut voran. Als es Nacht wird, will keiner rasten. Bis weit nach Mitternacht leuchtet uns ein heller Mond den Weg aus. Erst als der Schritt der Tiere müder wird, biegen wir in ein sehr gepflegtes Gehöft ein. Kühe und Schweine liegen in sauberen Boxen. Blankgeputzte Eimer, Kannen und Seihnäpfe stehen gestapelt an der Seite. Während ich ausschirre, inspiziert mein Mann das Haus. Er findet Brot, Marmelade, ein Stück Käse und sogar Kaffee. Als ich hereinkomme, duftet es herrlich. In aller Eile müssen die Besitzer diesen Hof verlassen haben, denn drei Gläser und zwei halbvolle Flaschen Bier stehen noch auf dem Tisch. Wir kommen uns wie im Schlaraffenland vor und wagen nicht uns niederzulegen, weil wir fürchten, daß beim Erwachen der schöne Traum zerstiebt. Es wird bereits hell, als wir uns im

Stall zur Ruhe begeben. Den Mut, im gemütlichen Haus zu bleiben, haben wir immer noch nicht. Oft hat man uns erzählt, daß erschöpften Treckern ihre ganze Habe – ja sogar Wagen und Pferde gestohlen wurden.

Wir schlafen tief und traumlos. Die pausenlos dahinziehende Wagenschlange, das Klappern und Quietschen der Räder – alles ist versunken und für einige Stunden vergessen.

Wahrhaft fürstlich frühstücken wir am Morgen. Mit leiser Trauer im Herzen ziehen wir weiter. Unser Treck ist unauffindbar. Um uns herum nur fremde Fuhrwerke. Wir reihen uns ein wo eine Lücke ist oder uns ein freundlicher Fahrer zuwinkt. Keine Rast, keine Panne, kein Zwischenfall unterbricht den Tag. Wie lange sind wir nun schon unterwegs? Neun Tage? Einen Monat? Immer eisige Kälte, ungewaschen, immer in der gleichen Kleidung – aber alle Tage die Hoffnung, Deutschland noch zu erreichen und nicht in die Hände der Russen zu fallen.

Wir fahren in eine Kleinstadt ein. Gelächter und Gesang klingt zu uns herüber. In allen Ecken und Winkeln scheint sich gute Laune verschanzt zu haben. Überall stehen Treckwagen, führerlos – die Pferde schlafen im Geschirr. Mein Mann reitet zum Marktplatz hindurch und kehrt schon nach wenigen Minuten zurück. »Kein Durchkommen. Die sind alle verrückt. Dreht um!« Wir wenden, warten. »Da muß irgendwo eine Schnapsbrennerei sein. Sogar die Straßen riechen nach Fusel –« Er hat es kaum ausgesprochen, da gibt es auch für unsere Treckleute kein Halten mehr. Sie springen von den Böcken, ergreifen Töpfe und Tränkeimer und rennen davon. Keiner ist für ein vernünftiges Wort noch zugängig. Schnaps, das ist für viele das Heilmittel gegen Hunger, Kälte und Müdigkeit. Mit roten, strahlenden Gesichtern kommen sie zurück, so, als hätten sie eine großartige Kriegsbeute gemacht. Behutsam verstauen sie das kostbare Naß. Auch Frauen und Kinder gießen es in sich hinein. Die Stimmung steigt. Einige laufen sogar noch einmal davon. Immer mehr

Wagen verstopfen die Straßen. An Weiterfahren denkt niemand – auch nicht daran, daß dieser Stau vielleicht für viele, die hinter uns kommen, den Tod bedeutet. Sie werden ja nahezu eine ganze Nacht aufgehalten. Die verkniffenen Gesichter mancher Männer beginnen sich zu entspannen. Einige schlafen, neben ihren Rädern sitzend, ein, andere scherzen und gehen von Wagen zu Wagen... Mein Mann reitet hin und her, treibt an, schreit und schimpft, aber er bekommt den Zug nicht mehr in Gang. Verzweifelt versucht er mit einer Gruppe von 5 Männern Fuhren und Pferde von der Straße zu ziehen, damit wenigstens die Fahrbahn frei wird. Es ist vergeblich. Ein fremder Treckführer, der mit seinen Leuten vorbei will, rüttelt einige Bauern auf – doch als er ihre müden, abirrenden Augen sieht, flucht er laut über diese »stupiden Säufer«. Nach einer Weile schläft der ganze Treck. Wir wickeln uns in die Decken und warten. Unser Vordermann schnarcht entsetzlich. Neben uns, auf einem gummibereiften Wagen liegt eine dicke Bäuerin mit ihren vier Kindern. Ihr Mann ist dermaßen betrunken, daß er nicht auf den Bock kommt. Zusammengerollt, mit einem weiten Pelz zugedeckt, liegt er in einer Hausecke. Es wird dunkel und still. Ab und zu gröhlt eine Stimme, aber sie erstirbt rasch. Wir sind auch ein bißchen eingenickt, als uns um Mitternacht eine schrille Frauenstimme weckt. »Max! Max!« Wir sehen uns um. Der Wagen vor uns ist fort – die beiden neben uns setzen sich gerade in Bewegung. Überall ein Laufen und Hasten. Soldaten tauchen auf. Befehle, Stiefelgetrappel, leichte Flakgeschütze rollen heran. »Macht, daß ihr wegkommt!« brüllt eine Stimme. »Wir brauchen Platz!« Unser Wagen wird in eine Seitenstraße gezerrt. Mein Mann springt auf Berko und heraus geht's. Wir haben nie erfahren, wer in dieser Nacht die betrunkenen Kutscher wieder auf die Beine gebracht hat. Sicher war es unser Militär. Ein Glück! Wir sind wieder auf Achse und damit unserem Ziel ein Stückchen näher. Als wir am Morgen einen alten Gutshof sehen, sind wir glücklich, uns für einige Stunden zur Ruhe legen zu können. Dieses entsetzliche Ein- und Ausspannen ist immer eine schwere Arbeit. Mein Mann lernt es nie richtig, aber er hilft, wenn es gilt, in fremden Ställen Futter zu suchen, beim Füllen der Säcke und oft auch beim Schleppen der schweren Wassereimer. Seit Tagen quält er sich nun mit einem leichten Malariaanfall herum. Ein Leiden, daß er sich aus dem Ersten Weltkrieg mitgebracht hat. Erschöpft liegt er hinten im Wagen, neben der stillen Großmutter, die ihr Enkelchen rührend versorgt.

Ich bin in all den Tagen mit den Pferden sehr vertraut geworden. Jeden Griff kenne ich jetzt schon im Schlaf. Oft kann ich am Morgen die Finger nicht geradebiegen. Am Zaumzeug bleiben Hautfetzen hängen. Die Schnallen lassen sich kaum schließen. Die Kummets erscheinen mir dann schwerer als normal. Ist es da ein Wunder, wenn ich stolz bin, wenn erfahrene Bauern mich oft loben? Meistens bin ich wütend und zornig, wenn ich die vollen Säcke herschleifen muß, oder mit aller Kraft die Pferde rückwärts an die Deichsel drücken muß – aber wenn der Zug rollt und wir sind dabei, dann bin ich froh und zufrieden – und alle Plage ist vergessen. An diesem Tag treffen wir endlich auch wieder auf unseren Treck, auf die Leute unseres Dorfes. Das ist eine Freude und im Begrüßungsglück halten wir den ganzen Zug mindestens 30 Minuten auf.

Wir hören, daß es noch 68 Kilometer bis zur Grenze sind. Unsere Ungeduld wächst. Der Lebensmut wird größer. Wir kommen durch einen herrlichen Winterwald. Kniehoch liegt der Schnee. Die Pferde versinken bis weit über ihre Fesseln. Sie stemmen sich mächtig und schrittweise geht es vorwärts. Unter einer hohen Kiefer halte ich an. Ich muß aus einer Vorratskiste Zigaretten herausholen. Als ich mit den neuen zwei Stangen nach vorne gehe, steht plötzlich ein Mann neben mir. »Können Sie mich ein Stück mitnehmen? Ich stehe schon seit Stunden hier.« Wir lassen ihn aufsitzen. Wir erfahren bald, daß der Alte aus einem Dorf bei Freising stammt. Fünf Söhne hat er im Feld. Daheim versorgen Frau und Tochter das Geschäft, während er seiner Schwiegertochter hier im Osten auf dem Hof half. »Es ist die Frau von meinem Ältesten. Sie haben ihn erst vor vier Monaten eingezogen«, erzählt er. Es ist eine angenehme Abwechslung, mit ihm zu reden und die Zeit scheint rascher zu vergehen. »Heute Abend, wenn wir rasten, suche ich ein Schwein. Dann machen wir uns einen feinen Braten«, plant er voll Zuversicht. Während die Wagenplane laut und hart im Wind knattert, träumen wir beim Fahren von saftigem Braten, von knuspriger Schweinshaut und duftender Soße. Doch was ist los? Warum hält der Treck plötzlich? Wir wollen heim! Wollen ins Reich! Ich springe vom Bock und laufe nach vorn. Zwei deutsche Landser stehen an einer kleinen Brücke – darunter ein Bächelchen –, nicht einmal zwei Meter breit. Zugefroren. Sie reden auf einige Treckfahrer ein, die einen Halbkreis um sie gebildet haben. Es scheint sich Streit anzubahnen. Ich höre, daß die Soldaten sehr hart und entschlossen erklären: »Die Brücke wird gesprengt, sofort!« Die Leute gucken fassungslos. »Ja, die gesprengte Brücke hält die Panzer auf – jedenfalls etwas«, versichert der Jüngere der beiden. »Dieser Bach?« lacht mein Mann laut auf. »Für uns ist er ein großes Hindernis, aber für einen Panzer... Bist du denn verrückt?« Wir bitten, drohen, fordern Verständnis – nichts! »In 14 Minuten sprengen wir!« »Wenn Ihr 4 Kilometer zurückfahrt, kommt Ihr auf eine andere Straße, die ist frei«, empfiehlt treuherzig der Ältere. Plötzlich geht alles ganz schnell. Ich kann nicht sagen, woher der stattliche, breitschultrige Mann gekommen ist, der unerwartet nach vorn springt, den einen Landser am Hals packt und ihn wie eine Strohpuppe hin und her schüttelt. Wie wild schreit er den Soldaten an: »Was? Du willst ein deutscher Soldat sein? Du bist ein Verbrecher! Wir haben hier Frauen, Kinder und Verwundete, und die sollen in die Hände der Russen fallen, nur, weil du diese Sch . . .brücke sprengen willst?« Es sprudelt nur so aus ihm heraus. Die Bauern schieben sich drohend heran. »Vielleicht mußt du einmal für diese Herzlosigkeit büßen, du Lump!« »Mann, lassen Sie meinen Kameraden los, oder ich schieße Sie über den Haufen«, brüllt der andere Soldat. Er lehnt an der Brücke, das Gewehr im Anschlag. So urplötzlich wie der Große ihn ergriffen hat, so rasch läßt er ihn auch wieder frei. Er dreht sich um und sagt ganz ruhig und kalt: »Weißt du denn überhaupt, was es bedeutet, auf wehrlose Landsleute zu schießen, du Held? Ich habe schon für Deutschland gekämpft, als es dich noch gar nicht gab!« Er dreht sich um und stapft davon. »Was wird nun? Können wir noch hinüber?« Wie gejagt stürzen wir alle davon, als einer der Soldaten die Hände trichterförmig um den Mund legt und halblaut ruft: »In sechs Minuten wird gesprengt.« Einige haben ihre Wagen schon gewendet, andere mühen sich mit ihren Pferden ab. Ich bin froh, als mein Mann und der Alte mir helfen. Sie heben das Wagenende herum und ich jage in starkem Trab hinter den anderen her. Vier oder fünf Wagen sind hinter mir. Auf den letzten springt mein Mann auf. Wir sind wohl noch nicht einen Kilometer weit, als zwei donnerähnliche Schläge hinter uns die Luft erzittern lassen. Die Pferde steigen hoch und ich muß mich mit aller Kraft gegen das vordere Wagenbrett stemmen, um die Tiere festzuhalten. Die Zügel schneiden in die eiskalten Hände. Als wir endlich stehen, springe ich herab, streichle den Pferden beruhigend die Nüstern – bis sich ihr erregtes Schnauben gelegt hat. Mein Mann holt sich Berko und reitet ein Stück zurück, um zwei Pferde einzufangen, die sich von einem Wagen vor uns losgerissen haben. Eine Frau schreit, ein Kind kreischt. Den letzten Wagen haben Splitter getroffen. Zum Glück ist der Schreck größer als der Schaden. Nach kurzer Zeit schon können wir weiterfahren.

Grenzenlose Verzweiflung schafft sich in uns Raum. Nur wenige Kilometer trennten uns von der Reichsgrenze. In einigen Stunden wären wir gerettet gewesen! Und nun fahren wir wieder weit, weit zurück. Die Augen brennen – wir lauschen auf jedes Geräusch. Sehnsüchtig wünschen wir das Rattern von Wagenrädern herbei, um endlich wieder Anschluß an die endlose Wagenkolonne zu bekommen, um wieder zum großen Treck zu gehören.

Im Dunkeln fahren wir in ein totes Dorf ein. Ausgestorben liegen Straßen und Höfe. In den Ställen steht stumm und träge das Vieh. Wir fahren durch ein offenes Hoftor. In der Küche ist es warm. Wir winken unsere nachfolgenden Bauern herein. An Hand der Karte stellen wir fest, daß wir nahezu 5 Kilometer zu weit ostwärts gefahren sind. Die Stimmung ist gedrückt. Niedergeschlagen gehe ich zum Füttern und Tränken in den Stall. Unser Alter sattelt gerade Berko ab. Ein netter, hilfsbereiter Mann, denke ich und bin froh, daß wir ihn aufsitzen ließen. »Richten Sie drinnen schon mal ein paar Töpfe mit heißem Wasser«, ruft er mir zu und verschwindet im Schweinestall. Als ich ins Haus komme, haben die anderen schon Feuer gemacht. Mein Mann, noch immer mit Fieber, liegt auf seinem Pelz auf der Erde. Die Bauern sind mürrisch und schimpfen ohne Unterlaß auf die Wehrmacht. Als es draußen plötzlich hell und laut zu quieken beginnt, wird es still. Ein Mann läuft in den Hof und kommt mit den Worten zurück: »Der Kerl schlachtet doch tatsächlich ein Schwein ... Leute, heut gibt's Braten.« Nun kommt Leben in die Stube. Die Männer verschwinden und helfen draußen. Wir suchen Kartoffeln. Die meiste Arbeit überlasse ich jetzt den drei Bäuerinnen, die bei uns sind. Sie sind »schlachtversiert« und richten alles bestens. Es wird ein köstliches Mahl! Wir essen so viel Fleisch, daß kaum noch Platz für die Kartoffeln bleibt. Kunterbunt liegen wir dann auf dem Boden und schlafen so erschöpft ein, als hätten wir Schwerarbeit geleistet.

Am nächsten Morgen gibt es Kaffee mit Schweinefleisch! Wir wollen nichts mitnehmen und da niemand weiß, was noch kommen wird, leben wir nach dem Motto: Was wir haben, haben wir – das kann uns keiner nehmen!

Es ist nahezu Mittag, als wir abfahren. Das Land glitzert kalt. Die Pferde ziehen mit hängenden Köpfen und wir dösen auf dem Bock. Stunden fahren wir so dahin. Nur widerwillig fallen die Tiere heute ab und zu in Trab. Wir suchen noch immer die große Hauptstraße, um Anschluß an den Haupttreck zu kriegen, der sich wie ein Riesenwurm dem Reich zuschlängelt.

Mein Mann schläft hinten, unter Federbetten vergraben. Nur langsam findet er nach dem bösen Malariaanfall seine Kräfte wieder. Als der Tag zu sinken beginnt, übergebe ich unserem Alten die Zügel und reite auf Berko ein Stück voraus. Wie weiße Zuckerwatte legen sich die Abendnebel auf das Land. Ich trabe in das verhangene Grau hinein, ohne Weg und Ziel. Unter einem dürren Baum, zart mit Schnee überpulvert, halte ich an – will zurück. Da höre ich das Knarren und Rollen schwerer Wagen. Die Hauptstraße, durchfährt es mich und alle Müdigkeit ist wie weggeblasen. Ohne auch nur einen Wagen gesehen zu haben, wende ich. Ich rufe und winke schon von Ferne unseren Kutschern zu. Aus Angst vor feindlichen Fliegern oder Panzern halten sie sofort an. »An der nächsten Kreuzung nach links! Die Hauptstraße! Die Hauptstraße!« Die Männer recken sich, Peitschen knallen, ja, es scheint, als trabten die Pferde auf einmal leichter dahin. Uns erfaßt eine unbändige Freude.

Ohne Aufsehen ordnen wir uns in die graue Masse der dahinschleichenden Wagen ein. Der gewaltige Flüchtlingstreck verschlingt uns schweigend. Schon zwanzig Minuten später fahren wir in das erste, rein-deutsche Dorf ein. Es ist einsam und leer. Nichts Heimatliches, nichts Vertrautes empfängt uns. Wir sehen uns schweigend an. Für Minuten kommen wir uns verlassener und vergessener vor, als auf der ganzen Flucht. Heimat? Wo ist sie? Was ist die Heimat ohne Menschen? Ohne den vertrauten Klang der Muttersprache?

Der Boden, die Erde allein bindet nicht. Der Mensch erst ist die Seele des Vaterlandes – und es ist weit und breit nirgends ein Mensch.

Verbittert ziehen wir weiter. Aus der Freude, daheim zu sein, wird die bittere Erkenntnis, daß wir die Verratenen sind, die Vergessenen, die ihre Rettung einzig und allein sich selbst zu verdanken haben. Kein Führer, keine Organisation, kein Militär kümmerte sich um uns – nur unsere eigene Tatkraft, unsere Zähigkeit und unser unbändiger Überlebenswille haben uns gerettet. Wir waren bereits abgeschrieben – man hat uns im Stich gelassen, nicht gewarnt, sondern ganz einfach: vergessen.

»Ist es noch weit bis zur Oder?« fragt hinten die Großmutter. Wir zucken mit den Schultern. Die Oder! Wie oft haben wir dieses Wort gesagt? Wie oft denken wir daran? Noch sind wir draußen, vor der Tür – erst die Oder ist das Portal zum endgültigen Daheim!

Ein eiskalter Wind bläst den Tag davon. Es geht nur im Schritt vorwärts. Keiner sucht Quartier. Die Pferde schlafen in den Sielen. Ärgerlich kratzen sie mit den Hufen, wenn es mal wieder einige Meter weitergeht. Wir wickeln uns fest in die Pelze, versuchen etwas zu ruhen. Als der Morgen graut, kommt Heinze nach vorn und schimpft: »Nicht mal drei Kilometer sind wir nachts vorangekommen. Was machen die nur so lange an der Oderbrücke?« Ungeduldig stehen die Kutscher neben ihren Wagen. Sie hauchen in die Hände, stapfen in kleinen Schritten im Kreis herum und versuchen, die eiskalten Füße warm zu bekommen. Eine fremde Frau kommt an meinen Wagen. »Kommen Sie doch mal mit. Gelt, Sie sind doch die Frau von dem Treckführer hier?« Ich nicke und klettere herab. Sie führt mich ein ganzes Stück zurück. »Da ist eine junge Frau bei uns. Die hat ein totes Kind bei sich und gibt es nicht her. Seit zwei Tagen schon . . .«, flüstert sie mir zu. Auf einem Leiterwagen, der durch keine Plane geschützt ist, hockt regungslos eine junge Frau. Ihr Gesicht ist starr und ausdruckslos, der Kopf eingewickelt in ein großes rotes Tuch, das weit über ihre Schultern herabhängt. Ich gehe heran, frage, ob sie zum Treck gehört. »Nein, sie haben mich nur mitgenommen, weil ich mit den zwei Kindern allein war. Der Mann ist im Feld, irgendwo...« Sie spricht abgehackt, beziehungslos. »Mit dem toten Kindchen lassen Sie uns sicher nicht über die Brücke. Geben Sie es den Männern, daß sie es hier begraben«, rede ich ihr zu. »Sie helfen damit allen.« Sie sieht mich eine Weile stumm an. Ihr Gesicht wird verschlossen und hart: »Es ist einfach erfroren. Ich hatte ja keine Decken, hatte nichts zu trinken. Es ist einfach ganz still erfroren«, flüstert sie dann. »Feuer durfte ich auch nie machen. Was wird nur mein Mann sagen! Er wollte die Kleine doch so gern sehen. Er kennt sie ja noch gar nicht.« Was soll ich ihr antworten? Ich komme mir rat- und hilflos vor und schweige. Ein Bauer tritt hinzu und nimmt ihr behutsam das kleine Bündel aus dem Arm. Ihre Lippen pressen sich fest zusammen. Mühsam, wie eine alte Frau, klettert sie vom Wagen. Das kleine Mädchen neben ihr beginnt zu weinen. Sie hebt es herab und drückt es an sich. »Sie helfen allen, wenn Sie erlauben, daß das Kind hier bestattet wird«, sage ich. »Sie sind jung und werden noch viele Kinder haben«, höre ich mich reden und finde auf einmal diesen Trost furchtbar dumm. Aber mir fällt nichts Besseres ein – und ich nehme sie still an der Hand und führe sie aufs Feld, wo zwei Männer verbissen versuchen, die festgefrorene Erde aufzuhacken. »Es geht weiter«, brüllt eine Stimme. Ich drücke rasch das kleine Mädchen an mich: »Paß du schön auf Mama auf«, und laufe nach vorn. Später, als wir einen Tag schon hinter der Oder sind, treffe ich diese Leute wieder. Die alte Bäuerin erzählt: »Die Männer haben kein Loch in den Boden graben können. Sie haben die Kleine mit einigen Brettern zugedeckt, irgendwo am Rand der großen Straße.«

Wir hocken rauchend unter unserer Wagenplane und

blicken mit geröteten Augen in das beginnende Schneegestöber. Das Warten ist endlos.

Keiner sieht, wie sich, schneckengleich, zwei Panzer über das Feld schieben. Der weiche Schnee schluckt viel von dem Rasseln der Ketten. Die wenigen, die sie herankriechen sehen, nehmen natürlich an, daß es sich um deutsche Tanks handelt, die den Treck schützen sollen. Wer denkt hier, keine zwei Kilomter von der Oderbrücke, an russische Spähpanzer? Höchstens 200 Meter vor uns rollen die grauen Kästen auf die Landstraße. Bewegungslos, wie erstarrt, stieren wir durch den Schnee nach vorn. Dort beginnen Menschen zu schreien, Pferde wiehern schrill, Holz splittert und kracht. Wie zwei gewaltige Ungetüme walzen die Panzer alles nieder, was in ihrer Nähe ist. Sie wenden, schrauben alles flach, was sich unter ihren Ketten befindet. Wie gelähmt sitzen wir auf den Böcken. Es ist, als gehören wir gar nicht dazu, als gehe uns das, was da geschieht, gar nichts an. Wie ein Film spulen sich die Bilder vor unseren Augen ab. Ich sehe, wie sich eine Panzerklappe hebt. Zwei Russen mit dicken Lederkappen springen heraus. Sie rennen auf ein Fuhrwerk zu, reißen den Kutscher vom Bock und zerren ihn zum Panzer. Der Mann sträubt sich kaum. Sie schieben ihn hinauf, die Luke schließt sich und die Kolosse rollen davon. Das Schluchzen der Frauen, das Jammern der Kinder, das Klagen der Verwundeten –, wir hören es nicht. Stumm starren wir den Ungetümen nach, die leise und gemächlich davonbrummen.

Regungslos sitzen wir da und können nicht fassen, daß wir leben, daß nur sechs Wagen vor uns der Tod zuschlug. Langsam löst sich die Verkrampfung. Die ersten Männer rennen nach vorn. »Bleibe wo du bist«, brüllt mein Mann. Er stürzt mit dem Alten los. Wir stehen und warten. Wir sind allein.

Die Männer schaffen zertrümmerten Hausrat, zerquetschte Pferdeleiber und die Reste der zerstörten Wagen aus dem Weg. Sie arbeiten mit verbissener Wut, verbinden, trösten, sammeln ein, was noch brauchbar ist. In ihren Augen steht die Frage: Wie ist es nur möglich, daß vor der Nase der Truppe, in Rufweite schon, so ein Angriff geschieht, ohne, daß sich auch nur eine Hand zu unserem Schutz rührt? Es gibt keine Antwort – nur vierhundert Meter vor uns weht die Rote-Kreuz-Fahne eines deutschen Feldlazaretts an einem Brückenpfeiler der guten, alten Oder.

Die Soldaten auf der Brücke sehen herüber. Sie haben nichts unternommen. Können sie nicht eingreifen? Dürfen sie es nicht? Wir werden es nie erfahren. Kein Arzt kommt herüber, kein Sanitäter, um zu verbinden, zu helfen. Wir stehen noch immer und warten, daß man uns hineinläßt, hinein in unsere Heimt, in unser Deutschland.

Das Schlimmste an diesem grauenhaften Vorfall aber ist, daß man sich auf einmal innen ganz glücklich fühlt, dankbar, daß man davongekommen ist, daß man überlebt hat. Die drei anderen Menschen, die starben, die kannte man ja nicht. Sie sind fremd und fern. Man fühlt Mitleid, hat ein trauriges Herz, aber ganz nahe ist man in solch einem Augenblick nur sich selbst. Der Krieg und der Tod, sie haben nichts Heroisches, sie decken meist nur die eigenen Schwächen auf. Je schrecklicher der Tod um uns wütet, desto mächtiger erwächst in jedem der Selbsterhaltungstrieb.

Der Tag beginnt sich hinter der Nacht zu verstecken. Wir rücken schrittweise auf. Aus dem Dunkel treten Männer mit Sturmlaternen. Sie fassen die Pferde an den Zügeln und ziehen sie auf die Brücke. Ein fahler Mond lugt durch Wolkenfetzen. Ich erkenne Soldaten mit dicken Ohrenschützern. Sie fordern Papiere, Ausweise. Verbittert und kurz fragt mein Mann: »Was soll diese Kontrolle? Hinter uns kommen noch Hunderte oder gar Tausende und wir verlieren hier unnütze Zeit.« Sehr mürrisch und etwas überheblich antwortet ihm ein Offizier: »Wir lesen aus. Was glauben Sie wohl, wie viele Polen, Ukrainer und solches Volk sich bei uns einschleichen will. Die haben vor den Russen noch mehr

Angst als ihr!« Mein Mann läuft rot an. »Und ihr wohl auch, denn es fiel kein Schuß, als uns der Panzer vor Stunden angriff!« Der Offizier schweigt. Genau kontrollierte er unter der Laterne die Papiere meines Mannes. »Soldat gewesen?« »Ja.« »Rang?« »Hauptmann, Pionier- und Festungsbau.« »Oh, Verzeihung.« Nun schweigt mein Mann. »Was glauben Sie, wie viele Landser wir hier täglich herausholen. Die Kerle meinen, der Krieg sei zu Ende und sie wollen heim zu Muttern. Fast zwei Kompanien haben wir in den letzten Tagen schon zusammengesucht.« Er drückt uns die Papiere in die Hand: »Los, weiterfahren!« Nach wenigen Schritten schon hält uns ein Unteroffizier an: »Habt Ihr Polen im Wagen?« Ich schüttle den Kopf. »Weiter!« Ich denke an Irko. Ein gutes Geschick hat verhütet, daß sie bei uns blieb. Jetzt hätten wir sie unweigerlich verloren.

Sang- und klanglos fahren wir in Nieder-Schlesien ein. Das ist meine Heimat. Sie nimmt mich auf, als wäre es etwas Selbstverständliches, daß ich zurückgekehrt bin. Keiner streckt uns eine Hand entgegen – keiner nimmt von uns Notiz. Wir sind da und das ist gut!

Der Tag und die Nacht vorher waren so schrecklich und ereignisreich, daß wir uns danach sehnen, auszuspannen und zu schlafen. An einer Straßenecke springt der Alte vom Wagen. Ein paar kurze Worte, Dank, ein Händedruck und er verschwindet im Gewühl der Rückkehrer. Er will, wie er sagt, mit einem Militärauto versuchen, schneller westwärts zu kommen, um eher bei Frau und Tochter zu sein.

Häuser und Höfe sind überfüllt. Wir finden nur einen engen Platz in einem Pferdestall. Es ist kalt. Der Boden nur dünn mit Stroh ausgelegt. Wir liegen lange wach. Ich weiß nicht, wann und wie ich eingeschlafen bin – plötzlich jedoch spüre ich in meiner Hand einen wahnsinnigen Schmerz. Ich schrie laut auf. Mein Mann fährt hoch. »Was ist?« Mir stürzen die Tränen aus den Augen. Ich kann vor Schmerzen nicht sprechen. Es kommt mir wie eine Ewigkeit vor bis ich herausstoßen kann: »Meine Hand!« Im Halbdunkel kann ich nicht sehen, was mit der Hand geschehen ist. Der furchtbare Schmerz nimmt mir fast den Atem. Mein Mann springt auf. Berko wird nervös und weicht zur Seite aus. In diesem Moment weiß ich, daß er mich getreten hat, daß er mit seiner Hinterhand auf meine Finger kam. Vorsichtig hebe ich den Arm hoch. Blut läuft über den Pelz. Der Nagel meines Ringfingers ist geplatzt, im kleinen Finger habe ich kein Gefühl. Wir laufen auf die Straße, fragen überall nach einem Arzt. »Hier gibt es nur zwei Sanis vom Roten Kreuz«, erklärt eine alte Frau, die an einem Stock daherhumpelt. Sie weist uns freundlich den Weg. Wir verlaufen uns im Dunkeln, fragen noch einmal und stehen endlich in einem Schulhof. Ein rotes Kreuz klebt am Portal. Ich bekomme eine Spritze und zwei Tabletten mit auf den Weg. »Der Ringfinger wird wieder. Beim kleinen Finger müssen Sie eben abwarten«, hat uns der dünne Sanitäter mit auf den Weg gegeben. Nun haben wir Mühe, unser Quartier wiederzufinden. Überall stehen Wagen. In allen Nischen liegen unter dicken Decken, zusammengerollt, Flüchtlingc.

Viele haben gar nicht ausgespannt und schlafen unter ihren Planen. Auf der Durchgangsstraße schieben sich ohne Unterlaß die Fuhrwerke ins Reich. Am nächsten Tag erzählt uns ein Soldat, daß dieser Treck nun schon ohne Unterlaß seit vier Tagen Tag und Nacht rollt. Mit Pferd und Wagen, mit Handkarren, Kinderwagen, Rädern, mit Koffern, Säcken, Kartons und Rucksäcken drängen sie über die Brücke. Beuthen an der Oder – dieser kleine, unbekannte Ort – wird über Nacht wichtig und wird für Tausende von Heimkehrenden zur Rettung.

Mit Spritze und Tablette schlafe ich tief und fest. Als mein Mann mich weckt und sagt: »Hoffentlich habe ich richtig eingespannt«, gehe ich skeptisch um den Wagen. Alles in Ordnung. Als wir herausfahren, steht augenzwinkernd unser Bezirkslandwirt am Tor. »Lügner«, flüstere ich meinem

Mann zu. Er lächelt und blickt verlegen. »Ich habe ein Thermometer gesehen. Es sind nur 24° Kälte«, erzählt er mir später. »Wir sind ja nun auch schon viel weiter westlich«, ergänzt er. Als wir in K. abfuhren, hatten wir 35°, geht es mir durch den Sinn. Als wir abfuhren ... Mein Gott, denke ich, es ist eine Ewigkeit her, dieses: als wir abfuhren! ... Mein Mann nimmt die Zügel. Ich habe meinen Arm in einem Tragetuch unter dem Pelz. Berko ist hinten angebunden. Großmutter mit Enkel haben sich schweigend unter den Bettsachen vergraben.

Die Wagenreihe beginnt sich nach wenigen Kilometern aufzulösen. Jeder sucht selbst nun seinen Weg und jeder will so rasch als möglich an sein Ziel kommen. Wir sind sicherer geworden, fürchten keine Panzer und auch keine Flugzeuge mehr. So zotteln wir dahin, bis uns ein Schild auffällt. »Domäne«! Ob es da noch Deutsche gibt, fragen wir uns – und da es bereits später Nachmittag ist, biegen wir ein. Hinter einigen Bäumen versteckt, führt eine Auffahrt zu einem schönen, gepflegten Herrenhaus. Wir biegen ab und fahren in den weiten, sauberen Hof ein. Die Stalltüren sind geschlossen, aber es riecht nach Kühen und Pferden. Ich klettere vom Bock und blicke mich um. In einem Nebenhaus erscheint ein Gesicht am Fenster. Ich winke. Ein älterer Mann tritt heraus, kommt an den Wagen und fragt: »Was wollen Sie?« »Wasser und Futter für die Tiere«, antworte ich und bin erstaunt, als ich sehe, daß er sofort zu arbeiten beginnt. Das Ausspannen geht ihm flott von der Hand und während er den Tieren Futter vorlegt, fragt er: »Wo sind die Russen? Kommen Sie aus Polen?« Während ich ein bißchen erzähle, biegen zwei andere Wagen in den Hof. Der Mann kümmert sich fürsorglich um die Neuen, weist ein, berät und legt stets mit Hand an. Im Dorf, so erfahren wir, gibt es keine Deutschen mehr. »Vor zwei Tagen sind die meisten losgefahren. Nur drei Familien zogen nicht mit. Sie glauben nicht an die Russenhetze und wollen hierbleiben.« Er schüttelt den Kopf. »Ich bin

Pole, wissen Sie. Aber wenn der Russe kommt hierher, dann laufe ich mit Familie immer nach dort.« Er zeigt in den Westen und geht schnell davon. Wir beschließen noch einen kleinen Spaziergang durch den Park zu machen, der hinter dem Herrenhaus liegt. Im Vorbeigehen betrachten wir das wunderschöne Portal. Kunstvolle, schmiedeeiserne Arbeit verziert es. Wir treten heran und schauen uns alles genau an. Die Fensterläden sind geschlossen. Nirgends ein Licht. Wie im Spiel drücke ich auf den weißen Klingelknopf., Alles bleibt still. Wir sind schon einige Schritte weiter, als eine Stimme ruft: »Wer ist denn da?« Fassungslos sehen wir uns an. »Flüchtlinge«, antworte ich noch völlig verblüfft und gehe zurück. Die riesige Tür quietscht etwas. Vor uns steht eine Dame in einem dunklen Kleid, mit weißem Spitzenkragen und weißen Stulpen an den Ärmeln. Ich starre sie entgeistert an. Sie kommt mir wie eine Märchenfee vor. Wir müssen beide keinen sehr geistvollen Eindruck auf sie machen, denn sie lächelt etwas mitleidig und bittet sehr freundlich: »Bitte, so treten Sie doch ein.« Ganz vorsichtig gehen wir in die weiträumige Halle und schauen uns betreten um. Weiche Teppiche, kostbare Gemälde an den Wänden, Vitrinen mit edlen Porzellantäßchen, ein wunderschöner Kachelofen – eine Traumwelt für uns. Eine Welt, an die wir uns nur noch nebelhaft erinnern und die nichts Reales für uns hat. Wir stehen und schauen – riechen nach Pferden und Kuhstall, haben seit fast zwei Wochen kein Hemd und keine Hose gewechselt. Unsere Stiefel sind voller Lehm, strähnig stecken die Haare unter schmutzigen Fellmützen – und um uns herum die Schönheit und Gepflegtheit eines ostdeutschen Rittergutes. Das »Bitte, setzen Sie sich doch« bringt uns in die Wirklichkeit zurück. Vorsichtig lassen wir uns auf die Sesselkante nieder und berichten in groben Zügen von unserer Flucht. Eine alte, weißhaarige Dame, die Mutter der Gutsherrin, gesellt sich zu uns. Still lauschen die beiden unseren Erzählungen. Das Ungesagte lesen sie aus unseren roten, übernächtigten Augen, aus unserer Aufmachung und aus der Mattigkeit unserer Bewegungen. Wir erfahren, daß noch zwei Kinder im Alter von 4 und 6 Jahren im Haus sind, daß der Hausherr als Jagdflieger irgendwo im Westen ist und sie nicht fortzugehen wagen, weil sie fürchten, daß die Kinder und auch die alte Mutter, die Strapazen einer Flucht nicht aushalten würden. »Mein Mann würde uns dann auch nicht wiederfinden«, fügt die junge Frau noch hinzu und lächelt ein wenig. »Der Pole, den Sie im Hof ja wohl gesehen haben, ist unsere ganze Stütze. Ein ehrlicher Mann. Wir haben ihn seit 14 Jahren auf dem Gut.« »Aber er wird auch fliehen, wenn die Russen kommen. Er kennt sie...« Es nützt alles nichts. Unsere Warnungen stoßen auf taube Ohren. Wir geben auf!

»Sie können gern im Haus schlafen. Auch Baden ist möglich«, bietet uns die Hausfrau an. Wir sind glücklich. Gemeinsam trinken wir eine Flasche Wein und als es mir zu warm wird, ziehe ich einen Pullover aus. Nach einer Weile den zweiten. Der dritte, den ich über dem warmen Unterhemd trage, löst Gelächter aus. Er hat ja nur einen Ärmel. Die alte Dame sagt: »Kind, haben Sie die Wolle dabei?« »Ja, im Wagen.« »Holen Sie sie herauf. Ich stricke leidenschaftlich gern und auch sehr schnell. Den Ärmel mit dieser dicken Schafswolle haben Sie morgen zur Weiterfahrt fix und fertig.«

Unten im Hof sind inzwischen viele Wagen eingefahren. Überall Hektik, Unruhe. Parolen überstürzen sich. Die Letzangekommenen berichten vom langsamen Rückzug unserer Truppen, vom russischen Druck auf unsere Stellungen an der Oder, von neuen Greueltaten... Der Krieg ist auf einmal wieder gegenwärtig. Er klopft immer stärker an das Portal des wunderschönen Gutshauses. Aber dort verstopft man sich die Ohren, glaubt sogar, daß die Russen auch Familien und Kinder haben und wohl lange nicht so schrecklich sind, wie uns die Propaganda es ausmalt! Wir sitzen da und staunen, erzählen und warnen. Wir beschließen, am nächsten Morgen schon um sechs Uhr früh abzufahren und verabschieden uns.

Das Bad macht uns müde. Erschöpft fallen wir in die breiten Gästebetten.

Als wir früh erwachen, ist im Haus schon Betrieb. Ich bleibe noch einen Augenblick liegen und genieße die wohlige Behaglichkeit der Federbetten und der weichen Matratze. Als ich auf den Flur trete, liegt, fein säuberlich zusammengefaltet, mein Pullover auf einem Hocker. Der zweite Ärmel ist eingenäht. Sogleich ziehe ich das mollige Stück über die beiden anderen, die ich aus dem Koffer im Wagen geholt habe.

In der Halle finden wir zu unserem großen Erstaunen die beiden Damen reisefertig. Die Kinder sitzen brav auf den Stühlen an der Tür. »Wir haben doch beschlossen zu fliehen«, erklärt die Jüngere. »Das ist richtig«, beteuert mein Mann. »Schließen Sie sich uns an.« Draußen hat der Pole schon eingespannt und sitzt wartend auf dem Bock. Später erfahren wir, daß er es war, der die beiden Frauen zu Flucht überredet hat. Er wollte sie retten – aber ob es ihm gelungen ist?

Elf Wagen rollen hinter uns her. In scharfem Trab geht es Richtung Berlin. Es ist kalt. Ein harter Wind pfeift. Bis zur nächsten Kleinstadt sind es 14 Kilometer. Für uns ein Katzensprung – nach all dem Erlebten. Aber anders empfinden es die Frauen des Gutes. Sie sind so jäh aus der Behütetheit ihres Heimes gerissen, daß sie schnell mut- und ratlos werden. Die Kinder weinen still vor sich hin. Die alte Dame sitzt bewegungslos, die junge wird von Minute zu Minute verzweifelter. Als wir in F. einfahren, bittet sie uns, am nächstbesten Haus zu halten. »Setzen Sie uns nur hier heraus. Wir fahren nicht weiter«, ordnet sie an. Der Pole und mein Mann treten eine verschlossene Haustür ein und führen die Frauen nach oben. Wir tragen ihr weniges Hab und Gut hinterher. Die Wohnung, von ihren Besitzern verlassen, ist klein, aber gemütlich. »Von hier aus können wir noch zurück«, erklärt uns die Junge und ihre Augen leuchten wieder ein wenig. Ich fühle, daß die beiden glücklich sind, der Landstraße entronnen zu sein. Jeder muß sein Schicksal tragen, denke ich, während wir uns verabschieden. Ein Händedruck, ein paar Ratschläge... und wir sitzen wieder auf unserem Wagen und fahren ins Nichts. Der Pole, der an der Haustür winkend steht, wird immer kleiner... Ob er die Frauen schützen konnte? Ob er bei ihnen blieb? Eine Weile unterhalten wir uns noch über diese Menschen und spüren, daß uns Welten trennen. Sie sind verkettet und gebunden an alles, was man früher als »Werte« bezeichnete. Flucht, das Verlassen von Haus und Hof ist für sie gleichzusetzen mit Untergang, Tod und Ende. Sie können nichts abwerfen, nichts hinter sich lassen. Ich fühle mich im Vergleich zu ihnen frei, leicht und ungebunden. Was früher war, ist klein und nichtig geworden. Es gibt nur noch den Willen, zu überleben. Wir haben Hunger, Schmerz, Kälte und Ängste ertragen – wir kennen das Grauen, das Blut und die Wunden. Wir sind ohne Tünche geblieben, ohne Fassade. Ob diese Frauen sich auflehnen können? Ob sie die Kraft finden sich zu wehren oder gar zu kämpfen? Ob sie zerbrechen oder das Leid durchstehen oder sterben? Ich weiß es nicht. Wir sahen sie nie wieder – nur der Ärmel an meinem Pullover erinnert mich noch lange Zeit an sie.

Mit zehn Fuhrwerken kommen wir in einem Ort am Bober an. Hier wohnen noch Deutsche. Endlich. Wir sind so begierig, Neuigkeiten zu hören, daß wir uns zu ihnen setzen, noch ehe ich ausgespannt habe. Sie erzählen vom Vordringen der Amerikaner im Westen, von schweren Luftangriffen, von der bevorstehenden Einkesselung Breslaus... Sie glauben nicht mehr daran, daß unsere Truppen auch nur irgendwo dauerhaften Widerstand leisten können. »Wir sind am Ende«, sagt einer leise und wir sitzen still, senken die Köpfe und in uns ist das Gefühl von Wut, Verzweiflung,

Hilflosigkeit und Trauer, das Niederlagen stets so bitter macht.

Die Leute kochen Kartoffeln und eine dicke Mehlsuppe für uns. Eine Frau verbindet liebevoll meinen kranken Finger. Dann legen wir uns zufrieden und satt auf dem Küchenboden zum Schlaf nieder. Wir sind unter Landsleuten. Wir sind im Reich! Alles, was nun kommt, so denke ich noch im Einschlafen, kann nie mehr so schlimm sein, wie das, was hinter uns liegt!

Am Morgen haben wir es eilig weiterzukommen. Zum ersten Mal fühlen wir, daß unsere Flucht nun bald zu Ende geht. In allen Dörfern, die wir durchfahren, sind die Bewohner noch da. Wir sind nicht mehr die Letzten, die Gehetzten. Bei Forst in der Lausitz ist die erste Aufnahme- und Sammelstelle für Ostflüchtlinge. Sehr gedämpft begrüßt uns am Straßenrand ein Kreisleiter in Uniform. Er tut so, als bemerke er die Eiseskälte nicht, die von den Menschen des Trecks auf ihn übergeht. Seine Helfer, einige eifrige Pimpfe, überreichen uns die Einweisungspapiere für die Bauern in den verschiedenen Dörfern, die uns aufnehmen sollen.

Die Großmutter krabbelt hinten aus dem Wagen, ergreift ihr Enkelchen und umarmt uns weinend: »Ich habe nie geglaubt, daß ihr es schaffen würdet. Gott behüt' euch und Dank, Dank!« Sie will weiter nach Hameln zu ihrer Tochter. Der Kreisleiter nimmt sie mit. Erst viele Jahre später erfahren wir, daß sie gut daheim angekommen sind. Auch der Schwiegersohn kehrte gesund heim! Eine Familie, die es geschafft hat. Eine von Hunderten!...

Saspow heißt unser neues Ziel. 5 Kilometer nur noch! Die Pferde traben munter los. Etwas unglücklich sitzen wir nebeneinander auf dem Bock. Es ist, als tauchen wir in eine neue Welt. Eine geordnete, fremde, die nichts mehr mit unserem Leben und dem Erlebten gemein hat. Die Menschen in den Dörfern betrachten uns, als kämen wir von einem anderen Erdteil – oder so, als hätten wir uns draußen, vor der

Stadtmauer, herumgeschlagen und kommen nun zurück, um uns verbinden zu lassen. Sie betrachten uns mit einem Gemisch von Mitleid, Skepsis und gekünstelter Hilfsbereitschaft.

In dem winzigen, wendischen Ort weist uns der sorbische Ortsvorsteher bei einem Bauern einen sauberen, doch sehr kleinen Raum zu. Wir fühlen uns wie im siebenten Himmel.

Am nächsten Tag wächst die Freude. Wir erfahren, daß einige Bauern aus unserer östlichen Heimat bereits vor uns eingetroffen sind.

Es wird ein trauriges Wiedersehen. Von den sechzehn Fuhrwerken – die des Gutes, die erst später zu uns stießen, mitgerechnet – kamen nur 9 an. Zwei sind am Warthedamm abgestürzt, einer verbrannte bei einem Luftangriff, zwei blieben mit gebrochenen Rädern unterwegs zurück. Zwei andere wurden mit ihren Kutschern noch im Wartheland von deutschem Militär gestoppt, die Wagen requiriert und die Männer eingezogen. Von den 36 Menschen, die den Auszug mit uns begannen, waren sieben tot, fünf spurlos verschwunden und eine Frau schwer verletzt. Eine entsetzliche Bilanz.

Die Wenden im Dorf beachten uns kaum. Bittet man sie um etwas, so helfen sie – verschlossen, ohne Herzlichkeit, schweigsam. Nie wird vom Krieg gesprochen. Keine Fragen fallen. Sie sehen in uns Fremde, die in ihren Lebensraum eingefallen sind – denen sie Herberge geben müssen und denen sie Lebensmittel verkaufen, aber mit denen sie nichts gemein haben! Nie sind sie ungefällig oder gar aggressiv – nur desinteressiert und unnahbar. Fleißig, sauber und stolz, so charakterisieren wir sie – aber auch eigenwillig, traditionsbewußt und äußerst mißtrauisch. Wir sind nun daheim in unserem Deutschland und fühlen uns doch nicht »zu Hause«!

Fünf Tage sitzen wir nun schon in Saspow, langweilen uns und sind doch innerlich ruhelos. In der Nacht zum sechsten Tag erleben wir von Ferne den großen, entsetzlichen Luftangriff der Amerikaner auf Cottbus. Phosphor- und Sprengbomben, Luftminen, Luftschutzkeller, all das kennen wir nur von Erzählungen und Berichten. Der Russe hatte da zum Glück wenig zu bieten. Er schickte lieber seine Panzer und die Infanterie gleich hinterher. Auch Stalinorgeln habe ich in der Ferne heulen hören, doch riesige Bomberverbände hatten wir noch nie gesehen. Ist es da ein Wunder, daß uns der Angriff auf Cottbus wie ein Weltuntergang vorkommt? Der Himmel in der Ferne ist glutrot, Fensterscheiben klirren leise, Türen zittern und es ist ein Grollen um uns, wie bei einem schweren Unwetter. Ein neuer Krieg tut sich in diesen Augenblicken vor uns auf. Ein unpersönlicher, gemeiner, hinterhältiger. Wir laufen in den Stall, um nach den Pferden zu sehen. Das Singen und Dröhnen schwerer Flugzeugmotoren dringt zu uns herüber. Der Himmel steht in aufquellenden Flammen. Unser Berko ist nervös. Er tänzelt hin und her und rollt erregt mit den Augen. Ein elfjähriger Flüchtlingsjunge steht auf dem Krippenrand und wirft Heu ein. Für ein paar Pfennige übernimmt der Kleine täglich diese Arbeit. Er ist immer mit viel Eifer bei der Sache und liebt unsere Tiere.

Mein Mann tritt auf Berko zu, ruft ihn an und hebt die Hand, um ihn beruhigend zu streicheln – da ist es auch schon geschehen. Das Pferd schlägt aus – tifft ihn so hart am Oberschenkel, daß er an die Stalltür taumelt. Während ich mich herabbeuge, um nach der Verletzung zu sehen, läuft der Junge hinaus und schreit aufgeregt den Bauern herbei. Mit einem Knecht trägt er meinen Mann ins Zimmer, beguckt sich das Bein, dreht am Knie. »Nichts gebrochen. Kalte Umschläge machen«, brummt er und geht davon. Draußen grollen noch immer die Einschläge herüber. Bis lange nach Mitternacht sitze ich und versorge das Bein. Die Schmerzen sind schlimm. Erst am nächsten Tag bekomme ich von einem Apotheker 24 Schmerztabletten zugesteckt. Sie helfen gut, die nächsten Tage zu überwinden. Nach drei Tagen humpelt mein Mann bereits vorsichtig am Stock über den Hof. Der Oberschenkel nimmt allmählich alle Farben an.

Im Dorf sind die ersten Flüchtlinge aus Cottbus eingetroffen. Jedes Haus ist randvoll belegt. Und immer noch fluten Menschen, die der Bombenhagel obdachlos machte, mit ihren wenigen Habseligkeiten, die ihnen verblieben sind, in die umliegenden Gemeinden. Turnhallen, Schulen, Gasthaussäle, alles ist zu Notquartieren geworden.

Aus Guben rückt eine Nachrichtenabteilung an. In wenigen Tagen soll sie neu aufgefüllt werden, erfahren wir. »Dann werden wir wohl nach Schlesien kommen«, vermutet ein älterer Schirrmeister. In dieser Nacht liegen wir lange wach und grübeln, wie es weitergehen soll. Als wir einschlafen, ist unser Plan gefaßt: Wir wollen versuchen, mit dieser Einheit mitzufahren, so weit es möglich ist. Vielleicht finden wir in Schlesien dann eine weitere Möglichkeit nach Breslau zu gelangen. Noch soll die Stadt nicht völlig eingekreist sein – und ich hoffe, meine alten Eltern noch immer daheim vorzufinden.

Am nächsten Morgen sprechen wir mit dem wendischen Bauern. Wir übergeben ihm die drei Pferde, den Wagen, mit allem Hausrat, Betten und Teppichen, er besorgt uns Brotbeutel und Tornister. Der Tausch stimmt ihn zufrieden. Als uns nach weiteren zwei Tagen der Schirrmeister nachts heraustrommeln läßt, gibt uns die Bäuerin sogar ein Brot und ein schönes Stück Schinken mit auf den Weg.

Es geht nach Hirschberg im Riesengebirge, erfahren wir. Dann sitzen wir auf Ketten, Kabeln, Schnüren und Kästen im Halbdunkel eines Werkstattwagens und fahren wieder ins Nichts, ins Ungewisse. Alles haben wir zurückgelassen. Wir besitzen nur noch die Hoffnung, unsere Lieben wiederzufinden.

Von Spremberg, Muskau, Weißwasser, Lauban sehen wir nichts. Die Fahrt dauert lange, aber wir zählen die Stunden nicht. An einer Seite des Marktplatzes von Hirschberg setzen sie uns in aller Eile ab. Verwirrt stehen wir mitten in einer Stadt, in der man nicht zu wissen scheint, daß der Russe im

Vormarsch ist. Auf den Straßen gut gekleidete Leute, die Lokale überfüllt, viele Parteigrößen in Uniform, die Hotels bis zum engsten Dachkämmerchen überbelegt, an den Straßenrändern viele Autos. Etwas hilflos stehen wir in all dem Trubel. Ein Herr spricht uns an: »Wo wollen Sie hin?« Er weist uns zu einer Rote-Kreuz-Stelle. Dort bekommen wir sofort die Zuweisung für ein Zimmer. Zwei Tage verkriechen wir uns darin. Dann sind unsere Lebensmittel aufgebraucht und wir haben uns wirklich ausgeschlafen.

Bei einer Bank erfahren wir, daß man uns auf Ausweis und Verdienstbescheinigung sofort die fehlenden Monatsgehälter auszahlt. Wir sind glücklich. Jeden Tag bummeln wir nun durch die Stadt, fangen alle Parolen auf, schlucken gierig alle Neuigkeiten von der Ostfront und suchen eine Möglichkeit, um nach Breslau hineinzukommen.

In der Stadt wird die Stimmung immer gedrückter. Die hohe Parteiführung, der Gauleiter selbst und alles, was Beziehungen hat, kommt mit Flugzeug oder mit dem Auto aus der nun ganz eingekreisten Stadt Breslau. »Die Ratten verlassen das sinkende Schiff«, schimpft unser Wirt. Die Sorge um meine Eltern wächst. In der Nähe des Flugplatzes lernen wir einen jungen Piloten kennen. »Da kommt ihr nie mehr hinein. Der Ring ist zu, auch wenn sie es noch nicht öffentlich bekanntgeben«, vertraut er uns an. »Viele Ausbruchsversuche sind schon blutig zurückgeschlagen worden. Was da noch drin ist, das sitzt in der Falle.« Wir sind verweifelt. Stundenlang laufen wir durch die Stadt, sprechen fremde Menschen an, fragen nach Breslauern. Einer, aus der Südparkgegend, schüttelt nur den Kopf und murmelt: »Ganze Stadtteile brennen – es ist das Chaos – überall Tote – überall Hunger – Verzweiflung«, und er geht müden Schrittes davon. Wir sind deprimiert und verkriechen uns wieder in unserem Zimmerchen.

Der neue Tag bringt neue Aufregung. Überall kleben Aufrufe, daß sich alle Männer, die im wehrpflichtigen Alter sind, auch, wenn sie Freistellungsbescheide haben, sofort melden müssen. Das Wehrkreiskommando droht an, daß bei Nichtbefolgen dieser Anordnung mit Höchststrafe zu rechnen ist.

In aller Frühe marschiert mein Mann nun los. Wehrpapiere, Verwundetenausweis, Untauglichkeitserklärung und U K.-Stellung, alles hat er bei sich. Schon nach recht kurzer Zeit ist er mt einem frisch ausgestellten Einberufungsbescheid zurück. Trotz dreifacher Verwundung, Fleckfieber und UK-Stellung hat man ihn zur Truppe gerufen. Fachleute für Festungs- und Bunkerbau sind rar, tat man ihm kund. »Mir ist es auch lieber so«, sagt er mir. »Immer noch besser die reguläre Einheit, als der Volkssturm!«

Wir sind wieder am Packen. Diesmal sehen Brotbeutel und Tornister schon wesentlich magerer aus. Der Marschbefehl ist für den kommenden Tag ausgestellt. Nach Hansdorf im Sudetenland. Eine ewig bimmelnde Kleinbahn bringt uns hin. Es ist so, als gäbe es gar keinen Krieg. Von der Existenz dieser Kleinstadt hatten wir beide noch nie etwas gehört. Ein ländlich-gemütliches Treiben empfängt uns. Die alten, niedrigen Häuser strahlen eine heitere Beschaulichkeit aus. Die Menschen, mit gesunden, breiten Gesichtern sind rührend in ihrer Hilfsbereitschaft. Ein gediegenes und zuverlässiges Kleinbürgertum mit weichem, böhmischem Einschlag. Ich fühle mich wohl hier und hoffe nur, daß wir bleiben.

Nach einer halben Stunde schon kommt mein Mann zurück, in die Wartehalle des Bahnhofs, in der wir uns verabredet haben. Er schwenkt von weitem einen Zettel. »Weiter, nach Mährisch-Schönberg«, verkündet er.

Nur eine kurze Bahnfahrt und noch am gleichen Abend stehen wir vor der Kaserne der Stadt. Ich warte draußen; bin schrecklich müde. Junge Soldaten ziehen vorüber, mit frischen, neugierigen Gesichtern. Der Posten am Tor ist Sachse. Wir wechseln ein paar Worte – aber da steht schon wieder mein Mann neben mir. Er ist ärgerlich und schimpft: »Wir müssen weiter. Nach Pardubitz. Morgen früh um sechs nimmt uns ein Wagen mit.« Mit ist alles egal. Vor Müdigkeit laufen mir die Tränen über das Gesicht. Mir ist schlecht vor Hunger und die Beine wollen auch nicht mehr. Eine Stunde fast sitzen wir im Dunklen auf einer Bank, ehe ich mich zum Weitergehen aufraffe. Zum Glück finden wir schnell ein Hotelzimmer. Angezogen werfe ich mich aufs Bett und schlafe sofort ein.

Am Morgen, es ist noch nicht hell, stehen wir pünktlich vor der Kaserne. Ein offener Mannschaftswagen rollt aus dem Tor. Die Soldaten ziehen uns herauf und ab geht's! Die Männer sind lustig und aufgekratzt. Sie singen, erzählen Witze und der Krieg ist weit!...

Wir haben Deutschland nur gestreift, denke ich. Jetzt geht es wieder in feindliches Land. Wie feindlich es uns ist – wir erfahren es leider zu bald!

In einer kleinen Stadt, nahe Nemietzky-Brod, ist draußen vor dem Ort ein schönes, kleines Schlößchen. Hier ist die Garnison. Ich bekomme in einem Seitenbau ein nettes kleines Zimmer und mein Mann übernimmt eine Kompanie neu eingezogener Soldaten. Keiner der Burschen ist älter als achtzehn. Sie müssen erst einmal Gehen und Grüßen lernen!...

Und der Krieg und der Feind ist weit.

Zeitplan

16. Januar 1945	Abfahrt in Klucki
26. Januar 1945	Oderübergang in Beuthen N/S.
30. Januar 1945	Einweisung in Saspow
11. Februar 1945	Ankunft in Hirschberg
24. Februar 1945	Hansdorf/Ost-Sudeten
24. Februar 1945	Mährisch-Schönberg/Ost-Sudeten
25. Februar 1945	Pardubitz/Protektorat Böhmen und Mähren
27. Februar 1945	Garnison

Mit Pferdewagen zurückgelegte Strecke: zirka 584 km
Tagesdurchschnitt: rund 40 km

Temperatur: Zwischen 25 und 35° Kälte

Abgefahren: 16 Fuhrwerke
Angekommen: 9 Fuhrwerke.

Städte, die wir durch- oder umfuhren:

Wartheland

Petrikow
Sellow
Zdunska-Wola
Lask
Opatowek
Kalisch (Warthedamm)
Pleschen
Jarotschin
Schrimm
Schroda
Kosten
Lissa
Fraustadt

Deutsches Reich

Beuthen N/S
Guben
Kottbus
Forst
Saspow

Spremberg
Muskau
Weißwasser
Görlitz
Lauban
Greifenberg
Hirschberg

Waldenburg
Glatz
Kudowa
Mittelwalde
Hansdorf
Mährisch-Schönberg

Zaunke
Olmütz
Freudental
Böhmisch-Trübau
Pardubitz
Kollin
Humpolec
Tabor
Slabings
Deutsch-Brot

BERICHT EINER KRIEGS-GEFANGENSCHAFT

I

In Pardubitz angekommen, erwartet uns ein neuer Marschbefehl: »Chrudim«. Für die Strecke Kolin–Iglau brauchen wir zwei Tage. Die Züge fahren nicht mehr planmäßig. Die tschechischen Eisenbahner sind zum großen Teil verschwunden. Man hat alte, pensionierte, deutsche Bahner einberufen und notdienstverpflichtet. Auf den Stationen stehen als Fahrdienstleiter felddienstuntaugliche Soldaten.

Als wir in Chrudim müde aus dem Zug steigen, ist es bereits dunkel. Ein Verpflegungswagen nimmt uns die letzten 16 km bis zum Bataillonsstandort mit. Eine kurze Vorstellung beim Kommandeur, die Einweisung in ein Zimmer und ich falle angezogen auf mein Bett.

Am nächsten Morgen gehe ich, begleitet von zwei Soldaten, zum Einkauf in die Stadt. Die Stimmung im Ort ist kalt und feindlich. Überall Ablehnung. Man beobachtet uns aus den Augenwinkeln. Die meisten Leuten verschwinden in ihren Häusern, wenn wir vorübergehen. In den Geschäften bekomme ich nur knappe, mürrische Antworten auf meine Fragen. Der Gang durch die Stadt ist ein Spießrutenlaufen. Nichts ist von dem so oft besungenen, biederen, böhmischen Operettencharme zu spüren! Ich bin froh, als ich wieder im Hof des mittelalterlichen Schlosses stehe. Hier ist unsere Garnison, hier liegt das Ausbildungsbataillon der Pioniere, zu dem mein Mann gehört und hier liegt für mich ein Stück Heimat. Der Schloßhof wird unsere kleine Welt. Fast 600

Mann stehen in der Verlassenheit einer feindlichen Umwelt auf sehr einsamen Posten. Unsere deutsche Insel ist eine hufeisenförmige angeordnete Anlage: Das große Haupthaus, mit dem herrlichen Portal wird flankiert von zwei langgestreckten Seitenflügeln. In denen sind die Wagen, die Geräte, die Pferde, die Munition und die Küche untergebracht. Die Toreinfahrt, mit den mächtigen Löwenpfeilern ist stets mit 4 Wachen besetzt. Schnurgerade führt eine Auffahrtsallee vom Tor hinunter bis zur Stadt. Alte, dürre Bäume am Straßenrand. Die Chaussee ein glattes, graues Band, so weit man sehen kann. Tagelang keine Bauern, keine Händler, keine Autos – eine unheimliche Stille. Wir sind abgeschnitten. Es gibt uns gar nicht mehr! Ich habe das Gefühl, wir sind für die Tschechen schon tot!

Noch zweimal versuche ich, von Streifensoldaten begleitet, im Ort einzukaufen. Meine polnischen Sprachkenntnisse erlauben mir, mich recht gut verständlich machen zu können. Aber es hilft mir nichts. Überall nur ein Kopfschütteln, Schweigen. Diese verbissene Ablehnung ist bedrückend und beängstigend. Aus allen Türen und Fenstern spüre ich den Haß hervorkriechen. Von diesem Tage an verlasse ich das Schloßgelände nicht mehr. Ich werde ein Teil der deutschen Insel. Der Alltag in dieser Isolation beginnt:

Im Hof wird exerziert, werden Waffen geputzt, am Pioniergerät ist immer etwas zu reparieren, Appelle müssen abgehalten werden, Wäsche hängt auf einer Leine über vier kartenspielenden Soldaten und vor der Küche sitzen acht kartoffelschälende, scherzende Burschen. Der Schloßhof ist das Herz der Garnison. Von meinem kleinen Zimmer aus kann ich diesen Platz bis in alle Winkel übersehen. Stundenlang sitze ich am Fenster und schaue herab. Ich kenne alle Ausbilder, die Zugführer, die Kompaniechefs, auch schon einige der »alten Hasen«. Von hier oben aus lerne ich, ein leichtes Flakgeschütz von einer Pak zu unterscheiden, beobachte das Üben der MG-Führer mit ihren Mannschaften und bestaune die Fertigkeiten der Altgedienten im Umgang mit dem kleinen, leichten Karabiner oder mit dem 98er Gewehr.

In dieser Männerwelt gibt es für mich nichts zu tun. Eine Frau ist hier überflüssig. Man bemerkt sie nicht. Die Tage sind lang und zäh. Wo ist der Krieg? Das Einerlei des Dienstes hat ihn verschluckt. Die Meldungen beim täglichen Rapport über Aufsässigkeiten der tschechischen Bevölkerung, Anpöbeleien, Verwünschungen bis hin zum Angespucktwerden der Streifengänger beschäftigen uns nicht sehr. Deutsche Radiosendungen sind so stark gestört, daß wir von den Kämpfen und dem Frontverlauf nur bruchstücksweise hören. Zeitungen gibt es nicht mehr. Die Feldtelefone sind heiß von widersprüchlichen, dienstlichen Anweisungen.

Der Schloßhof wird zum Käfig. Wir schwimmen in einem Meer von Feinden. Wir, die so mächtige Besatzungsmacht, wir sind die Gefangenen. Wann werden uns die Wogen des Krieges ergreifen, herumwirbeln und verschlingen? Die Angst wächst – aber keiner spricht darüber. Die Furcht macht uns trotzig, hart und verbissen.

In der Dunkelheit einer Nacht flüchten zwei deutsche Frauen mit fünf Kindern in den Schutzbereich des Bataillons. Mein Mann weckt mich und überläßt die Leute mir. Die Kinder stehen unter Schock. Ich hole den Arzt, der sie mit einer Spritze zum Schlafen bringt. Bis zum Morgengrauen sitze ich mit den Müttern zusammen. Sie reden und reden. Sie sind verängstigt und besorgt um ihre, in der Stadt zurückgebliebenen Männer. Das Erzählen erleichtert sie etwas. Erst als der fahle Morgen hinter den Schloßmauern heraufsteigt, schlafen sie erschöpft ein.

Am nächsten Tag wird der Wachdienst auf sechs Mann verstärkt. Die Beklemmung und Unsicherheit wächst. Von meinem Mann erfahre ich, daß Schlesien verloren ist. Der Russe ist auf dem Vormarsch. Ende März muß der Streifendienst durch die Stadt völlig eingestellt werden. Die Feindseligkeiten werden von Stunde zu Stunde schärfer. Am Anwachsen der tschechischen Aggressionen lernen wir die Fortschritte des russischen Vormarsches abzulesen. Wir fühlen, wie sie mutiger und dreister werden, wie sie uns belauern. Diese stille Umklammerung ist quälend und grausam. Ich habe das Gefühl, nur noch ganz flach zu atmen. Es ist, als wollte ich nichts überhören. Gefahr macht wachsam!

In der zweiten Aprilwoche überstürzen sich die Ereignisse. Am Morgen werde ich durch das Gepolter schwerer Stiefel geweckt. Befehle gellen über den Hof, am Tor Gebrüll und Geschrei. Ich sehe, daß man zwei Flakgeschütze in Stellung bringt. Hinter dem eisenbeschlagenen Tor geht eine Gruppe Soldaten in Stellung. Ich laufe eine Treppe höher und blicke auf die Schloßeinfahrt hinunter. Vor dem Tor stehen drei junge Männer mit langen Stangen, an denen weiße Tücher befestigt sind. Hinter ihnen eine Gruppe von ungefähr 100 Menschen. Sie recken die Fäuste, rufen wild, und schrille Schreie hysterischer Frauen gellen bis zu mir herauf. Als das Schloßtor aufgestoßen wird, kommt Ruhe in die Menge. Ein Zivilist tritt hervor und verschwindet mit dem diensttuenden Leutnant im Beratungszimmer des Kommandeurs. Die Tschechen verharren still. Nach wenigen Minuten kommt der Unterhändler zurück. Ein paar Augenblicke spricht er zu den Menschen, leise, aber mit vielen heftigen Handzeichen.

Allmählich löst sich die Menge auf. Die Landstraße verschluckt sie. Es ist wieder still auf unserer Insel.

Am Abend erfahre ich von meinem Mann, daß der Parlamentär im Namen der Bevölkerung forderte, daß alle Posten von den Außenstellen abgezogen werden und daß keine Kompanie mehr geschlossen durch die Stadt geführt werden darf. Nur das Schloß, die Stallungen, die Parkanlage verbleiben im deutschen Schutzbereich. Um die ohnehin schon sehr gereizten Tschechen nicht noch mehr provozieren zu müssen, stimmte der Bataillonschef zu. Es schien ihm beinahe ein willkommener Kompromiß zu sein, denn er fühlte sich für die Sicherheit seiner Leute verantwortlich und wollte keine – oder vielleicht noch keine – Konfrontation mit den draußen versteckten Partisanengruppen.

Am Wochenende wasche ich in einer kleinen Schüssel im Hof. An der Stalltür striegeln sechs Mann emsig die vier Pferde. Im Kuhstall klappern die Eimer. Bei dem Schweinestall schleppen zwei Mann einen Trog heraus. Unsere »Landwirtschaft« floriert! Wir sind zum großen Teil Selbstversorger und besonders der Küchenchef ist stolz auf seine »Vorratshaltung«. Ich habe Socken und Hemden in meiner Schüssel und gehe über den Hof. Das Tor ist offen. Ich sehe die Allee entlang. Ein Mann, mit offenem Hemd und flatternder Jacke rennt gehetzt auf das Portal zu. Hinter ihm keuchen 10 oder 15 Männer her. Sie versuchen ihn zu halten, stürzen, er reißt sich los – alles geht blitzschnell –. Er stolpert in die Einfahrt, die Wache versperrt den Nachfolgenden den Weg. Gebrüll, Fluchen, ich sehe, wie der Mann in einen Seitenbau rennt, auf halber Treppe die kleine Tür der Besenkammer aufreißt und darin verschwindet. Ich stehe noch immer starr vor Schrecken mit meiner Wäsche im Arm. Draußen höre ich die Leute brüllen: »Gebt den Kerl heraus! Er ist ein Tscheche! Er ist ein Kollaborateur! Er gehört uns!« Wirr klingen die Stimmen durcheinander. Ein sudetendeutscher Unteroffizier schreit den Menschen entgegen: »Wer nur einen Schritt durch das Tor setzt, wird erschossen!« Man stutzt, wartet, ist ratlos.

Aus der Stadt kommen immer mehr Menschen nach. Eine beachtliche Meute rottet sich zusammen. Mein Mann ist an diesem Tag diensthabender Offizier. Als er vor den Leuten erscheint, überschütten sie ihn mit einer Flut von Verwünschungen und bösen Rufen. Er läßt übersetzen, daß er keinen Flüchtling versteckt halte. »Der Mann wird gesucht und wenn er Tscheche ist, so wird er ausgeliefert.« Die Menschen vor dem Tor gröhlen und lachen – sie sind mißtrauisch. In Gruppen zusammengerottet stehen sie da und warten.

Im Wachraum werden acht Mann zum Durchsuchen aller Zimmer abgestellt. Ich halte noch immer meine Waschschüssel im Arm. An der Tür zum Seiteneingang kommen mir die beiden deutschen Frauen entgegen. Während ich ihnen mit wenigen Worten erzähle, was geschehen ist, laufen die suchenden Soldaten mit schweren Stiefeln durch das Haus. Mein Mann kommt aus der Wachstube, blickt rasch zu mir herüber, zuckt mit den Schultern. Er verschwindet im Beratungszimmer, in dem sich nun alle Offiziere und Unteroffiziere eingefunden haben. Wir stehen und warten. Vor dem Tor ist es still. Eine gefährliche Stille, wie es sich gleich zeigt, als der Major heraustritt, um die Menge zu informieren. »Der Flüchtling ist nicht gefunden worden. Wir können ihn daher natürlich auch nicht ausliefern.« Ein ohrenbetäubendes Geschrei bricht los: »Lügner! – Wir wollen ihn selbst suchen! – Wir glauben Ihnen nicht!« Die Lage wird von Minute zu Minute kritischer. Die Drohungen immer massiver. Mein Mann kommt über den Hof: »Geht hinauf! Hier kann es in jedem Augenblick zum Knallen kommen.« Er geht eilig davon. Ich denke an den Mann in der Besenkammer. Auf einmal wird mir bewußt, daß ich die Einzige bin, die weiß, wo der Tscheche sich versteckt hat. Ich setze mich auf die Treppe und warte. Die Wachen stehen mit schußbereiten Karabinern. Ich sitze und denke und friere. Drei Meter hinter mir die Besenkammer! Wieder rennen Soldaten suchend durch Ställe und Seitenflügel. Unteroffiziere brüllen Befehle. Unser Bataillonsführer geht über den Hof. Er wirkt alt und müde. Seine Haare sind unter der Uniformmütze versteckt. Nur an den Seiten ist ein schmaler, grauer Kranz sichtbar. Er ist ein drahtiger, mittelgroßer Mann, mit grauen Augen, die Vertrauen einflößen. »Gehen Sie bitte hinauf und bleiben Sie zusammen. Diese Leute draußen sind für kein vernünftiges Argument mehr zugängig. Sie fordern diesen Flüchtling und wenn sie ihn nicht bekommen, dann wird es ein Blutvergießen hier geben. Zwei Partisaneneinheiten sind in der Nähe! Ich glaube, sie wissen das und das macht sie stark. Ich habe gedroht, die ganze Stadt zusammenzuschießen, wenn sie uns hier weiter bedrängen – na, wir haben noch eine Frist von 20 Minuten.« Er geht weiter und gibt den Befehl, die großen Holztore zu schließen. Ich laufe hinter ihm her, fasse ihn am Ärmel und flüstere: »Er ist da. Der Mann ist da. Ich habe ihn gesehen!« Ich weiß nicht, ob ich mich in diesem Moment bedrückt oder befreit fühle. Ich weiß nur, daß ich plötzlich keine Angst mehr habe. Fassungslos blickt mich der Major an. »Und das sagen Sie erst jetzt?« Ich gehe neben ihm her in sein Dienstzimmer. Mein Mann kommt herein. Als er hört, daß ich das Versteck des Flüchtlings kenne, sagt er sehr erregt: »... und das erzähltst du uns erst jetzt? Du weißt doch genau, was für uns alle auf dem Spiele steht?« Der Major legt schweigend die Mütze ab, blickt mich lange an und dann sprudelt es aus ihm heraus, als wolle er sich vor sich selbst rechtfertigen: »Ich trage die Verantwortung für mehr als 600 Mann, für Frauen und Kinder, auch für die deutschen Zivilisten, die noch in der Stadt arbeiten müssen. Noch ist kein Blut geflossen, aber die Tschechen sind wie wilde Wölfe. Sie wissen, daß die Front zusammengebrochen ist, sie riechen Morgenluft – und wir können hier nur noch einigermaßen heil herauskommen, wenn wir klug und kompromißbereit sind. Ich muß den Mann ausliefern und ich werde ihn ausliefern! Ich werde alles tun, was in meiner Macht steht, um zu verhindern, daß dem Mann ein Leid geschieht. Aber meine Macht hört vor dem Schloßtor auf.« Ich komme mir sehr einsam und verlassen vor. Warum nur muß gerade ich diesen Menschen sehen? Warum wird mir eine Entscheidung über Tod oder Leben eines Fremden zugeschoben? Ich zögere, überlege. Ach, hätte ich in diesem Augenblick schon gewußt, was ich nur wenige Tage danach erleben würde, ich hätte nicht eine Sekunde mich mit dummen Gewissensbissen herumgeplagt! »Sie helfen allen«, höre ich den Major sagen und ich nicke. »Holen Sie ihn. Er ist in der ganz kleinen Besenkammer, zwischen dem ersten und zweiten Stock, im linken Flügel.« Mein Mann springt auf. »Vier Mann zur Durchsuchung«, sie laufen an uns vorbei. Ich gehe an das Fenster und blicke in den Hof. Scheu, zitternd und verängstigt läuft der Mann neben den Soldaten in das Wachzimmer. Ich sehe ihn von der Seite: Mittelgroß, 40 bis 45 Jahre, ein Alltagsgesicht. Ein Zeitungsmann, so erfahre ich später, der für Deutschland schrieb. Ein Kollaborateur heute. Ein Verhandlungsführer der Tschechen wird herangerufen. Draußen fliegen Steine, die Menge gröhlt. Kurze Zeit danach tritt der Flüchtling mit dem tschechischen Begleiter heraus. Die Leute johlen, man stößt und schiebt, Fäuste drohen. Mit gesenktem Kopf steht der Übergebene. Der Parlamentär redet, rudert mit den Armen – und die Meute schließt sich zusammen und trägt die beiden fort. In der Ferne verschwindet wie eine graue Kugel der Menschenstrom.

Am Abend erfahre ich, daß der Major bei der Übergabe des Mannes verlangte, daß dem Geflüchteten bis zur Verbringung in das Gefängnis kein Leid zugefügt würde.

Wir haben nie erfahren, was aus dem Mann geworden ist, aber wir waren überzeugt davon, daß er schon tot war, als er die Auffahrtsallee hinter sich hatte.

Mit Sympathisanten des deutschen Reiches machten die Tschechen kurzen Prozeß. Das sollten wir bald erfahren!

Nach dem Abendbrot bittet mich der Major zu sich. Von dem Zwischenfall mit dem Journalisten wird nicht mehr geredet. Wir sitzen bis nach Mitternacht rauchend, plaudernd zusammen. Die Gespräche tasten sich an der Oberfläche entlang. Jeder vermeidet sorgsam vom Krieg zu sprechen, aber in jedem Satz ist etwas von der Ratlosigkeit, der Hoffnungslosigkeit und der Verbitterung zu spüren, die uns alle umfangen hält. Nach Dienstschluß gesellt sich mein Mann zu uns. »Die Russen haben das oberschlesische Kohlengebiet besetzt. Die ersten Einheiten stoßen bereits zur tschechischen Grenze vor. Es ist möglich, daß wir in jeder

Minute die Garnison räumen.« Zu mir lächelt er etwas hilflos herüber und rät: »Lassen Sie sich die Haare abschneiden und eine Uniform geben. Im Haufen der Männer verschwinden Sie so besser. Vielleicht bleibt Ihnen dann Einiges erspart.«

Der nächste Morgen ist grau, kalt und naß. Schwarze Wolkenfetzen fegen über den Himmel. Wie große, salzige Tränen hängen Regentropfen an den Scheiben. Ein Apriltag, wie er häßlicher gar nicht sein kann. Ich erfahre, daß im Schutze der Frühnebelschwaden 6 Männer und 3 deutsche Frauen, Zivilangestellte, aus der Stadt zu uns geflüchtet sind. Mehr als 15 Deutsche, die im Ort als Verwaltungsangestellte arbeiteten, seien spurlos verschwunden, berichten sie. Keiner wagt sich auf die Straße. Die Nacht gehört jugendlichen Banditen. Einen Polizisten findet man eines Morgens, an den Beinen aufgehängt und erschlagen.

Der Bursche des Kommandeurs holt mich. Er ist hauseigener Friseur! In wenigen Minuten fallen meine Haare. Ich sehe aus wie ein buddhistischer Wandermönch! In der Kleiderkammer staffiert mich ein »alter Hase« fachmännisch aus: Unterhemd, Hemd, Unterhosen, Socken, Fußlappen, Stiefel, Hose, Jacke, Koppel, Feldmütze, Stahlhelm, Kochgeschirr, Feldflasche, Gasmaske, Spaten – ja, sogar eine Kragenbinde wird mir ausgehändigt. Es klappert und scheppert beim Gehen. Mein Mann zerspringt vor Lachen, als er mich in voller »Kriegsbemalung« sieht. Wir brauchen mehr als eine halbe Stunde, bis ich begriffen habe, wo alles hingehört und befestigt wird. Nur das vorschriftsmäßige Packen des Tornisters lerne ich nie! Aber was ich auf meine Art alles in dem Ding verstaue, ist erstaunlich und ich bin mit mir sehr zufrieden.

Die anderen Frauen kommen herüber und betrachten mich. Sie lächeln ein wenig mitleidig. Ich rede auf sie ein. Wir sprechen von Mißhandlungen, Schändungen – aber keine ist bereit, sich der gleichen Prozedur zu unterziehen. Mein schmales Gesicht, die großen Ohren und die merkwürdige

Kopfform, das alles ist wohl auch nicht gerade angetan, sie zu überzeugen. Als ich durch den Eßsaal gehe, grinst ein Gefreiter und sagt ganz selbstbewußt: »Ich glaube, wir sind doch das schönere Geschlecht. Bei uns sieht dieser Haarschnitt doch viel flotter aus.« Ich strafe den Mann mit Verachtung! Schon am nächsten Tag habe ich die Veränderung vergessen.

Zwei deutsche Postbeamte schleichen in der Nacht zu uns heraus. Sie haben die Gesichter mit Ruß beschmiert. Ihre Hosen und Jacken sind naß und lehmig, als sie am Tor auftauchen. Im Hof gibt es ein erschütterndes Wiedersehen mit ihren, schon vor vielen Tagen geflohenen Frauen und Kindern. Wir erhalten die neuesten Berichte aus der Stadt: Fabriken und Keller sind voller verschleppter Deutschen. Die Feldgendarmerie ist abgerückt. Geschäfte werden geplündert. Männer mit roten Armbinden stolzieren durch die Straßen. Tschechen, die deutsche Freunde hatten, zerrt man aus ihren Wohnungen. Eine Flüchtlingsfrau, deren Mann noch nicht wieder aufgetaucht ist, versucht davonzulaufen. Sie will in die Stadt, um ihn zu suchen. Wir haben Mühe, sie zurückzuhalten. In dieser Nacht schlafe ich bei ihr.

Es ist der zweite Mai. Ein unerwartet frühlingshafter Tag. Wir ahnen nicht, daß in drei Tagen ein Blutbad beginnt, dessen Ausmaß die Greuel der Russen und Polen in den Hintergrund drängt. Es riecht nach Sonne, nach Frieden. Wir sitzen im Hof und wärmen uns.

Am Abend gehe ich zeitig zu Bett. Es dauert lange, bis ich einschlafen kann. Die Sorge um meine Eltern in Breslau quält mich. Ich weiß nicht, wie lange ich geschlafen habe. Mein Mann steht an meinem Bett. Er flüstert: »Steh' auf, schnell! Wir rücken ab. Mach' kein Licht.« Schlaftrunken taste ich mich herum. Wie eine blankgeputzte Schiffslampe steht der Mond am Himmel und leuchtet in das Zimmer. Im Hof das Klappern von Pferdehufen. Motoren laufen warm. Kinder weinen im Nebenraum. Ich bekomme den Tornister nicht so schnell zu, wie ich möchte. Meine Hände zittern. Brotbeutel, Feldflasche, Stahlhelm – alles trage ich in den Händen und sause die Treppe hinunter. An der Küchentür steht der Fourier mit 5 Mann und gibt Brot, Dauerwurst, Schokolade und Käse aus. Daneben schöpft einer heißen Kaffee in die Feldflaschen. Überall brennen Notlichter. Auf einem Kübelwagen hocken die schlaftrunkenen Kinder eng aneinandergedrückt. Die Frauen stehen, mit Rucksäcken schwer bepackt, daneben. Drei Lastwagen mit Pioniergeräten rollen aus der Remise. Die Kompanie meines Mannes steht marschbereit. Befehle, mit gedämpfter Stimme gegeben, ordnen die letzten Aufstellungen. »Wir sehen uns später«, flüstert mir mein Mann zu, während er mich einem Feldwebel zuschiebt. Der ordnet mich rasch in den Zug ein.

Schwarzen, dicken Raupen gleich kriecht Kompanie nach Kompanie aus dem schützenden Gehäuse. Keiner sieht sich um. Das matte Grau der Landstraße verschluckt uns. Wir wissen, daß Partisanenverbände im Wald lagern. Werden sie uns angreifen? Sie sind sehr gut ausgerüstet und voller Haß. Verhungerten Raubtieren gleich, die nur dann ihre Zähne zeigen, wenn sie den Feind schwach und wehrlos sehen. Oder genügt es ihnen, unseren Abzug als Sieg zu feiern? Diszipliniert und wachsam rücken wir ab, aber jeder weiß, daß wir im Grunde auf der Flucht sind! Eine starke Vorhut und eine beachtliche Nachhut sichert unseren Weg ab. Die leichten Geschütze rollen über das Pflaster. Das Knarren der Wagen ist nicht zu überhören. Aber es bleibt alles still. Die Straße dehnt sich wie ein Gummiband. Als ein kühler Morgenwind die Sterne vom Himmel bläst, sind wir bereits 5 Stunden unterwegs. Am Straßenrand ducken sich junge Birken. In den Dörfern huschen tschechische Frauen, Fledermäusen gleich, über den Weg und verschwinden in niedrigen Bauernhäusern. Hin und wieder stehen Männer an Hausecken in Gruppen zusammen. Sie wenden sich ab, spucken aus oder drohen herüber. Noch verhindert die Geschlossenheit der

Gruppe das Ausbrechen von Gewalt. Man belauert uns. Ein Zeichen nur von Schwäche oder Auflösung – und sie werden blutgierig über uns herfallen. »Wenn diese Feiglinge freigelassen werden, ist der Teufel los«, brummt mein Nebenmann. Wir wissen es auch und nicken.

In einer Scheune ist bereits Quartier gemacht. Eine herrliche Bohnensuppe steht bereit. Wir liegen herum. Die Beine weit ausgestreckt. Wie durch einen Schleier nehme ich meine Umgebung wahr – dann versinke ich in einen tiefen Schlaf. Ein alter, rundlicher Landser weckt mich. Ich bleibe an seiner Seite. Er erzählt von daheim, von seiner Frau, den 3 Kindern und dem guten Bier, das er im Frieden durch München fährt und verteilt. Noch ehe es Abend ist, kenne ich sein Leben vollständig.

Aus den Seitenstraßen und Wäldchen stoßen immer mehr fremde Einheiten zu uns, versprengte Soldaten schließen sich an. Der Heerwurm wird immer länger, aber auch immer langsamer und träger. Die Brücken verstopfen sich, Dorfdurchfahrten sind wie Nadelöhre. Wir kommen immer mühsamer voran. Als der Tag sich hinter der Nacht verkriechen will und wir in einer Schule Quartier machen, erfahren wir, daß unsere Vorhut nicht mehr zurückgekommen ist. Die Kübelwagen sind auch irgendwo im Gedränge stecken geblieben. Nur ein Gerätewagen ist auffindbar. Das Durcheinander wird immer unentwirrbarer. Unsere Geschütze sind noch da. Panzerfäuste werden ausgegeben. In der Aula findet eine letzte Offiziersbesprechung statt. Die große Auflösung beginnt. Im Laufe der Nacht stoßen immer mehr zivile Flüchtlinge zu uns. Um 4 Uhr früh bricht unsere Kompanie auf. Riesige, weiße Nebeltücher liegen über den Feldern. Wir kommen nur langsam voran. Zurückflutende Truppenverbände, Panzer, mit aufgesessener Infanterie, Lafetten mit schweren Geschützen, Kradmelder, riesige Mannschaftswagen, eine Fahrradeinheit, Bauernwagen – alles drängt sich zusammen und macht das Vorwärtskommen nahezu unmöglich.

Mein Mann ist nun fast immer neben mir. Bei einer Rast, im Straßengraben, höre ich zum ersten Male, daß sich die Kompanieführer entschlossen haben, die Einheiten aufzulösen. Jeder kann auf seine Weise versuchen, so schnell als möglich das Reichsgebiet – oder was davon noch übrig ist – zu erreichen. Mit dem guten Wunsch: »Jungens, kommt heil nach Hause«, entläßt mein Mann die 30 oder 40 Mann, die noch von seinem Verband zusammengeblieben sind. Einige Soldaten brechen sofort auf. Andere ziehen in kleine Gruppen los. Ratlos, verwirrt und verlassen sitzen wir im feuchten Gras. Was soll nun werden? »Zu Fuß schaffen wir es nie«, sagt mein Mann. »Es sind höchstens noch 30 Kilometer bis zur Moldaubrücke. Dort stehen schon die Amis«, meint ein Leutnant, der sich zu uns gesetzt hat. »General Schörner hält uns schon die Russen vom Hals.« Von dem »eisernen Schörner« habe ich schon viel gehört. Mehrfach verwundet, aber immer wieder so rasch als möglich an der Front. Einer, der nicht nur das Durchhalten predigt, sondern, der es vorlebt. »Nicht die Ersten müssen die Soldaten beim Rückmarsch sein, sondern die Letzten« und mit allen ihm zur Verfügung stehenden Mitteln hält er seine Truppe zusammen und zwingt sie, den heimstrebenden Menschen den Rücken zu decken, solange das eben nur möglich ist.

Wir sitzen noch immer im Graben und diskutieren. Auf einmal fallen Schüsse. Ganz hoch und hell zischt es an unseren Köpfen vorbei. Wir werfen uns herum. »Stahlhelm«, schreit mein Mann. Meine Finger sind so fahrig, daß ich den Helm nicht vom Koppel lösen kann. Das Schießen wird heftiger. Männer schreien, brüllen Befehle und ehe ich zaghaft den Kopf hochhebe, um zu sehen, was eigentlich geschieht, jagen zwei Flakgeschütze ihre Granaten los. Mir dröhnt es in den Ohren. Ich reiße die Hände hoch und presse sie an den Kopf. Das Gefecht dauert nur wenige Minuten. Die Tschechen, in einem kurzen Waldstück versteckt, hatten bei ihrem Überfall wohl nicht mit einer so schlagkräftigen Antwort gerechnet. Wir rappeln uns hoch und laufen weiter. Das Chaos weitet sich aus. Soldbücher fliegen auf die Äcker, Orden werden rasch vergraben und im Gehen reißen sich Offiziere, Feldwebel und auch Unteroffiziere ihre Armstreifen und Achselstücke ab. Ich habe schon lange meine Gasmaske, den Spaten und die leere Feldflasche fortgeworfen. Wir werden von einer fahrenden Einheit an die Straßenseite gedrängt. Schwere Mannschaftswagen rumpeln heran. Mit wildem Hupen verschaffen sich die Fahrer Platz. Einem jungen Burschen am Steuer rufe ich zu: »Könnt ihr uns mitnehmen?« Der Soldat deutet nur mit dem Daumen nach hinten und nickt. Wieselflink stürzen wir heran und erklettern während der Fahrt den Wagen. Wie umgestoßene Säcke fallen wir auf den Boden und bleiben erst eine Weile regungslos liegen. Nach 4 Tagen Fußmarsch muß das Gefühl gefahren zu werden wenigstens einige Minuten lang genossen werden! Später hocke ich mich auf eine schmutzige Wagendecke und döse vor mich hin. Allmählich nehme ich wahr, daß nur 4 fremde Soldaten neben uns sind. Mein Mann, der junge Leutnant, ein Feldwebel und ich vervollständigen die Gruppe. Wir reden nicht miteinander. Was gibt es auch zu sagen? Überall liegen in dem Kastenwagen Tornister, Brotbeutel, Decken und Feldflaschen herum. In einer Ecke, hinter dem Führerhaus, stehen drei volle Benzinkanister. Große Tonnen. Der Leutnant hat es sich darauf bequem gemacht. Als wir durch eine Kleinstadt fahren, werden wir aus den Fenstern heraus beschossen. Wir werfen uns flach auf den Boden und drücken uns an die Seitenbretter. Mit einem Riesensatz ist der Leutnant von den Fässern heruntergesprungen und flucht wie ein Rohrspatz, weil er fürchtet, daß wir mit den Fässern zugleich in die Luft fliegen. Gottlob ist der Spuk schnell vorbei und wir können unsere Suche nach Eßbarem in den fremden Brotbeuteln fortsetzen. Als es zu dunkeln beginnt, rollen wir uns ein und versuchen zu schlafen. »Die Moldau«, das ist mein letzter Gedanke. Dort sind die Amerikaner. Dort ist Rettung. Mitten in der Nacht fahre ich hoch. Ein Soldat ist auf mich getreten. Er tappt weiter und setzt sich in eine Ecke. Trotz der Dunkelheit zähle ich schon 16 Mann im Wagen. Plötzlich zerreißt ein Schuß die Stille der Nacht. Der Wagen stoppt. Ich höre den Fahrer brüllen: »Legt ihn beiseite.« Einer sagt aus dem Dunkel des Wagens heraus: »Ein Offizier. Er hat sich erschossen, weil er nicht in die Hände der Russen fallen will.« Das Auto rollt weiter. Es rollt in den 7. Mai hinein und hinein in eine Mördergrube, so groß, wie sie Europa seit dem Mittelalter nicht mehr gesehen hat. Spät, viel zu spät machen sich die Sudetendeutschen, die in den Randgebieten, nahe der deutschen Staatsgrenze leben, auf den Weg. »Ich habe keinem etwas getan, also wird mir auch keiner etwas tun«, glauben die meisten. Seit vielen Jahrzehnten leben sie Tür an Tür mit den Tschechen, haben sich verbrüdert, sind befreundet – und wissen doch nicht, wie es in dieser Volksseele aussieht. Dort, wo man die längste Zeit zur Flucht hatte, wo die Wege zur rettenden Grenze am kürzesten sind, da fliehen die Deutschen am spätesten. Und als sie aufbrechen, verstopfen sie den aus dem Inneren des Landes kommenden den Weg. Sie fliehen aus Furcht vor den Russen und ahnen nicht, daß das grausamste Volk Europas direkt neben ihnen bereitsteht, um eine blutige Rache zu nehmen. 23 000 Deutsche im Sudetenland und im Protektorat Böhmen und Mähren müssen diese Fehleinschätzung mit ihrem Leben bezahlen! Flüchtlinge, Soldaten und Bombenopfer nicht mitgerechnet!

Die Moldau, denke ich wieder. In den Westen! In amerikanische Gefangenschaft! Das ist wie ein Geschenk zum Überleben. – Ich gleite in einen leichten Schlaf. Minuten? Stunden? Das harte Knattern von Maschinengewehrschüssen weckt mich auf. Wieder ein Angriff von Partisanen. Von einem Kirchturm aus feuern sie auf uns. Wütend und entschlossen reißen unsere Kanoniere die Geschütze herum. Aus allen Rohren schießen sie zurück, so, als wollen sie zeigen: wir sind auch noch da. Wir können noch kämpfen! Drüben, im Ort, steigen Rauchwolken hinter einem blutroten Himmel empor. Es ist ruhig. Die Männer reißen die Arme hoch und jubeln. Wir kriechen wieder unter die Decken. Die Wagenschlange setzt sich in Bewegung.

Am Mittag halten wir. Es sind nur wenige Schritte bis zu einem Dorfbrunnen. Ich springe vom Wagen herunter, Kameraden reichen mir einen Eimer herab. Wir haben uns seit Tagen nicht gewaschen. Das wird eine feine Sache, denke ich und stehe plötzlich vor 5 oder 6 Tschechinnen, die mir den Weg versperren. Eine geifert: »Deutsches Schwein«, eine andere grinst hämisch: »Laß doch das Bübchen ans Wasser«, – ich drücke mich vorbei zur Pumpe. Sie stehen dicht neben mir und schauen mir ruhig zu. Als ich den vollen Eimer ergreife, spuckt die erste hinein. Die anderen lachen und tun es ihr nach. Ich bin so fassungslos, daß ich mit hängenden Armen daneben stehe. Ganz langsam schütte ich den Eimer aus und beginne erneut zu pumpen. Ich beobachte die Frauen und zugleich unser Auto auf der Straße drüben. Es kann in jedem Augenblick weitergehen und ich will ja um nichts in der Welt hier zurückbleiben! Der Eimer ist halbvoll. Ich habe es nun eilig und will fort. Eine junge Frau hält mich am Ärmel fest, eine andere tritt nach dem Eimer. Sie beginnen zu spucken, ins Wasser, auf mich, ich lasse den Eimer fallen, reiße mich los und renne zurück. Die Wagen sind angefahren. Hände strecken sich mir entgegen. In einem hohen Bogen fliege ich auf den Holzboden des Autos. Die Landser lachen. »Na, Bübchen, das wäre beinahe in die Hosen gegangen«, meint trocken einer. »Wir hätten dich schon herausgeholt«, fügt der andere hinzu. Mir ist ganz flau im Magen. Es war meine erste Konfrontation mit den Tschechen – aber es sollte leider nicht die letzte sein!

Die endlose Kolonne einer geschlagenen Armee zieht grau und träge westwärts. Die Autos tuckern im Schrittempo. Behäbig trotten zwei Pferde mit einem überladenen, gummibereiften Planwagen hinter uns her. Einer grauen Kette gleich schlurfen mit schweren Stiefeln erschöpfte Landser am Straßenrand entlang. Eine Gruppe Soldaten mit Fahrrädern schiebt sich vorbei. An Lenkstangen und auf den Gepäckträgern hängen Brotbeutel, Karabiner, Decken. Der letzte Mann hat einen verwundeten Kameraden auf dem Sitz. Behutsam führt er das Rad. »Ist es noch weit bis zur Brücke?« ruft der Verletzte zu uns herauf. Einige zucken mit den Schultern. »Seht ihr nichts da oben?« Zwei Landser klettern auf das Dach des Führerhauses. »Mensch, ja«, brüllt der eine. »Ich glaube dort drüben ist der Fluß!« Wie elektrisiert springen wir auf. Jeder reckt sich, versucht in der Ferne etwas auszumachen, aber es ist vergeblich. Einer nach dem andern kriecht nun auf das Dach. Auch auf den anderen Wagen, hinter und vor uns stehen Soldaten und deuten nach vorn. Ich kann nichts erkennen. Es ist auch gleich. Eine Welle von Freude und Jubel erfaßt mich. Unten, auf der Straße, umarmen sich einige, überall Gelächter und Geschrei. Ein alter Offizier, noch mit Orden und Achselstücken, steht am Straßenrand und weint. Als wir im Schritt an ihm vorbei rollen, wischt er verstohlen die Tränen vom Gesicht. »Kinder, wir haben es geschafft. Vielleicht sind wir in einer Stunde schon bei den Amerikanern.« »Endlich mal wieder was Warmes zu essen«, ruft ein anderer. Ganz allmählich wird es still im Wagen. Jeder scheint vor sich hin zu träumen. Es ist 5 Uhr. Ein leichter Wind kommt auf. Wir wickeln uns fester in die Decken. Wer beachtet nun schon noch die Häuser der Kleinstadt, durch die wir fahren? Plötzlich, wie aus hundert Rohren, Feuer von allen Seiten. Es prasselt auf uns ein wie ein Unwetter. Ein Arm reißt mich hoch. Alle stürzen vom Wagen herunter. Ich falle hinterher, höre immer wieder den Schrei: Deckung! – reiße mich hoch, krieche auf allen Vieren zu einer Hauswand und presse mich an die Mauer. Ein ohrenbetäubender Lärm ist um mich. Bewegungslos liege ich auf dem Bauch. Es pfeift, zischt, knallt, von irgendwo fallen

Steine auf mich herab. Ich rühre mich nicht. Plötzlich vernehme ich das Weinen eines Kindes. Durch das gnadenlose Inferno des Schießens dringt immer wieder das erschütternde Schluchzen eines Kindes zu mir herüber. Ganz vorsichtig hebe ich den Kopf. Vor mir, nicht mehr als 10 Meter entfernt, liegt ein Soldat auf der Straße. Ein Junge noch. Das blonde Haar bedeckt er mit beiden Armen. Sein Gesicht kann ich nicht sehen, aber bei jedem Schuß, der fällt, sehe ich das Zucken seiner Schultern und wie das Winseln eines jungen Hundes dringt sein Weinen zu mir herüber. Er liegt wie tot. Ganz plötzlich springt ein Soldat auf, rennt auf die Straße, schnappt den Burschen an einem Bein und zieht ihn, einer Strohpuppe gleich, hinter sich her in Deckung. Nach wenigen Minuten wird es still. Als die ersten Soldaten zu fluchen beginnen, richte ich mich auf. »Blöder Säugling«, fährt einer den noch immer zitternden Jungen an. »Wo hast du denn die Uniform geklaut«, hänselt ihn ein anderer. Sie nehmen ihn in die Mitte und gehen davon. Wir sammeln uns an den Autos. »Nehmt die Toten mit. Bei den Amis können wir sie ordentlich begraben«, ordnet mein Mann an. Ein Wagen wird freigemacht. Ich sehe, daß sie zwölf Menschen aufladen. Verwundete und zwei Sanitäter setzen sich dazu. Unser schwere Mannschaftswagen ist nun nahezu überfüllt. Von zerschossenen oder brennenden Wagen haben sich Soldaten zu uns heraufgezogen.

Es ist dunkel, als die Kolonne wieder in Bewegung kommt. »Immer dicht auffahren und zusammenbleiben«, schreit einer. »Wir sind gleich am Übergang der Brücke«, rufen sich die Fahrer von Wagen zu Wagen zu. Wir durchfahren im Schritt ein Dorf. Überall ist es dunkel. Mit schmutzigen Tüchern sind die Fenster verhängt. Es riecht verbrannt. Wir halten. Auf einmal ein Schreien: »Kommt her, seht euch das an! Kommt schnell her!« Wir springen von den Wagen, rennen eine kurze Straße entlang und bleiben wie erstarrt stehen. Im Abendlicht, von einem schwachen Mond beschienen, hängen an den Telefon- oder Lichtmasten die Körper von Menschen. Sie sind entsetzlich zugerichtet. Die Gesichter sind nicht mehr zu erkennen. Die Kleidung verkohlt. In einem aus Stein gehöhlten Brunnentrog schwimmt die Leiche eines Babys. Neben einem ungestürzten Handwagen liegen zwei Frauen. Jede hat eine lange Mistgabel im Leib. Mir wird übel. An einer Hauswand übergibt sich ein Soldat. Wie gehetzt laufe ich zurück. Der ganze, endlose Zug ist zum Stehen gekommen. Nun speit der riesige Lindwurm noch einmal Feuer. In ohnmächtiger Wut schießen die zurückgehenden Truppen das Dorf zu Schutt und Asche. Flammen schlagen in den Himmel. Es bleibt still. Die heimtückischen Mörder haben sich schon vorher davongeschlichen. Verbittert und stumm erklettern die Männer die Fahrzeuge.

Auf freiem Feld kommen wir gleich wieder zum Stehen. »Was ist los?« – Überall unruhiges Fragen. Nach einer Weile schreit uns einer die Antwort zu: »Die Amis machen um 8 Uhr den Übergang zu. Heute lassen sie keinen mehr durch!« Wir blicken uns fassungslos an. Das ist doch nicht möglich! Der Russe ist dicht hinter uns. Die können uns doch nicht einfach diesen Teufeln überlassen. Aber sie können! Und sie tun es. Ein Landser bricht in schallendes Gelächter aus. »Was wollt ihr denn? Das ist eben schon der Frieden! Hier gibt es Bürozeit und einen geregelten Feierabend.« Wir lachen mit, aber es ist ein verkniffenes, mühsames Lachen.

So gut es geht, wickelt sich jeder in seine Decke, zieht sie sich über den Kopf und versucht zu schlafen.

Jemand zieht mich am Bein. Ich werde wach. Es ist kalt und feucht. Mein Mann schnarcht laut. Schräg gegenüber, an die Wagenwand gelehnt, sitzt ein Leichtverwundeter. Ich blinzle zu ihm herüber. Im fahlen Grau des Morgens sehe ich, wie er ganz vorsichtig mit dem Zeigefinger den Mund bedeckt. Dann deutet er nur millimeterweit mit dem Finger zum hinteren Wagenrad. Ich rühre mich nicht. Das Herz schlägt mir bis zum Hals. Lautlos und katzengleich zieht sich ein Mensch an der Rückwand von außen hoch in den Wagen. Bewegungslos bleibt er auf dem Rand hocken. Ich erkenne keine Uniform, kein Gesicht – ich sehe nur die Umrisse eines Mannes, eines Soldaten, denn auf dem Kopf sitzt ein braunes Käppi oder Schiffchen. Ich schließe die Augen. Meine Hände sind heiß und ich fühle das Blut in ihnen pochen. Eine unsagbare Furcht schnürt mir die Luft ab. Ganz steif liege ich da. An den Beinen kriecht die Kälte empor. Ich bin ein Häuflein Angst, ein Nichts! Die Zeit verrinnt nicht. Sie steht still. –

Plötzlich ein Ruf! Hart, kurz, scharf. Alle fahren empor. Wieder ein Schrei – ein Befehl? Wir liegen, mit offenen Augen und starren den blutjungen Russen an, der mit seinem Gewehr auf uns zielt. Wie hypnotisiert blicken wir in den Lauf der Waffe. Er fingert am Abzug herum und beobachtet uns argwöhnisch. Höchstens siebzehn Jahre ist das Bürschchen, schießt es mir durch den Sinn. Wie sauber seine Uniform aussieht! Warum hat er denn keine Haare? – Dumme Nebensächlichkeiten fallen mir auf. Die kalten, blauen Augen des Jungen halten uns fest. Sie fordern Gehorsam ohne Worte. Wir hocken auf dem Boden des Wagens, schweigen und ducken uns. 30, 40 Mann vor einem Kind, nein, vor einem Gewehr, welches ohne Unterlaß auf uns gerichtet ist. Minuten tropfen. Zeit ist nichts mehr. Wir brauchen sie nicht mehr! Die Brücke, der Übergang, die Amerikaner – alles ist für uns verloren!

In der Nacht sind sie also gekommen. Mit Lastenseglern und Fallschirmspringern, um den Amerikanern noch den letzten Bissen wegzuschnappen, um zu erobern, was noch zu erobern ist! Der neue Tag steigt auf. Auf den Feldern liegen, gewaltigen Schneeflocken gleich, überall weiße Fallschirme. Von der Brücke aus beobachten amerikanische Soldaten und Offiziere mit starken Ferngläsern das schreckliche Drama, welches sich nun vor ihren Augen abspielt.

Wir werden von den Wagen heruntergetrieben und in

Gruppen zu je 100 Mann zusammen stellt. Überall wird gebrüllt, getreten, geschlagen. Wir müssen in Kreisen stehen, die Köpfe gesenkt. Rote Offiziere dirigieren die schweren Wagen über die lehmigen Felder. Alles muß wenden. Eine Walze von Militärfahrzeugen quält sich über die Äcker. Ab und zu fällt ein Schuß. Irgendwo verhallt ein Schrei. Neben mir Kolbenschläge. Wimmern. Wir pressen uns aneinander, halten uns und wärmen uns. Nach einer Ewigkeit, ein in deutsch gebrüllter Befehl: »Auf die Autos!« Jeder erklimmt den Wagen, der ihm am nächsten ist. Hals über Kopf stürzen wir übereinander. Wer nicht schnell genug ist, den treffen die Kolbenhiebe der Rotarmisten. Dann dreht sich das Karussell. Was vorher vorn und Hoffnung war, liegt nun hinten, vergessen, vertan. Vor uns liegt nun der Osten. Ein Osten ohne Morgenrot, nur feindlich und kalt. Wir sitzen starr und stumm, Enttäuschung, Hoffnungslosigkeit und Angst schnürt uns ein. Schweigend fahren wir. Auf dem Wagenrand hocken, mit ihren Kalaschnikows auf den Knien, drei Soldaten. Häßliche Kerle, mit breitflächigen, narbigen Gesichtern. Ich wage nicht aufzusehen, vor Angst, daß einer von ihnen bemerken könnte, daß ich eine Frau bin. Nach einer halben Stunde etwa, halten wir. Ein Jeep quetscht sich an der Straßenseite entlang. Neben zwei Russen sitzt ein deutscher Soldat und schreit durch ein Megaphon: »Im nächsten Dorf müssen alle Waffen abgegeben werden. Pistolen, Gewehre, Karabiner, auch Messer und Spaten. Der Krieg ist aus. Wer seine Waffen behält und entdeckt wird, wird sofort erschossen.« Der eine Russe grinst und plärrt: »Hitler tot! Hitler tot!« Wir sitzen stumm. Plötzlich wendet er sich herum, reißt die Waffe hoch und schreit: »Hitler tot! Stalin gut!« Er zielt auf einen von uns und kreischt wieder: »Hitler tot! Stalin guttt!« Der Mann begreift und schreit mit: »Hitler tot! Stalin guttt!« Immer wieder, immer wieder. Die Waffe richtet sich auf den Nächsten. Auch er brüllt mit und schon geht der Lauf der Waffe weiter. Zwanzig, dreißig, vierzig, immer mehr stimmen in den Ruf ein: »Hitler tot! Stalin gutt!« Die beiden anderen Russen klatschen sich auf die Schenkel und biegen sich vor Lachen. Wir schreien uns heiser, haben rote Köpfe, aber wir dürfen nicht aufhören. Sobald es leiser wird, hebt der eine sein Gewehr und sucht sich ein neues Ziel. Ein makabres Spiel.

Wie eine Erlösung ist es, als der Wagen hält. Vor einem Dorf liegen große Haufen von Waffen und Munition. Auf den Äckern stehen verlassen Mörser, Flakgeschütze, Feldhaubitzen, Geräte für Brückenbau und zwei große Panzer. Eine endlose Schlange deutscher Soldaten schiebt sich an dem Waffenberg vorbei. Ich werfe einen Spaten und ein Messer auf den Haufen. Das Messer steckt mir mein Mann zu, den Spaten ein fremder Soldat. »Nur nicht auffallen«, bete ich vor mich hin und drängte mich dicht an meinen Vordermann. Es geht alles gut. Ich hocke schon wieder auf dem Wagen, als mein Mann sich schweigend neben mich setzt. Es ist gut, ihn in der Nähe zu wissen, wenn wir wie Fremde von nun an nebeneinanderhergehen.

Überall am Wegrand liegen Tote. Wir überholen immer wieder Soldatengruppen, die von Tschechen mit roter Armbinde vorangetrieben werden. In den Orten, durch die wir kommen, haben sich tschechische Frauen zusammengerottet. Wie hungrige Hyänen umschleichen sie unsere Wagen. Ich höre sie schreien: »Gebt uns einen! Wir kochen ihn weich!« Die Russen lachen. Sie scheinen aber nichts zu verstehen. Ein Glück für uns! Es wird Abend. Noch fahren wir ohne Licht. Neben einer Feldscheune stoppen wir. Lachen, Geschrei – tschechische Partisanen überall. Die Russen recken die Köpfe. Auf dem Trittbrett, am Führerhaus, fuchteln Tschechen mit Pistolen herum. Ich höre ihre Befehle: »Los! Fahr' an! Los!« Eine deutsche Stimme schrillt: »Nein!« Immer wieder dröhnt das: »Nein! Nein! Nein!« Dann ein Schuß – lachen. Ein Mann wird aus dem Wagen auf die Fahrbahn geworfen. Sie schleppen einen anderen deutschen Soldaten herbei. Der

Wagen fährt an. Entsetzliche Schreie gellen durch die Nacht. Scheinwerfer flammen auf. »Haltet euch die Ohren zu«, ruft ein Landser. Der häßliche Russe stößt ihm den Kolben seines Gewehrs in den Leib. Der Mann stöhnt und kreischt mit schriller Stimme: »Sie fahren über unsere Soldaten. Seht doch, sie fahren über unsere Soldaten. Die Schweine! Die Schweine!«

Die anderen Russen springen hinzu. Sie schlagen auf den Mann ein, treten auf ihm herum bis er still ist. An der Straßenseite gröhlen die Tschechen. Wir sitzen regungslos.

Später erfahren wir, daß die Tschechen mehr als 100 deutsche Soldaten zusammengebunden auf die Straße gelegt hatten und die deutschen Fahrer zwangen, mit ihren schweren Wagen über sie hinwegzufahren.

In Iglau kommen wir spät nachts an. Die Wagen werden in einen Fabrikhof geschleust. Wir dürfen sie nicht verlassen. Zu essen und zu trinken gibt es nichts. Im Tiefdunkel der Nacht erklettern die Tschechen, Aasgeiern gleich, die Autos und stehlen alles was nicht niet- und nagelfest ist. Beladen mit Stiefeln, Decken, Uhren, Ringen, Uniformjacken und sogar Uniformhosen, schleichen sie sich feige davon. Die Russen lassen sie gewähren. Sie haben andere Sorgen. Wo es Schnaps gibt, sind sie da. Von Polen bis nach der Tschechei höre ich ihren Ruf: »Wo Frau? Wo Frau?« In treuer Waffenbrüderschaft sorgen aber auch die tschechischen Brüder für das Vergnügen ihrer Verbündeten. Im Morgengrauen werden unsere Autos umrangiert. Aufgereiht, wie an einer Kette, stehen sie nebeneinander. Auf einen Befehl, russisch gegeben, strahlen die Lichter auf.

Nie werde ich den Anblick vergessen! Eine lange, kahle Fabrikmauer. Ängstlich an die Wand gepreßt Hunderte von deutschen Frauen und Kindern. Im grellen Licht kann ich Mädchen mit Zöpfen erkennen – Mütter tragen ihre Babys auf dem Arm – alte Frauen, mit Kopftüchern. Frauen, Frauen, so weit ich blicken kann. Dann ein Befehl – und hinter unseren Wagen schießen unzählige Russen hervor. Sie reißen an ihren Koppeln, sie laufen mit offenen Hosen, einige fallen, raffen sich auf – und an der Mauer steigen Schmerzensschreie empor, ein Weinen, Flehen und Wimmern. Unfaßbar! Ich liege und starre in das Licht und sehe – ich fasse nicht, was ich sehe und bin wie gelähmt. Neben mir bohren sich Männer verzweifelt die geballten Fäuste in die Augenhöhlen. Gierig starren unsere Russen zur Mauer hin. Ein schriller Pfiff, die entmenschte Horde rennt mit hochgezogenen Hosen zurück und an ihnen vorbei keuchen neue Soldaten. Vergewaltigung auf Befehl! Wohlgeordnet, mit russischer Disziplin! Zwei unserer Bewacher springen davon. Der älteste von ihnen bleibt unbeweglich auf dem Wagenrand hocken. An der Mauer lichten sich die Reihen. Viele Frauen sind umgefallen und wälzen sich auf dem Boden. Das Schreien und Wimmern bohrt sich in unsere Hirne. Wie auf einer Filmleinwand so spielt sich das Ganze im grellen Licht der Scheinwerfer vor unseren Augen ab. Die Zeit ist stehengeblieben – Ich weiß nicht, wie lange das Grauen dauerte, ich höre nur immer wieder Pfiffe und das Getrampel schwerer Soldatenstiefel. Es ist beinahe hell, als der deutsche Ruf ertönt: »Scheinwerfer aus!« An der Mauer ist es still geworden. Vereinzelt fallen Schüsse. Wir kriechen in uns zusammen. Es ist, als wolle der beginnende Tag noch einmal tief Atem holen, um Kraft zu haben für all das Grauen, was noch vor ihm liegt.

Wir werden von den Wagen getrieben und in Sechserreihen zusammengestellt, zusammengeprügelt. Zu tragen haben wir nichts mehr. Die Tschechen haben sauber aufgeräumt! Unsere russischen Bewacher sind verschwunden. Tschechische Miliz-Zivilisten mit roter Armbinde begleiten den Zug. Manche tragen zwei und drei Gewehre. Sie hängen ihnen, mit dem Lauf nach unten, an den Schultern oder quer vor dem Bauch. Einige haben in jeder Hand eine Pistole. Alles an ihnen ist hektisch und nervös. Wir spüren ihre Mordlust. Die

Russen haben uns diesen Wölfen übergeben – und sie werden uns zerfleischen!

Ich drücke mich in die Mitte der Reihe. »Nur nicht auffallen«, dröhnt es in meinen Ohren. Meinen Mann sehe ich nicht. Er muß weit hinten sein. Vor mir habe ich nur sechs oder sieben Reihen. An den Seiten stehen die Tschechen und drücken uns eng zusammen. Johlend stehen Frauen und Kinder am Straßenrand. »Smrt Nemcum!« brüllen sie, recken wie geifernde Hunde ihre Hälse und speien uns an. Mein Nebenmann stößt mich an. Mit einem Blick nur, deutet er nach vorn. Dort haben sie eine große Hakenkreuzfahne entrollt. Der Marsch beginnt. In kurzen Abständen schießen sie von hinten an der Kolonne entlang. Wir rücken noch enger aneinander. Nach wenigen Metern schon fallen Schüsse – die Fahne fällt – der Zug steht. Und erst jetzt erkennen wir die ganze Perfidität dieser Un-Menschen! Der Nebenmann wird gezwungen, die verhaßte Fahne zu tragen. Wieder ein paar Meter nur – aus den Fenstern zielen sie auf den Mann. Er fällt. Der Nächste tritt vor, ergreift die Fahnenstange. Wir ziehen weiter. Ich weiß nicht mehr über wieviele sterbende oder bereits tote Kameraden wir hinwegsteigen. 10, 15? Wer zählt sie schon? Wir ducken uns vor den Steinen, die tschechische Weiber mit gefletschten Zähnen nach uns schleudern. »Krepier', du deutsches Schwein!« »Schlagt sie tot, die Ratten!«

Die Reihen vor mir lichten sich. Ich zähle noch vier. »Was werde ich tun, wenn ich die Fahne aufheben muß«, schießt es mir durch den Sinn. »Werde ich weinen? Werde ich jammern? Werde ich anständig zu sterben verstehen? Diese Bestien sollen nicht über mich lachen, rede ich mir ein, während alles an mir zittert. Ein kleiner Platz tut sich vor uns auf. Er ist vollgestellt mit Tragbahren, auf denen schwerverwundete, deutsche Soldaten liegen. Unser Fahnenträger, ein starker, junger Mann, wird auf einem steinernen Sockel, inmitten des Platzes postiert. Aus einem Hauseingang erklingt Marschschmusik. Deutsche Marschmusik! Und während wir zusammengeduckt an den Hauswänden stehen, beginnt das grausigste Gemetzel, das sich nur »Menschen« ausdenken können, deren Haß ohne Maß ist, die sich im Sadismus baden.

Mit Beilen und Äxten rennen Jugendliche, Männer, Frauen, ja selbst 10-, 12jährige Kinder zwischen den Bahren entlang und erschlagen, erstechen, zerschneiden die Verwundeten. Die grauenhaften Schreie prallen an den Hauswänden ab und steigen in den Himmel. Abgehackt Beine, Köpfe, Arme fliegen herum. Der Boden färbt sich blutig rot. Manche können nicht aufhören um sich zu schlagen. Ein wahrer Blutrausch hat sie erfaßt. Ich übergebe mich. Ein Soldat bricht in die Knie. Auf der Gegenseite springen zwei deutsche Soldaten eine dicke, herausgeputzte Tschechin an. Sie brüllt aus Leibeskräften, sie fällt – ich sehe nicht, ob sie tot ist, aber ich wünsche es! Dann ein paar Pistolenschüsse. Der Mob hält ein. Es gibt auch nichts mehr zu morden. Die Feiglinge, die sich für eine halbe Stunde als Helden fühlten, schleichen in ihre schmutzigen Höhlen zurück.

Wieder Marschmusik. Ein tschechischer Sender dröhnt über den Platz: »Schlagt die Deutschen tot!« Fanfaren! »Povstani« – Aufstand! Freiheit! Immer wieder die gleichen Parolen. Man hämmert sie in die Köpfe der Menschen. Und der Pöbel nimmt sie nur zu freudig auf. Aber ist es nur der Pöbel? Nein, es ist das ganze tschechische Volk und es kann stolz für sich in Anspruch nehmen, bei Torschluß eines großen Krieges den Katalog der Grausamkeiten, an wehrlosen Menschen, um unzählige, abscheuliche Neuheiten bereichert zu haben.

Die slawische Mentalität ist unberechenbar, im Guten, wie im Bösen, das wissen wir, die in diesem Lebensraum aufgewachsen sind. Jeder rechnete mit Rache, mit Opfern – aber diese widerlichen, gemeinen Massenexzesse, die ein Volk für immer außerhalb der Kulturnationen, außerhalb der gesamten zivilisierten Welt stellen – die hat niemand erwartet und sie sind unentschuldbar und für immer unvergessen.

Auf dem Platz ist es ruhig geworden. Unsere Wachen grinsen hämisch. Einer plärrt in breitem Böhmisch: Schenes Theater! Schenes Theater! Dann treibt er uns vorwärts. Aufräumen. Wir schleppen die Toten, Verstümmelten zur Mitte des Platzes. Beine, Arme, Torsos – aufgeschichtet zu Füßen des Steinsockels, auf dem der deutsche Fahnenträger regungslos steht. Einige schaffen Wasser in großen Eimern herbei. Die tschechischen Wachen reißen Laken und Decken von den Bahren, schleudern sie auf uns und deuten auf den blutigen Boden. Ich erhalte einen harten Kolbenstoß in den Rücken und falle hin. Meine Hände, die Hosen, die Jacke, alles ist voller Blut! Ich kann mich nicht bewegen. Ein Tscheche hat ein Bein auf meinen Rücken gestellt. Ich verstehe sehr gut, was er sagt, aber ich rühre mich nicht. Breite, ausgetretene Knobelbecher schlurfen heran – über mich ergießt sich ein Schwall eiskaltes Wasser. Ich pruste, bibbere! Der Kerl lacht und schreit: »Jetzt habe ich die deutsche Sau gebadet!« Kinder gröhlen. Ich zerre ein Laken herbei. Nur nicht auffallen, denke ich und beginne wie wild den häßlichen Steinboden zu bearbeiten. Sie lassen von mir ab. Ich putze und reibe. Neben mir auf den Knien scheuern Kameraden. Ich sehe meinen Mann. Er blutet aus einer Kopfwunde. Am Totenberg gießen sie Benzin über mehr als hundert Soldaten – oder besser: über das, was von ihnen übrigblieb. Flammen schlagen hoch. Es riecht nach verbranntem Fleisch. Irgend jemand hat eine Peitsche aufgetrieben. Ein Halbwüchsiger schlägt damit auf uns ein. Im Rinnstein sammelt sich Blut, Wasser, Haut und Knochen. Wir stopfen alles in Eimer und schütten es in die Flammen. Hochaufgerichtet steht noch immer der Soldat mit der Fahne. »Wie ein Denkmal sieht er aus«, schießt es mir durch den Kopf. Ein Tritt treibt mich weiter. Meine nasse Uniform klebt mir am

Körper. Mit roten, eiskalten Händen kratze ich an einem Baum. An seinem Stamm kleben Haare und dicke Blutballen. Ich blinzele zu dem Fahnenträger hinüber. Zwei Burschen klettern auf den Sockel und schütten einen Benzinkanister über ihn. In fliegender Eile springen sie herab. Schnell fressen sich die Flammen an dem Körper des Mannes empor. Die Meute kreischt. Sie vergessen uns und genießen das Sterben eines neuen Opfers. Aber diesmal kommen sie nicht auf ihre Kosten. Mit brennender Fahne in der Hand steht dieser Soldat. Sein Körper ist eine einzig lodernde Fackel. Kein Schrei, kein Stöhnen! Er bricht in die Knie – die Fahne ist zu Asche geworden, nur die Stange hält er sterbend noch immer umklammert. Zuerst stehen die Tschechen in starrem Staunen, doch dann bricht geifernder Haß hervor. Wie blind vor Wut schießen sie auf den Toten, schlagen auf uns ein und treiben uns zusammen. Unter Steinwürfen, Kolbenschlägen und Tritten jagen sie uns durch die Straßen bis zu einem Schulhaus. Sie prügeln uns in die Klassenzimmer und lassen uns ohne Wasser und ohne ein Stück Brot auf dreckigem Fußboden liegen. Wir sind so erschöpft, so verängstigt, daß sich erst eine lange Zeit keiner bewegt. Nur Keuchen und schweres, tiefes Atmen ist zu hören. Ich blicke mich um. Keinen kenne ich. Mein Mann ist nicht im Zimmer. Ein alter, fast weißhaariger Soldat spricht als Erster. »Hat jemand offene Wunden?« Drei Leute melden sich. Er kriecht heran und beginnt sie zu verbinden. Schmutzige Taschentücher, abgerissene Hemdsärmel und sogar die Beinteile von Unterhosen verwendet er geschickt als Bandagen. Mir fallen die Augen zu. Unter einem Tisch, zusammengerollt, versinke ich in einen traumlosen Schlaf.

Eine schrille Stimme. Ich fahre auf. Mit Stangen, Gabeln und Stöcken treiben sie halbnackte Soldaten zu uns in den Raum. Sie fallen über uns, wimmernd und stöhnend. Nur zwei tragen noch Hemden. Die anderen, barfuß, nur mit zerrissenen Militärhosen bekleidet, sinken in die Knie. Kameraden fangen sie auf. Der Weißhaarige hat Arbeit bekommen. Schweigend reißen einige ihre Unterhemden in Fetzen und reichen sie ihm herüber. Eine Dose Vaseline taucht auf. Aber alles, was wir auch zusammentragen, es ist nicht mehr als ein Tropfen auf einem heißen Stein. Die zerschnittenen Rücken, die wunden Füße, die zerkratzten Arme bluten ohne Unterlaß. Einige haben so verschwollene Gesichter, daß sie nicht mehr sehen können. Im Raum gibt es kein Licht. Durch die Milchglasscheiben dringt schmal und matt der Schimmer des Mondes.

»Wo kommt Ihr her?« »Aus Prag!« Schweigen. An der Tür regt sich nichts. Wir drängen uns dichter zusammen. Mit aufgerissenen, blutenden Lippen erzählt einer: »An den großen Moldaubrücken hängen, an Fleischerhaken, unsere Soldaten. Verwundete trug man zum Fluß und ertränkte sie mit langen Stangen. Man trieb uns durch die Straßen, mit erhobenen Armen. Der Pöbel lauerte uns auf. Die alten Tschechinnen waren die schlimmsten. Sie geiferten und hetzten und schlugen erbarmungslos mit allem auf uns ein, was sie nur finden konnten. Viele brachen zusammen und bleiben liegen.« Ein junger kräftiger Bursche schob sich heran: »Einer schnitt uns mit einer großen Schere die Haare ab. Meistens hing noch die Kopfhaut mit dran.« Er streckte seinen blutigen, kahlen Kopf vor.

»Frauen und Kinder mußten sich total entkleiden und wurden mit Farbe übergossen. Wißt Ihr, daß sie junge Mädchen von Pferden auseinanderreißen lassen? Wir mußten die Armen mit jedem Fuß an ein Tier binden«, flüsterte einer.

Wir hocken wie erstarrt. »Die beiden dort, mit den zerrissenen Hemden, die können Euch nichts mehr erzählen. Die sind oben nicht mehr ganz da«, wisperte uns jemand zu und deutet an den Kopf. Wir werden still. Keiner kann Schlaf finden. Jeder ist mit seiner zitternden Angst allein.

Der neue Tag schiebt sich unter dem blutigen Leichentuch der Nacht hervor. Wir liegen alle wach. Keiner redet. »Wo mag mein Mann sein?« geht es mir durch den Kopf. »Ob wir heute etwas zu trinken bekommen?« überlege ich. Im Raum stinkt es nach Urin, Kot und Blut. Draußen ein Schrei! – Gelächter – die Tür geht auf. Mit Stößen und Tritten jagen sie uns auf den Hof. Frauen, Kinder, Soldaten. Tschechische Miliz bringt sehr rasche Ordnung in die Aufstellung. Als der Abmarsch beginnt, laufen die Zivilisten vorn. Wir Soldaten trotten mit hängenden Köpfen hinterher. Es muß noch sehr früh sein, denn der tschechische Pöbel schläft noch –, von Töten erschöpft! An einem Holzlager stehen offene Lastwagen bereit. Mit Flüchen und Kolbenhieben treiben sie uns herauf. Wir stehen so eng, daß keiner fallen kann. Von hinten rollen sie ein riesiges, schweres Netz über uns. Über holprige Straßen werden wir hin und her geschüttelt. In jedem Ort drohen Fäuste zu uns herauf, Steine fliegen, Flüche hinterher! Tote im Straßengraben. Hunderte. Mit verrenkten Gliedern. An Chausseebäumen baumeln die Körper von Frauen und Kindern. Die Köpfe, eine blutige Masse. Man hat viele an den Füßen aufgehängt und sie dann noch erschlagen. In jedem Ort überlaute Radiomusik – unterbrochen von Hetzparolen. Begierig lauschen die Tschechen. »Mord an Deutschen ist straffrei!! Tötet! Tötet!« Eine maßlose Propaganda stempelt seit Tagen alle Deutschen zu Schweinen, zu Huren und Mördern. Perversion wird in Patriotismus umgefälscht! Mord ist in diesen Tagen Volksbelustigung!

An einer Stadtgrenze – es gibt kein Ortsschild – hält der Konvoy. Wir werden neu zusammengestellt, Männer und Frauen getrennt. Ich sehe meinen Mann. Unsere Blicke treffen sich kurz. »Rote Garden«, aus der Stadt herbeigekommen, übernehmen den langen Zug. Aus einem Sportplatz heraus stoßen noch mehr als 100 Mann zu uns. Vielen sind die Hände auf dem Rücken zusammengeschnürt. Eine Gruppe Frauen treiben zwei Jungen, nicht älter als 12 Jahre, vor sich her. Die umgehängten Karabiner schleifen auf dem

Boden. Lachend schießen sie aus Beutepistolen immer wieder in die Luft.

Kirchenglocken läuten. Ist es Sonntag? Schon lange haben wir das Zeitgefühl verloren. Der Durst ist grenzenlos. Wie ein Stück pelziges Leder liegt mir die Zunge im Mund. Mein Nebenmann flüstert mir zu: »Was haben die mit uns vor?« Ich zucke mit den Schultern. »Sind wir in Iglau?« fragt er leise. Ich schiele zu ihm hin: »Keine Ahnung«, antworte ich ohne die Lippen zu bewegen. Die Straße öffnet sich. Ein kleiner Platz. Deltaförmig tun sich fünf Seitenstraßen auf. Überall Menschen. Dichtgedrängt. Rechts von uns ein Kirchenportal. Lautsprecher hängen an Masten. Überlautgestellte Orgelmusik übertönt das Gekreisch der Leute. Das Fest kann beginnen, – die Clowns sind angekommen! Vor der Kirchentür stehen breitbeinig zwei Priester. Ihre Soutanen wehen im Frühlingswind. Stumm steht der Zug. Aus dem Lautsprecher grölt eine Stimme: »Geben wir den deutschen Schweinen unsere Schule?« Die Menge kreischt: »Njet!« »Geben wir den Hunden unsere Kaserne?« Wieder ein »Njet!« Der unheimliche Sprecher lacht. Die Tschechen neben uns werden unruhig. Ihre Augen beginnen zu glitzern. Die Horde wartet auf das erlösende Wort zu Losschlagen. Aus dem Lautsprecher gellt es: »Treiben wir sie zu unserem Schlachthof?« Ein unbeschreiblicher Jubel bricht los. Die Antwort geht im Gebrüll unter. Mit Holzstangen, Heugabeln, Besen, Latten und Spaten schlagen sie auf uns ein. Wir beginnen zu laufen. Schnell, immer schneller. Ich springe über gestürzte Kameraden, reiße die Arme schützend über den Kopf. Ich fühle, daß ich um mein Leben renne. Neben mir der harte metallische Klang schwerer Stiefel –, vor mir geräuschlos und leicht, barfüßige Soldaten. Ein Stein trifft mich am Arm. Ich spüre den Schlag, aber ich beachte ihn nicht. »Nur vorwärts, schneller, schneller!« Wie bei einem Viehtrieb ist die Straße abgesichert. Holzbohlen vor den Türen, die Seitenwege mit Barrikaden verstellt. Aus den oberen Fenstern gießen johlende Weiber heißes Wasser. Kinder werfen Flaschen herab. Alles ist wohl geplant. Ein Fest, bei dem nur einer gewinnen kann: Der Zuschauer! Hinter mir drängen hundert, zweihundert, dreihundert Mann. Können es nicht auch achthundert sein? Tausend? Es zählt nur der Einzelne! Keiner sieht den anderen. Jeder rennt um sein kleines, wichtiges Leben!

Breit stehen die großen Tore offen. Ich taumle in den Hof. Einer fängt mich auf, läßt mich zu Boden gleiten. Mein Atem geht rasselnd. Über mich stolpern andere. Ich fühle einen stechenden Schmerz im Oberschenkel. Einer ist mit dem benagelten Stiefel auf mich getreten. Mir ist, als würde ich in ein tiefes, dunkles Loch versinken.

Als ich wach werde, liege ich auf nassen, kalten Fliesen. Mein Arm schmerzt. Unter dem Ärmel heraus, läuft Blut warm über meine Hand. Einer reißt mich hoch: »Steh – sonst schießen sie dich gleich über den Haufen!« Ein eiskalter Wasserstrahl fährt über uns hinweg. Milizmänner halten einen dicken Schlauch und brüllen: »Trinkt, ihr Bestien. Ihr wolltet doch Wasser.« Wir prusten, reißen die Münder auf, fallen, rutschen und lecken vom Boden gierig das dreckige Naß.

So plötzlich wie alles begonnen hat, so plötzlich endet es auch. Die Tore klappen zu, große Riegel rasten ein. Wir sind allein. Bis zu den Knöcheln stehen wir im Wasser. Unsere Uniformen hängen klitschnaß an uns herunter. Aus den Hosenbeinen tropft es. Ich stehe frierend und wundere mich, daß noch keiner sagt: »Mensch, du bist ja eine Frau!« Aber niemand beachtet mich. Ich bin absolut nichts Besonderes. Ich bin nur ein kleiner, knabenhafter Soldat, mit nassem, strähnigem Haar und einer schmutzverklebten Uniform!

Draußen dröhnen noch immer die hetzenden Stimmen aus den Lautsprechern: »Tod den Deutschen! Tod den Besatzern!« Eine Stimme neben mir fragt: »Was sagen die?« Ich übersetze. »Verdammte Mordbande«, brummt der Mann. Wir hocken uns auf einen der hölzernen Fleischertische.

Irgendwo aus der Menge taucht mein Mann auf. Wir lehnen uns aneinander. »Wieviele mögen wir hier sein?« frage ich. »Ich schätze 600 Mann«, antwortet er sehr leise. »Bist du verletzt?« Er deutet auf seine Hüfte. »Und du?« Ich bewege leicht meinen Arm. Wir schweigen. Es gibt nichts mehr zu sagen, nichts zu fragen. Durch die Oberlichter fällt der letzte Abendschein. Frauenschreie, russische Flüche – Stille. Im Sitzen fallen uns die Augen zu.

Es ist dunkel, als sie das Tor zum ersten Mal öffnen und einige herausholen. In tiefer Nacht rufen sie erneut nach 20 Leuten. Wir verkriechen uns an das Saalende. Es nützt uns nichts. Überall finden sie ihre Opfer und noch ehe der Morgen graut, müssen auch wir heraus. Sehr junge Männer und sehr junge Frauen treiben uns von Keller zu Keller! Überall liegen, übereinandergeschichtet, tote Frauen, Kinder und alte Männer.

Sie sind entsetzlich zugerichtet. Einigen hat man die Augen ausgestochen, andere liegen mit aufgeschlitztem Leib in ihrem eigenen Blut. Vielen hat man die Zähne ausgeschlagen. Ihr Mund ist ein dunkles, großes Loch. An Nägeln, an der Wand, hängen Kinderleichen. Fast auf allen Toten liegen Kothaufen. Die Toten auf diese Weise noch zu schänden, muß für die mordhungrige Meute das größte Vergnügen gewesen sein. Wir arbeiten ohne Pause und schleppen die Toten auf die Straßen. Wenn ein Keller leer ist, folgt das Putzkommando und beseitigt die Spuren der ekelhaften Taten.

Es ist Mittag. Die tschechischen Wachen rufen sich: Schluß! zu. Wir stehen erschöpft und hungrig. »Ob es heute etwas zu essen gibt?« Keiner wagt es zu fragen, aber alle denken es. Als wir in Viererreihen angetreten sind, schreien ein paar alte Frauen den Milizern etwas zu. Die lachen laut und winken zurück. Einer schreit uns an: »Ihr sollt Abschied nehmen von euren Brüdern! Es sind doch eure Brüder, die lieben Toten!« Er hebt das Gewehr und deutet mit dem Lauf auf den ersten von uns. »Stell einen hin und halte ihn fest.« Der Soldat zieht einen Toten hoch. Ein Tscheche tritt zu ihm, reißt dem Toten den Kopf an den verklebten Haaren zurück und brüllt: »Los, küßt ihn!« Die Reihe rückt an. Die Milizsoldaten haben ihre Gewehre in Hüfthöhe im Anschlag. Sie genießen ihre Macht. Ekel würgt uns – aber der erste Soldat beugt sich und küßt den Toten. Die Roten grinsen. Tschechische Flintenweiber kommen herübergerannt. Verzerrte Gesichter. Geifernde Münder! Wir gehen dicht an dicht. Jeder küßt den Toten, den Bruder! Die Hyänen kreischen. Sie speien uns an. Mit gierigen Händen zerren sie dem deutschen Soldaten den Toten aus den Armen. An den Beinen schleifen sie ihn über das Pflaster. Der Kopf schlägt auf die Steine. Uns treiben sie zusammen. Als wir zurückmarschieren – die Miliz verlangt Gleichschritt – steht das Kirchenportal offen und aus den Lautsprechern heraus ertönt die Stimme des Kardinals Midczinsky: »Tötet die Deutschen wo ihr sie trefft. Die Sünde wird euch vergeben werden!« Nicht einmal, nein, stundenlang plärrt diese Stimme den Menschen ihr Hetzen in die Ohren. Auch die immer wieder eingefügte Orgelmusik mildert den Haß nicht, mit dem dieser »Gottesmann« seine Landsleute zum kaltblütigen Mord antreibt.

In nur vier Tagen werden mehr als 30000 Deutsche bestialisch in Prag umgebracht! Nahezu 250000 Deutsche werden auf tschechischem Boden erdrosselt, verbrannt, erschlagen, ertränkt! Während im Norden Europas mit Feuerwerk und Jubel das Ende des Krieges gefeiert wird –, während in Frankreich glückliche Menschen auf den Straßen tanzen –, da feiern die Tschechen den Sieg, den für sie andere errungen haben, auf ihre Weise! Sie baden im Blut ihrer Gegner! Gegner, mit denen sich die Zwangsbürger des Protektorats, recht willig zum Teil, arrangiert hatten. Fast vier Jahre waren die Tschechen das gehegte Pflegekind des Reiches. Ihnen ging es besser als den Polen oder Russen. Ihnen wurde weit weniger angetan. Ja, sie leben in Unfreiheit, argwöhnisch beobachtet von Himmlers Gestapo. – Sie müssen das von Benesch organisierte Attentat auf Heidrich mit vielen Hinrichtungen bezahlen. – Aber all das rechtfertigt nicht den Hexenwahn und die Exzesse, mit denen sie sich auf die Deutschen stürzen und die alles übertreffen, was menschliche Phantasie sich ausmalen kann. Ihre sadistischen Grausamkeiten sind so infam, daß sich sogar in vielen Fällen russische, an vieles gewöhnte Soldaten abwenden oder schützend dazwischen treten.

Im Schlachthaus angekommen, stellen sie uns an die Wand und spritzen uns mit starkem Wasserstrahl ab. »Damit Ihr Schweine nicht noch mehr stinkt«, gröhlen sie. Naß werden wir auf den Hof getrieben. Im Sand liegen Brote und rohe Kartoffeln. »Holt euch euer Fressen«, schreit einer. Wir stürzen in den Kreis, – ein Schieben, ein Stoßen – ein Pfiff – und schon jagen sie uns mit Kolbenhieben zurück in den Saal.

Wir kauern in Gruppen zusammen. Es ist verboten zu reden. Sehr vorsichtig flüstern einige miteinander. Keiner läßt die gewaltige Schiebetür aus den Augen. Wir frieren entsetzlich. Die schweren, nassen Uniformjacken sind seit zwei Tagen nicht mehr trocken geworden. Vor einer Nische haben sie drei große, schwarze Kessel geschoben. Dort ist unsere »Toilette«. Der Lange, Weißhaarige, geht herum und verbindet Wunden. Der Vorrat an Stoffstreifen wird geringer. Die Kameraden, die schon seit Tagen ohne Stiefel laufen, leiden schrecklich. Ihre Füße sind rot und blutig. Sie haben sich aus den Ärmeln von Uniformjacken Fußlappen um die Beine gewickelt.

Wir nagen an dem harten Brot. Keiner hat ein Messer. Gegenüber von uns hocken mit hochgezogenen Beinen zwei junge Soldaten. Man hat ihnen die Vorderzähne ausgeschlagen. Sie kommen herüber und bitten leise: »Beißt uns mal das Zeug klein, damit wir es wenigstens schlucken können.« Mein Mann, sein Nebenmann und ich, reißen mit den Zähnen Stücke aus dem Brot, zerbeißen 3 rohe Kartoffeln und legen sie ihnen in die Hände. »Wo kommt ihr her?« »Köln«, flüstern beide. »Funker, gefangen in Pardubitz«, fügt der andere leise hinzu. Sie drücken sich neben uns. »Wie alt«, will mein Mann wissen. »Achtzehn – Zweiundzwanzig.« Wir schweigen wieder. Die Kälte läßt uns nicht schlafen.

Die Lautsprecher machen keine Pause. Es muß schon später Nachmittag sein, als die Tore aufgeschoben werden. Wir stellen uns im Hof auf. Befehle sind nicht mehr nötig. Die tschechische Jugend schleift Eimer mit weißer Farbe heran. Sie rühren, spritzen, lachen. Die Wachen treiben uns in langen Reihen zu ihnen hinüber. Begeistert malen die Kinder jedem von uns ein Hakenkreuz auf den Rücken. Es wird eben an alle gedacht bei diesem fröhlichen Befreiungsfest! Wer keine Uniformjacke mehr besitzt, dem zerren sie das Hemd vom Leibe und pinseln ihm das verhaßte Zeichen auf den nackten Rücken. Grölend gießen die Größeren am Schluß die halbleeren Eimer über die Köpfe der beiden letzten Männer. »Heil Hitler«, schreien sie und danach auf tschechisch: »Es lebe Präsident Benesch! Es lebe Generalissimus Stalin!« Sie schreien, bis sie heiser werden. Wir stehen zum Trocknen im kühlen Abendwind. Es ist dunkel, als wir eingeschlossen werden.

Im Morgengrauen karren Lastwagen Tote in den Hof. Wir müssen sie abladen und aufschichten. Viele Frauen sind dabei. Man hat ihnen die Därme herausgerissen und um den Hals gewickelt. Viele Leichen haben keine Köpfe mehr. Wir arbeiten ohne zu denken, ohne zu fühlen – Robotern gleich. Wenn es den Tschechen nicht rasch genug geht, versetzen sie uns einen Tritt. Ich sehe, wie einer mit dem Gesicht in den Totenhaufen fällt – mir graut. »Wenn mir das passiert, denke ich, sterbe ich sofort«, ich arbeite und packe zu, daß mir der Schweiß auf der Stirn steht. Zwei neue Wagen fahren ein. Arme und Beine hängen über den Pritschenrand. Der Haufen wächst. Die Glocken läuten! Orgelmusik begleitet uns.

Eine warme Sonne steht am Himmel, als wir hineingetrieben werden. Einen Verwundeten schleppen zwei Mann mit. Ich erfahre, daß dem Mann ein Junge mit einem alten verrosteten Degen durch den Fuß gestochen hat, um zu probieren, ob die Waffe auch wirklich scharf sei.

Heute spülen sie uns nicht mit Wasser ab. Gerade heute, wo unsere Hände nach Leichen riechen und die Kleidung voller Blutflecke ist –, heute verweigern sie uns das reinigende Bad!

Der Nachmittag vergeht. Mir fällt der Satz ein, den ich einmal gelesen habe: »Der verwundete Löwe leckt seine Wunden.« Wir nutzen die Zeit. Jeder hilft jedem, so gut er kann. Die alten, erfahrenen Soldaten greifen schweigend zu, wo es nötig ist. Die Jungen finden zum ersten Male Erleichterung im Reden. Sie haben so viel Grauenhaftes erlebt, daß sie es herausschreien wollen, und froh sind, wenn ihnen einer zuhört.

Es ist oft unfaßbar, was sie berichten. Mein Herz weigert sich, es zu glauben, aber mein Verstand weiß, daß jede Schilderung wahr ist: Sie haben ganze Familien auf Bretter und Haustüren genagelt – Sie haben Lazarette geräumt, indem sie die Verwundeten von den Bahren in die Moldau kippten – sie haben Menschen gekreuzigt – Sie haben Frauen und Kinder lebendig eingemauert – Sie haben Soldaten lebend aufgehängt, sie mit Benzin übergossen und angezündet – Sie verrichteten ihre Notdurft über den Gesichtern von Sterbenden. Glücklich konnten sich in diesen Tagen nur alle die preisen, deren Leben mit einer Kugel ausgelöscht wurde! Überall hocken Gruppen zusammen und flüstern. Man redet nur von dem, was war. Drohend hängt die Frage über uns: »Was wird noch geschehen? Werden wir leben?« Aber keiner stellt sie. –

Noch ist es Tag, als sie uns herausholen. »Welche Schikane wartet nun auf uns?« Mein Mann geht seit Tagen zum ersten Mal wieder neben mir. Man treibt uns an die Mauer.

Ein Tankwagen fährt ein. Eimer werden verteilt und über alle drei Leichenberge müssen einige von uns Benzin ausschütten. »Los, singt! Singt: Deutschland, Deutschland.« Ein alter Tscheche schwingt vor uns seinen Stock zum Takt. Langsam und leise beginnen wir. »Lauter, lauter«, fordern die Milizsoldaten. Sie zielen auf unsere Köpfe. Das Deutschlandlied klingt, mehr gebrüllt als gesungen, in den abendlichen Himmel. Nur einmal erstirbt es fast –, nur einmal, als wir alle einen tschechischen Priester sehen, der mit umgehängter Maschinenpistole über den Vorhof gelaufen kommt. Einen Priester, der sich vor uns aufbaut und wie irre brüllt: »Ich habe schon Dutzende von euch Tieren umgelegt! Und ich werde noch mehr Deutsche töten.« Die Tschechen jubeln. Sie schießen in die Luft. »Singen! Singen!« Einer läuft mit einer Fackel herbei und schleudert sie nach den Toten. Mit einem dumpfen Knall entzünden sich die Flammen. Der Priester rennt davon. »Singen! Singen.« Immer wieder stimmt jemand neue Melodien an. Marschlieder, Pfadfinder-Wanderlieder. Nur keine Pause entstehen lassen! Wir singen, bis uns das Läuten der Glocken übertönt.

Aus dem Haufen der Verbrannten steigt Rauch auf. Sie treiben uns in's Schlachthaus zurück. Durch die Oberfenster dringt der widerliche Geruch von verbranntem Fleisch. Einer fragt: »Hab' ich geträumt, oder habt Ihr auch den Pfarrer gesehen?« Keiner antwortet. Still schleicht jeder auf seinen Platz. Noch im Einschlafen denke ich an diesen Priester. Leider ist er nicht der Einzige, der in diesem Land dem »lieben Gott« auf's Herz tritt!

»Merkwürdig, daß die Tschechen alle ihre Unternehmungen nachts beginnen!« denke ich, während uns schrilles Pfeifen auf die Beine bringt. Uhren haben wir nicht mehr. Erst die Russen, dann aber noch gründlicher, haben uns die Tschechen von allen Wertsachen befreit. Wir rennen in's Freie. Es ist taghell. Mit starken Scheinwerfern leuchten sie das Gelände aus. Das Aufstellen geht schnell. »Hände hoch!«

– und nun beginnt das letzte große »Filzen«. Es ist immer wieder erstaunlich, daß es Schnüffler gibt, die auch bei den Nacktesten der Nackten noch Beute machen können.

Wir marschieren los. Immer mehr Milizsoldaten gehen neben uns. Nach kurzer Zeit sehe ich in der Ferne Lichter. Ich stoße meinen Nebenmann an. Er bewegt leicht den Kopf. Die Milizer stoßen mit ihren Gewehren in unsere Reihen. Sie verlangen Gleichschritt. Barfuß zum Teil, zerlumpt, mit zerfetzten Uniformen, mit durchbluteten Verbänden, so bringen uns die Tschechen bis zum Bahnhof. Auf dem Gelände vor der Eingangshalle sind russische Soldaten angetreten. Ohne viele Feierlichkeiten übernehmen sie unseren traurigen Zug. Wir stehen mit hängenden Köpfen, müde, hungrig und verängstigt. Was wird nun aus uns? Die Amerikaner wollten uns nicht –, die Russen lieferten uns den Tschechen aus – und die verschenken uns nun wieder zurück, an die Russen. Ein gespenstischer Kreislauf. Unsere tschechischen Aufpasser verabschieden sich mit schmatzenden Küssen von ihren russischen Freunden. Die großen, roten Brüder kommen mir etwas zurückhaltender vor. Die Ereignisse der nächsten Tage zeigen mir später, daß meine Beobachtungen richtig sind.

In der nächsten halben Stunde, so schätze ich, geschieht nichts. Die Russen unterhalten sich, rauchen und nehmen von uns keine Notiz. Zitternd vor Kälte stehen wir in der Nacht. Als aus einer Seitenstraße eine Reihe Pferdewagen herausbiegt, kommt Leben in sie. Reihenweise, immer sechs Mann, dirigieren sie uns an die Wagen. Wir müssen große Ballen Stroh abladen, sie durch die Halle, über Gleise zu bereitstehenden Güterwagen schleppen. Eine schwere Arbeit. Dazu diese Dunkelheit auf den Schienen. Mit schrillen Schreien treiben sie uns an. Zwei Ballen trage ich mit den anderen. Beim dritten schon verlassen mich die Kräfte. Als wir über die Gleise gehen, solpere ich und falle. Sofort ist ein Russe neben mir. Er brüllt. Ich verstehe ihn nicht, will mich aufraffen, da trifft mich ein schwerer Schlag an die linke Schulter. Mit dem Gesicht voran stürze ich auf die Schottersteine. Ich spüre einen Tritt an meiner Hüfte und werde erst wieder wach, als mich jemand schüttelt und »Erich, Erich« ruft. Ich will mich aufstützen, doch ein furchtbarer Schmerz durchzuckt meinen Rücken. Ich öffne die Augen. Mein Mann steht neben mir. Mein Kopf liegt im Schoß eines fremden Soldaten. Ganz behutsam heben mich zwei Mann auf und setzen mich an die Wagenwand. Durch die offene Schiebetür glotzen neugierig drei Rotarmisten. Der Waggon ist völlig mit Stroh ausgelegt. An der einen Seite stehen einige Eimer, leer, wie mir mein Mann sagt. »Was ist geschehen?« frage ich leise. »Sie haben dich ziemlich zusammengeschlagen. Hast du Schmerzen?« Ich nicke. Der Weißhaarige ist in der Nähe. Ich mache meine Schulter vorsichtig frei. Sie ist blau und rot. »Sie wird in den nächsten Tage noch grün und gelb werden«, sagt der Weißhaarige. »Es ist nichts gebrochen. Das ist das Wichtigste. An der Hüfte hatte ich am nächsten Tag, so groß wie zwei Handteller, ebenfalls einen mächtigen Fleck, der in allen Farben schillert. Es wird drei Wochen dauern, bis ich wieder völlig schmerzfrei bin. Aber hier ahne ich noch nicht, daß es gerade die drei Wochen sein werden, die unser Transport von Iglau bis nach Baku unterwegs ist.

Als es hell wird, schließen die Russen die schweren Wagentüren. Still liegen alle im Stroh. Es ist eng, aber warm. Trotz der bösen Schmerzen in der Schulter, schlafe ich rasch ein. Oft erwache ich. Eine unglückliche Bewegung und ich fahre hoch. Um mich herum nur schnarchende Männer. Erschöpft, mit offenen Mündern. Ich drehe mich mühsam und in Sekunden versinke ich immer wieder in einen neuen Schlaf. Am Nachmittag bringen fremde, deutsche Soldaten gefüllte Wassereimer und nehmen die leeren mit. Das alles geschieht schweigend. Mißtrauisch verfolgen die begleitenden russischen Soldaten jede Bewegung, jeden Schritt. Später werden harte Brote in die Waggons geworfen. Wir zählen 15 Brote für 40 Mann. Es wird genau geteilt, aber das ist eine mühsame Arbeit, ohne Messer! Der Weißhaarige und ein dicker Bayer übernehmen kaum spürbar die Führung im Wagen.

Langsam tröpfeln Neuigkeiten herein. Irgend jemand hat in Erfahrung gebracht, daß der Vorderteil des zusammengestellten Zuges mit Soldaten belegt ist, die letzten sechs Waggons pfropften sie mit Frauen und Kindern voll. Eine Parole heißt: Sie bringen uns nach Sibirien. Eine andere: Sie liefern uns den Amerikanern aus. Gerüchte, Gerüchte. Wir liegen apathisch im wärmenden Stroh und warten.

In der Nacht Frauengekicher, gröhlende Männerstimmen, russischer Gesang. Im Waggon klettern sie an der Wand hoch und äugen durch den Luftspalt. »Sie saufen«, flüstert einer. Der andere fügt hinzu: »Mensch, viele Frauen haben sie dabei!« Wir drehen uns zufrieden auf die Seite: Gott sei Dank, der Russe ist beschäftigt. Wir werden eine gute Nacht haben! Zwei Tage stehen wir schon auf den Gleisen. Zu essen haben wir nichts mehr bekommen. Die Wassereimer werden regelmäßig gewechselt. Es beginnt nach Kot und Urin zu riechen. Der Weißhaarige beschließt, einen Eimer verschwinden zu lassen. Es klappt. Als das neue Wasser kommt, reden viele wie wild auf den russischen Posten ein. Er versteht kein Wort, aber er läßt wieder drei Eimer abstellen. Hinter Jacken, die an den Ärmeln zusammengebunden sind, entsteht unsere neue Toilette!

Eines Mittags müssen wir aus den Waggons. In endlos langer Reihe stehen wir auf den Schienen. Wie Aasgeier schwärmen lauernd Tschechen um uns herum. Liebedienerisch verwöhnen sie die russisch Soldaten. Sie bieten ihnen Zigaretten an, besorgen ihnen Stühle, putzen ihre Stiefel und tragen sogar ihre Gewehre. Die Russen behandeln sie mit der geringschätzigen Verachtung, die Sieger gegenüber Sklaven haben – und sie ertragen sie, wie man lästige Schmutzfliegen ertragen muß. In weißen Arztkitteln kommen russische Soldaten aus dem Bahnhof. Tschechen eilen übereifrig mit

Stühlen herbei und bringen Wassereimer. Die große Prozedur beginnt. – Wie üblich treiben uns die Tschechen mit Schlägen und Stößen voran. Nacheinander werden uns die Haare geschoren. Die Russen arbeiten mit erstaunlicher Eile. Zehn Mann werden immer zur gleichen Zeit bearbeitet. Wenn einer geschnitten wird, gießen tschechische Helfer dem Mann kaltes Wasser über den Kopf.

Immer, wenn 40 Leute fertig sind, werden sie von Tschechen in die Waggons getrieben. Die russischen Soldaten überlassen ihnen willig ihre Gewehre. Sie stehen in der Zeit schwatzend und rauchend beieinander und sind froh, daß andere ihre Arbeit tun.

Als wir an der Reihe sind, liegen schon kniehoch Haare auf den Schienen. Die Tschechen ergreifen die Stühle und ziehen sie eilfertig an eine andere Stelle. Ich bin bei den letzten zehn meiner Gruppe. Sie treiben uns zu den Waggons. Als einer nicht schnell genug nach oben kommt –, es ist einer unserer »alten Hasen«, holt ein Tscheche aus und stößt mit aller Kraft den Gewehrkolben in den Rücken des Mannes. Der schreit auf und stürzt unter den Wagen auf die Steine. Alles geschieht nun blitzschnell. Rasend vor Wut springt einer der Dahinterstehenden den Tschechen an. Das Gewehr fällt zwischen die Gleise. Der Tscheche brüllt wie ein Tier. Die Hände des Deutschen umklammern seinen Hals. Wir rennen zur Seite, einige ziehen sich kopfüber in einen anderen Waggon. Die Russen kommen angerannt. Sie entreißen den Tschechen ihre Waffen und feuern sofort. Vielleicht glauben sie an einen Streit der Deutschen untereinander? Auf einmal eine entsetzliche Stille. Wie lange? Ich weiß es nicht. Die Tschechen fangen sich als erste. Wild gestikulierend schreien sie auf die Russen ein. Die deutschen Soldaten, die schon im Waggon sind, werden herausgetrieben. Vier Mann tragen die Toten in den kleinen Wartesaal. Die anderen stehen regungslos, dicht aneinandergepreßt. Die Russen zählen. Vorsichtig und verängstigt kommen wir herbei. Sie zählen erneut und sind zufrieden. Im Wartesaal heulen Frauen. Wir blicken uns verstohlen an: »Wird es ein Blutgericht geben, so, wie es die Tschechen lieben?« Keiner hebt den Kopf. »Ein deutscher Soldat fehlt – aber ein mutiger –, einer, der nicht umsonst gestorben ist«, denke ich. Irgendwo in meinem Herzen ist aber auch etwas Freude. »Ein Tscheche weniger, ein Mörder weniger.« Neben mir steht der dicke Bayer. Kaum hörbar preßt er hinter seinen Zähnen hervor: »War ein prima Kerl! 26! Auch Bayer.« Die Russen beobachten uns aus Augenschlitzen. Ihre Karabiner sind noch immer auf uns gerichtet. Als der pöbelnde, blökende tschechische Mob sich zusammenrottet, schnürt uns die Angst die Kehlen zu. Die ersten Steine fliegen. »Tod den Deutschen« erklingt es immer lauter. Die Russen rufen sich etwas zu. Sie drücken uns mit den Gewehrläufen herunter. Wir kauern am Boden. Steine treffen uns. Die Tschechen johlen. Weiber steht der Schaum auf den Lippen. Sie treiben die Männer vorwärts. Auf einmal Schüsse. Ohne aufzublicken wissen wir, daß die Russen geschossen haben. Die Horde drängt zurück. Wir müssen uns mit ausgebreiteten Armen auf den Boden legen. Eine Ewigkeit? Es beginnt zu dunkeln. Das große Palaver zwischen Tschechen und Russen streicht über unsere Köpfe hinweg. Die Türen der anderen Waggons werden zugeschoben. Wir hören die harte Stimme eines Russen, der Befehle gibt. Im Laufschritt traben fremde, russische Soldaten heran. Sie gehören nicht zu denen, die uns seit drei Tagen bewachen. In wenigen Minuten haben sie uns in den Wagen getrieben, stoßen die Rolltüren zu und bauen sich, mehr als 20 Mann, vor dem Waggon auf. Wir fallen in's Stroh. Die Nacht bleibt ruhig. Haben sich die Tschechen beruhigt? Es erscheint uns unwahrscheinlich, daß diese rachlüsternen Kerle auf den Genuß einer gemeinen Vergeltung verzichten würden. Leise diskutieren wir miteinander, bis ein mitleidsvoller Schlaf uns fortträgt.

In aller Morgenfrühe müssen wir antreten. Vor jedem Zug von uns stehen fünf schwerbewaffnete Russen.

Wir werden vor den Bahnhof geführt. Zum ersten Mal sehen wir die Frauen und Kinder, die mit uns in den Waggons eingesperrt sind. Eingeschüchtert, verwahrlost und zerzaust sehen alle aus. Eine graue, gesichtlose Menschenmasse. Die Kinder, wie vergrämte Zwerge, bilden eine Gruppe für sich. Niemand hält sie, niemand tröstet sie. »Ob sie zu diesen Frauen gehören«, fährt es mir durch den Kopf. Es bleibt keine Zeit zum Denken. – In einem sehr schlechten, breiten Deutsch spricht ein Tscheche zu uns. »Ein deutscher Soldat hat meuchlings und feige einen für sein Vaterland kämpfenden Tschechen umgebracht. Diese hinterhältige Tat fordert Sühne. In der Nacht ist ein Standgericht zusammengetreten und hat folgendes Urteil gesprochen:

Aus jedem Waggon sind zwei Menschen zu bestimmen, die für die Untat ihres Landsmannes mit zwei Peitschenschlägen bestraft werden. Frauen und Kinder werden nicht ausgenommen!« Wir stehen wie erstarrt. Die Russen verziehen keine Miene. Eilig wird ein Tisch herbeigebracht. Das große Strafen beginnt. Ich sehe, daß sie schon zwei Männer heranführen. Vier Tschechen stehen am Tisch. Zwei halten kurze Peitschen, zwei ziehen den ersten Mann auf den Tisch und halten, seitlich ausgestreckt, seine Arme fest. Klatschend schlagen die Riemen auf die Körper. Der Nächste! Der Nächste! Die Tschechen klatschen begeistert und jubeln. Langsam macht sich bei uns Unruhe breit. Unser Waggon ist bald an der Reihe: »Das machen wir«, sagen zwei Junge und wollen sich nach vorn schieben. Da höre ich plötzlich sehr zornig den dicken Bayern: »Weg da! Der Bursche war ein Bayer. Das machen wir.« Mit einem Augenschlag winkt er einen Kameraden herbei. Der eine Russe schiebt sie vor und sie treten in die Reihe der Opfer. Ohne Pause schlagen die Tschechen zu. Ist der eine müde, so beginnt der andere. Im weiten Halbkreis stehen wir und schweigen in verhaltener

Wut. Als sie die ausgewählten Frauen schlagen, wenden viele von uns den Blick ab. Aber die Frauen leiden still. Nur eine wimmert, als man sie vom Tisch reißt und mit einem Stoß davonjagt. Die Kinder aber schreien fürchterlich. Sie wehren sich mit Händen und Füßen, strampeln und beißen. Die Tschechen haben Last, ihrer Herr zu werden. Um so grausamer schlagen sie dann zu und das Schreien der Kinder ertrinkt in einem jämmerlichen Winseln.

Die Russen machen Anstalten, uns zurückzuführen. Sie haben nicht mit der perversen Infamie ihrer tschechischen Freunde gerechnet. Die haben am Ausgang des Bahnhofes, vor der Tür, durch die wir hinaus zu den Gleisen müssen, den toten, deutschen Soldaten auf einen Stuhl gesetzt und – mit einem aufgepflanzten Bajonett in der Hand – zwingen sie jeden Vorübergehenden, den Erschossenen anzuspeien. Die Frau des getöteten Tschechen steht mit ihren drei Kindern daneben. Ob diese schmutzige »Genugtuung« ihren Mann noch im Tode glücklich macht?

Als wir uns im Waggon wiederfinden, wissen wir noch nicht, daß diese Schläge die letzten sind, die die Tschechen uns austeilen konnten.

In dem Wagen ist es still geworden. Wir haben den Bayern gedankt, die sich für uns alle schlagen ließen –, wir haben an unseren toten Kameraden gedacht, der bis hierhin alles Leid mit uns geteilt hat und von dem wir nichts wußten, als daß er wie ein Held sterben konnte und wir sind eingeschlafen, im Gefühl, noch einmal davongekommen zu sein.

Der Zug rollt! – Einer weckt den anderen. Wir fahren!

Durch die Ritzen der Wandbretter sehen wir das Mondlicht.

Keiner weiß, wohin es geht. Keiner fragt.

Schlimmer kann es nicht werden.

Wir haben den Krieg verloren. Einen Krieg gegen 48 Nationen.

Die Rauchschwaden eines langen Kampfes verschlingen unseren Zug.

36 Jahre sind vergangen. In Deutschland ist eine neue Generation herangewachsen. Eine Generation, für die die Namen: Brünn–Pardubitz–Iglau–Pilsen nicht mehr bedeuten, als ein Name auf der Landkarte.

In der Tschechoslowakei haben die russischen Befreier ihre Freunde, die sie 1945 so ungeduldig erwarteten, nach einem kurzen »Prager Frühling« wieder in den eiskalten, sibirischen Winter zurückgeholt.

Die Welt hat es mit Trauer zur Kenntnis genommen; auch die Vereinten Nationen. Aber deutsche Flüchtlinge gibt es nicht für die UNO –, sie haben kein Recht auf Selbstbestimmung. Der hohe Flüchtlingskommissar ist nicht zuständig für diese Millionen von Vertriebenen und Geflüchteten und sie sind, in Abänderung der Atlantic-Charta sogar ausdrücklich von der internationalen Flüchtlingsfürsorge ausgeschlossen.

Nach Ende des Krieges wurden nahezu 14 Millionen deutsche Flüchtlinge »umgesetzt«. Sie kamen aus Böhmen und Mähren, aus Schlesien, Ost- und Westpreußen, aus Pommern und aus den Balkanländern.

Fast drei Millionen Menschen kamen um, starben, nachdem sich die Sieger bereits die Hände gereicht hatten und Deutschland besiegt war.

Es sind die vergessensten Toten der Welt. Für sie gibt es keine Denkmäler, keine Gedenkstätten –, für sie gibt es nur Schweigen.

Sie starben, nein – sie krepierten – oder sie retteten nur ihr armseliges, nacktes Leben. Und sie fingen wieder von vorn an. Sie glaubten an eine Zukunft...

Nie haben diese Millionen durch Terrorakte vor der Welt das Recht auf ihre Heimat unterstrichen – nie warfen sie Bomben –, sie entführten auch keine Flugzeuge und mordeten keine Geiseln! –

Sie krempelten die Ärmel hoch und – arbeiteten!!!

Nur das Vergessen fällt ihnen schwer...

2

Der Zug rollt. Es ist still im Waggon. Wir stehen aneinandergepreßt. Unsere Uniformen sind feucht und lehmig. An Ärmeln und Hosen geronnenes und verkrustetes Blut. Aus dem Hintergrund drängt eine Stimme: »Ob sie uns nach Rußland bringen?« Neben mir antwortet einer: »Egal! Hauptsache weg von den Tschechen!« Schweigen. Gleichmäßig, wie Trommelwirbel, der einen Totenzug begleitet, dröhnt das Rumpeln der Räder. An den Wagenwänden sind einige heruntergerutscht. Sie hocken mit angezogenen Beinen auf dem Boden. An ein Liegen ist nicht zu denken. Ich zwänge mich zwischen zwei junge Burschen. Sie bemerken es nicht. Ihre Köpfe wippen im Schlaf. Mir fallen die Augen zu. Im Halbschlaf spüre ich noch den Hauch des Fahrtwindes, der durch ein Loch in der Bretterwand dringt. Dann verwischen sich Ort und Zeit.

Langsam und schwer erwache ich. Meine Augen suchen meinen Mann. Er lehnt am Rücken eines blondbärtigen Landsers. Vorsichtig ziehe ich mich hoch. Über Arme, Beine, Leiber hinweg krieche ich zu ihm. »Ich muß mal«, flüstere ich, um keinen zu wecken. Behutsam stemmt er sich hoch. »Komm! In der Ecke stehen zwei Eimer.« Überall offene Münder. Rauher Atem. Keiner bewegt sich. Einige schnarchen laut. Andere stöhnen. Flink verdeckt mich sein weiter Uniformmantel. Danach stehen wir nebeneinander. Flüstern. Fragen. Trösten... Graue Helle schiebt sich durch die

Wagenritzen. Wie spät mag es sein? Aber wozu brauchen wir die Zeit? Die Zeit gehört den Siegern. Wir haben nur eine Vergangenheit.

Seit zwei Tagen wurde die Waggontür nicht geöffnet. Es gibt kein Essen und nichts zu trinken. Der Hunger beginnt zu schmerzen. Der Durst aber quält entsetzlich. Ein kräftiger Rheinländer und mein Mann sind die Ältesten im Wagen. Ihr Wort gilt. Geschlafen wird in zwei Schichten, damit sich jeder mal ausstrecken kann. Den Wechsel bestimmt der Rheinländer. Nach Gefühl! Eine Uhr besitzt keiner mehr. Die letzten Essensvorräte werden zusammengelegt und gleichmäßig verteilt. Die leeren Wassereimer in der Ecke werden zu Latrinen. Die danebenliegenden Männer schaffen mit einem Mantel und zwei, an den Ärmeln zusammengebundenen Jacken einen Blickschutz, falls es einer will. Durch ein ausgebrochenes, kaum tellergroßes Loch im Boden werden die Eimer geleert. Wenn der Zug steht, muß stets ein Mann auf der Öffnung sitzen, denn die Russen klopfen ab und zu die Wagenböden ab und schauen unter die Waggons. Wenn wir auf freiem Feld stehen – und das geschieht oft – darf kein Eimer geleert werden. Der Geruch im Wagen wird dann unerträglich. Kein Wunder, bei 67 Mann, zusammengedrängt in diesem Viehwagen, der nur rechts oben einen kleinen Luftschlitz hat.

Zwei junge, fieberkranke Landser liegen nicht weit von mir. Ihre Gesichter sind hochrot. Im Schlaf werfen sie sich hin und her. Ein Rheinländer pflegt sie beinahe mütterlich. »Nur eine Erkältung«, brummt er und deckt sie mit seinem Uniformmantel sorgfältig zu. Irgendeiner hat Aspirin. Ohne Wasser schlucken sie es mühsam. Die beiden gehören zu den zwölf Mann, die nur mit Hemd und Hose bekleidet, ohne Stiefel, zu uns in den Wagen getrieben wurden. Wasser tropfte an ihnen herab. Einer erzählt: »Achtzehn waren wir. In zwei Autos. Fernmeldetrupp. Tschechen nahmen uns gefangen. Drei, die sich zur Wehr setzten, erschossen sie sofort. Die beiden Fahrer banden sie hinten an die Autos. Sie schleiften sie zu Tode.

Als wir an einem Fluß hielten, warfen sie die beiden einfach hinein. Wir mußten uns bis auf Hemd und Hose ausziehen. Stiefel, Jacken, Uhren, Ringe, Socken, alles mußten wir ordentlich am Ufer ablegen. Danach jagten sie uns bis zum Hals ins Wasser. Mit erhobenen Händen standen wir da. Unser Feldmeister nahm die Hände herunter. Sie schossen sofort. Er fiel um und trieb mit der Strömung ab. Am Ufer keiften Weiber. Unter Lachen und Grölen teilten sie sich unsere Habe auf. Kinder warfen mit Steinen nach uns. Sie jubelten, wenn einer getroffen war und zusammenzuckte. Ich glaube, am Ende hätten die Tschechen uns alle erschossen, wenn nicht plötzlich russische Soldaten erschienen wären. Die holten uns heraus, luden uns auf ihre Mannschaftswagen und kippten uns hier wie Schlachtvieh herunter. Aber wir leben und das ist die Hauptsache!« Wir hören und schweigen. Es ist kein Raum mehr in uns für Tränen oder Mitleid. Wir nehmen nur noch wahr. Die Kapazität mitmenschlichen Fühlens und Gerührtseins ist erschöpft. Jeder hat zu viel gesehen, zu viel selbst erlebt.

Nach vier Tagen – oder sind es fünf? – reißen grobe Hände zum ersten Mal die Wagentür auf. Brote fallen herein. Zwanzig – dreißig –. Keiner zählt. Steinhart, braun, kantig fallen sie auf uns nieder. Deutsche Wehrmachtsbrote. Irgendwo vor Tagen erbeutet. Wir reißen die Laibe auseinander. Teilen, reichen weiter, kauen – und warten. Warten auf Wasser! Doch die Tür bleibt zu!

Als der Zug anrollt, hören wir aus dem Nachbarwaggon Schreie. »Wasser! Wasser!« Wir schreien mit, bis das Rattern der Räder unsere Stimmen verschluckt. Wie lange fahren wir schon? Wohin bringt man uns? Der Zug fährt – hält – fährt. Tag und Nacht, Tag und Nacht.- Die Stimmung sinkt. Die Ersten werden weinerlich und bejammern ihr Schicksal. Andere sind hart und bissig. Viele zeigen eine Art Galgenhumor: »Eßt tüchtig! Sie werden uns bald rausholen zum Schieben!« oder »Ich glaube, der Zugführer hält so oft, weil er nach dem Weg fragen muß!« Mit solchen und ähnlichen Sprüchen machen sich die meisten wohl selbst Mut. Ein Achtzehnjähriger, Ernst heißt er, steht immer an den Türbohlen und versucht, nach draußen zu sehen. Seine großen, dunklen Kinderaugen liegen tief und sind schwarz umrandet. Oft weint er leise vor sich hin. Der Durst quält ihn entsetzlich. Brav beißt er stundenlang an seinem Lederkoppel herum, wie es ihm ein dünner Leutnant empfohlen hat. Eines Tages brüllt er ganz plötzlich wild los: »Sie bringen uns nach Sibirien. Laßt mich raus! Laßt mich raus! Ich will nach Hause.« Sein Nebenmann nimmt ihn wie ein Kind in den Arm und wiegt ihn hin und her. Er schreit noch einige Male, wird dann ruhig und sagt laut in die Stille hinein: »Ich bin aus Kattowitz. Die Leute draußen sprechen polnisch. Ich kann auch polnisch. Hört ihr nicht?« Keiner antwortet. Erstaunt, hilflos sieht er sich um. Jäh reißt er sich los. Springt auf und schreit mit sich beinahe überschlagender Stimme: »Woda! Woda!« Dann deutsch: »Wasser! Wasser!« Wieder gellt es: »Woda! Woda!!!« Wir rufen mit. Aus den Waggons rechts und links dröhnt es: »Wasser! Wasser! Woda!« Das Schreien nimmt kein Ende. Gepolter draußen. Die Wagentür rollt auf. Geblendet von der Helligkeit stehen wir stumm. Dann erkennen wir zwei russische Soldaten. Sie sind umringt von Zivilisten mit roten und weißen Armbinden. Verwegene, wüste Gestalten! Alle sind bewaffnet. »Wer polnisch?«, fragt einer in dürftigem Deutsch. »Ja! – Ich«, sagt müde der Junge. Sie greifen nach ihm. Zerren ihn hinaus. Er wird fortgeführt. Die Tür rollt zu. Wir stehen im Halbdunkel. Keiner guckt auf. Ganz unerwartet geht die Tür wieder auf. Vier Polen springen herein. Sie packen die ersten Gefangenen, die sie erreichen können und stoßen sie hart unter Schreien und Beschimpfungen auf die Gleise. Überall Soldaten. Der Dorfbahnhof sieht aus, wie ein mit Ameisen übersäter Feldweg. Alles erdgrau, braun, schmutzig. Menschen, Wände, Fenster, bleifarben. Wieder werden wir eingeschlossen. Der Zug ruckt an. Steht wieder.

Als die schwere Tür erneut aufgeht, bemerken wir zuerst die lange Reihe russischer Soldaten, die mit schußbereiten Gewehren den Zug sichern. Erst dann entdecken wir unsere beiden Kameraden. Sie stehen still da. In jeder Hand einen Wassereimer. Als ein langgezogener Pfiff ertönt, reichen sie uns die Eimer herauf und springen hinterher. Sofort schieben übereifrige Polen die Tür wieder zu. Während mein Mann noch jedem ein halbes Glas Wasser zuteilt, fährt der Zug bereits wieder an. Der Kattowitzer bleibt verschwunden. Haben wir es ihm zu verdanken, daß wir Wasser bekamen? Ist er tot? Ließen sie ihn frei? Die Monotonie der schlagenden Räder singt mich in den Schlaf. Alle Fragen verwehen –

Die Tage vergehen. Sie münden in Wochen. Verfließen! Verlaufen! Wir leben von Brot und Wasser. Beides nur unregelmäßig und selten verteilt. Stumpfsinnig kauen wir an der uns zugeteilten Scheibe Brot. Oft muß sie für zwei Tage reichen. Meistens für vier! Die Luft im Wagen wird unerträglich. Ein Gemisch aus Urin, Kot, Blut und Schweiß. Die Haare kleben in Strähnen. Bärte wachsen wild und struppig. Die beiden kranken Kameraden sind beinahe wieder gesund. Sie können schon wieder stehen. Wir nennen die zwölf Mann »die Stiefellosen«. Für sie halbieren wir eine Decke, verteilen Mäntel und Jacken gleichmäßig. Aus Unterhemden reißen wir Fußlappen für sie. Keiner aber ahnt, wie bald sie wieder zu Stiefeln kommen...

Allmählich kennen wir uns alle oberflächlich. Es bilden sich Gruppen. Meist sind es Landsleute, die sich zusammenfinden, oder aber die alten Kameraden einer Einheit. Merkwürdig, daß sich so schnell die Offiziere aus dem Kreis der Eingesperrten herausschälen, obwohl keiner mehr Achselstücke oder Orden trägt. Wie selbstverständlich bleibt der Respekt von Mannschaft zu Offizieren bestehen. Er ist das feste Gerippe unserer Gemeinschaft. Dieser Respekt geht aber wie selbstverständlich in eine alle verbindende Kameradschaft über. Sie ist das einzige was uns bleibt und menschlich macht.

Wir haben es aufgegeben zu schauen, erforschen zu wollen, wohin sie uns transportieren. Es ist gleichgültig geworden. Gleichgültig, weil wir es doch hinnehmen müssen. Die Zeit schleicht. Das Wohlbefinden wird zum Hauptanliegen jedes einzelnen. Etwas kauen, etwas trinken, einfach so dahocken, schlafen...

Drei Tage sind wir wieder ohne Brot und Wasser. Nun scheint es den Rheinländer erwischt zu haben. Er klagt über Leibschmerzen, hat Durchfall. Viel öfter als sonst liegt er und schläft. Ein stämmiger Feldwebel tritt an seine Stelle. Ein Mann, der schon drei Verwundungen hinter sich hat. Er kommt von einer Genesungskompanie, ist fast fünfzig, hat Frau und drei Kinder. Sein Freund, ein Schirrmeister, ist ihm stets zur Seite. Ein praktisch veranlagter Mann. Der biegt uns aus einem der Wassereimer zwei provisorische Deckel für unsere »Latrine«. Eine tolle Lösung. Die vorhandenen Kochgeschirre, 34, und die 17 Feldflaschen verteilt er gleichmäßig. Jeder hat nun wenigstens ein Ober- oder ein Unterteil zur Verfügung. Drei Mann teilen sich den Inhalt einer Feldflasche. Organisiert ist alles bestens. – Nur gibt es eben kaum etwas zu essen oder zu trinken! Dösend hocken wir nebeneinander. An der Rückwand kauert ein keckaussehender Infanterist. Er hat mit viel Mühe einen Nagel aus seiner Stiefelsohle gezogen. Täglich kratzt er gewissenhaft kleine Rillen in die Wagenwand. »He, Schreiber! Wie lange sind wir unterwegs?« »Heute 22 Tage«, meldet der Gefragte. »Dann ist es wohl Zeit, daß dein Bärtchen wächst, Milchgesicht« wendet sich der Frager an mich. Ich werde blaß. Geistesgegenwärtig aber sage ich: »Der Kattowitzer hatte auch noch keinen, du Idiot!« Der Mann lacht und schweigt. Mein Mann schaut mich kurz an. Sorge erkenne ich in seinem Blick. Nachts legen wir uns nebeneinander. »Ob es gutgeht?« flüsterte ich. »Halte durch! Spiel den Grünschnabel weiter«, murmelt er zurück. In einer Ecke übergibt sich einer. Fluchend fährt sein Nebenmann hoch. Die anderen rühren sich nicht.

Wieder einmal stehen wir auf freiem Feld. Oben, durch den schmalen Luftspalt scheint die untergehende Sonne. Ich sehe sie nicht. Unser Beobachtungsposten, ein Mann von nahezu zwei Metern Länge, berichtet es laut. Seit einigen Tagen späht er mit einem Auge durch ein Wagenloch und erforscht Gegend und Tageszeit. Plötzlich schreit er: »Mensch, da vorn werden welche ausgeladen!« Apathisch starren wir vor uns hin. Die Erkundigungen des Langen sind uns gleichgültig. Erneut schreit er los: »Ich glaube, wir müssen raus. Alle raus.« Er springt vom Eimerdeckel und brüllt: »Los! Steht doch auf. Die holen uns alle raus!« Wir rühren uns nicht. Der Kurze, so nennen wir den stämmigen Feldwebel, rappelt sich hoch. »Laß mich mal sehen!« Vorsichtig steigt er über Beine und Arme. Draußen Rufe, Befehle, Schüsse. Schwere Stiefel trampeln näher. Wagentüren rollen auf. Immer lauter dringt Geschrei zu uns herein. Wir sitzen stumm. Mit kreischendem Rasseln schiebt sich die Wagentür auf. Jäh dringt das Abendlicht in unsere Augen. »Dawai! Dawai!« brüllen junge Rotarmisten. An den Beinen zerren sie die Vordersten heraus. Zwei klettern in den Waggon und treiben uns mit Kolbenstößen ins Freie. Dort empfangen uns andere. Die drängen uns grob in Achterreihen. Steifbeinig staken wir herum. Der Rheinländer ist so schwach, daß ihn die Kameraden stützen müssen. Zum ersten Mal sehe ich jetzt den ganzen Zug in voller Länge. Siebzig oder achtzig Waggons schätze ich flüchtig. Ein Lindwurm, schier ohne Ende. Überall quellen Soldaten heraus. Ein Heer von Menschen. Erstaunlich, wie rasch das Aufstellen geht – unter drohenden und knüppelnden Gewehrläufen! Die Luft ist voll von russischen Flüchen. Auf kleinen, struppigen Pferden bewachen uns mehr als hundert Mann von Ferne. Ihre Karabiner hängen, mit dem Lauf nach unten, vor ihrer Brust. Sie sind nicht so jung wie unsere Zugbegleitung, denke ich und schiebe mich neben meinen Mann. »Die haben alle Knuten«, flüstert der mir zu. Sein Nebenmann zischt zurück: »Da steht uns ja noch einiges bevor!« Wie junge Wachhunde umkreisen uns sehr aufgeregt die jungen Rotarmisten. Mit den Gewehrläufen drücken sie uns zu Boden. Wir ducken uns. Warten. Denkmälern gleich stehen die Reiter. Wie ein Lauffeuer geht es durch die Reihen: »Die Toten werden ausgeladen!« Von vorn kommt ein russischer Offizier. Zigarette hängt im Mundwinkel, am Koppel eine kurzstielige Peitsche. Er scheint die aufgestellten Menschenblöcke zu zählen. Als er vorüber ist, deutet einLandser versteckt nach vorn: »Seht ihr den Haufen dort? Die werfen unsere Soldaten einfach übereinander.« »Ob sie sie anzünden?« flüstert ein anderer. Der lange Hamburger brummt böse zurück: »Ne, die kommen auf einen Ehrenfriedhof, du Schaf.« Keiner weiß, was dort geschieht. Wir sitzen da und starren in den Abendhimmel.

Es ist noch nicht ganz dunkel, als wir hochgetrieben werden. Nun geht es rasch voran. Gottlob ist es nicht sehr kalt. Die Ebene vor uns scheint meilenweit. Verschwimmt am Horizont. Wir sind hungrig, verbrennen vor Durst. Hüben und drüben begleiten uns schattenhaft die stillen Reiter. Rechts und links, am Ende jeden Blockes mit Maschinenpistolen behängte Soldaten. Wenn einer vor Müdigkeit oder Schwäche aus der Reihe taumelt, schießen sie sofort am Block entlang. Das ist nichts Neues für uns. Die Tschechen hielten auch so ihre Gefangenen zusammen. Wie lange wir laufen? Ich weiß es nicht. Keiner weiß es. Zwei, drei Mal hören wir vereinzelt Schüsse fallen. Schreie! Wir aber trotten weiter. Inzwischen ist es dunkel. Die Reiter rücken näher heran. Überall tauchen Rotarmisten auf. Geländewagen stehen in langer Schlange. Maschinengewehrstände sichern die Straße. Scheinwerfer überstrahlen uns. Huschen wie feurige Zungen über unsere Köpfe. HALT! SETZEN! Gebellte Befehle in hartem, gerolltem Russisch. Peitschen klatschen.

Flüche! Angstschreie! Wir stehen wie gelähmt. Neben uns ein Wachturm. Der Scheinwerfer setzt ihn immer wieder in helles Licht. Lange, lange müssen wir auf der Straße sitzen. Urplötzlich kommt Bewegung in unsere Bewacher. Sie spukken ihre Zigaretten auf den Boden. Jagen uns auf. Im Laufschritt geht es vorwärts. Stacheldrahtzaun neben mir. Ein schmaler Durchlaß. Ein Stoß, eine gebrüllte Zahl, ein Peitschenhieb über den Rücken. Ich renne weiter. Hinter mir drängen Kameraden. Vor mir fallen andere. Ich stolpere über sie. Tappe voran. Stürze! Bleibe liegen. Um mich herum dreht sich alles. Die Erde ist weich wie ein Bett. Ehe ich einschlafe, sehe ich noch das silberne Band der Milchstraße und einen kalten, fernen Mond. Dann legt die Nacht gütig ihr großes, schwarzes Tuch über mich.

Mir ist eiskalt, als ich erwache. Um mich herum Soldaten, Soldaten, Soldaten! Soweit ich sehen kann. Einfach hingestreckt auf dem freien Feld. Beine und Arme abgespreizt, so, als genössen sie im Schlaf noch die Weite des Raums, des Platzes, der uns, eingezwängt im Viehwagen, so lange gefehlt hat. Mit angezogenen Beinen, einer Kugel gleich, hocke ich zwischen ihnen. Einer der Stiefellosen aus unserem Waggon und der Feldwebel schnarchen neben mir. Mein Mann liegt keine zehn Schritte entfernt in einer Senke. Weit über dem Feld geht langsam die Sonne auf. Die ersten Strahlen wagen sich, dem Flimmern einer Goldkrone gleich, aus dem Morgennebel. Die Ersten recken sich. Sie schütteln die Kälte aus den Gliedern, beginnen herumzulaufen. Ich sehe mich um. Viele Wachtürme. Engmaschiger Stacheldraht. Dahinter, in armbreitem Abstand nur russische Soldaten. Eine lange Kette. Mein Mann tritt neben mich. Wir laufen langsam über das Feld. Steigen über Decken, Tournister, stöhnende Kranke, Verwundete, Schlafende. Ich habe noch nie so viele Menschen zusammen gesehen. Kein Haus, kein Strauch, kein Stall. Nicht, nichts! Ein riesiger Acker voller Menschen. Plötzlich Schüsse. Von den Wachtürmen herab überdröhnt aus großen Lautsprechern eine deutsche Stimme das Lager: »Alle Offiziere und Mannschaften! Herhören! Ich spreche im Auftrag des Lagerkommandanten. Sie können sich innerhalb des Lagers frei bewegen. Keiner aber darf sich dem Sicherheitszaun nähern. Die Wachen haben Befehl sofort zu schießen.« Stille. Wir sehen uns an. Lassen die uns hier einfach Tag und Nacht auf freiem Feld liegen? In schrecklichem Sächsisch näselt einer neben uns: »Na, das wird ja eine scheene Sache. Wenn's jetzt noch regnet, können sie uns gleich hier eingraben.« »Hier regnet es nicht, Bubi! Wir sind ja beinahe in der Wüste Gobi!« Ein anderer lästert kaltschnäuzig: »Wenn sie uns gut zu futtern geben, düngen wir ihnen hier billig den Acker!« Wir gehen weiter. Eine kleine Mulde hat es uns angetan. »Ein guter Platz für uns«, sagt mein Mann. Ein dicker, rotbäckiger Unteroffizier grinst uns an. Um ihn herum liegen acht Burschen mit häßlichen Stoppelbärten und zerrissenen Uniformen. »Los, machen wir weiter, grollt die Stimme des Unteroffiziers. Die Männer rappeln sich hoch. Mit Kochgeschirrteilen und mit bloßen Händen , buddeln sie in der Erde herum. »Was macht ihr denn da?« frage ich. Der rotbäckige Unteroffizier kommt heran. »Wir graben uns ein. Drei Tage sind wir schon hier. Baracken soll es nicht geben. Nur die Russen haben eine. Ganz weit da hinten. Also machen wir uns hier selbst ein Dach über dem Kopf!« Eine Weile sehen wir ihnen zu. »Machen wir mit? Bleiben wir hier?« Ich nicke. Der Rotbäckige lacht. »Dann also an die Arbeit! Ich heiße Emil und bin aus der Pfalz.« Er streckt uns die Hand hin. Wir schlagen ein. Unser stämmiger Feldwebel kommt vorbei. Hinter ihm trotten vier Stiefellose und zwei Fremde, die den Rheinländer mit sich schleppen. Nach ein paar Schritten bleiben sie stehen. Der »Kurze«, der Feldwebel, ruft herüber: »Was macht ihr da?« »Wir graben uns Schlaflöcher!« »Gute Idee! Wir machen mit!« Allmählich packt uns die Arbeitswut. Wir fühlen uns zwar so schwach, daß wir kaum stehen können, aber wir hocken auf den Knien, scharren, kratzen, verteilen die Erde, so, als gelte es unser Leben. Ab und zu kommt der Rotbäckige vorbei, lobt, spornt an, gibt Ratschläge. Wir kommen ins Schwitzen. Neben uns, vor uns, hinter uns, überall beginnen sie zu wühlen und zu graben. Zum ersten Mal gibt es kurze Gespräche. »Habt ihr gehört, 40000 Mann sollen mindestens hier herein. – Auffanglager! – Später werden wir alle verteilt. – Bei uns sprechen zwei russisch, die haben schon viel gehört. – Der dort drüben ist schon fünf Tage da. Der sagt, das Lager sei so groß, wie sechs Fußballfelder. – Alle drei Tage nur gibt es hier Wasser und Brot. – Nein, registriert wurde noch nicht. – Medikamente gibt es auch nicht. – Wenn sich Gruppen von mehr als zehn Mann bilden, schießen sie einfach ins Lager, von den Türmen aus. – Die wissen einfach nicht, wohin mit den vielen Gefangenen. – Vielleicht kommen wir alle nach Sibirien, oder sie lassen uns hier einsam verrecken. – Ein Gewirr von Parolen, Vermutungen, Ängsten und Hoffnungen. Keiner weiß, wo wir sind. Namen wie Volgograd, Salsko, Astraka? Elista schwirren durch das Lager. Immer wieder wird Stepnoi genannt. Aber wo liegt das? Keiner weiß es genau. Einen aber finden wir, der weiß, daß heute der 6. Juni ist. Wir sind glücklich. Von nun an gibt es wieder Zeit und damit ein Stückchen Zukunft.

Inzwischen haben sich die Stiefellosen auf den Weg gemacht. Die Suche nach Schuhzeug und Mänteln treibt sie durch das riesige Lager. Ein Berliner weist ihnen den Weg zu den Männern, die beim Ausladen unserer toten Kameraden mitgearbeitet haben. In kluger Vorahnung schon, hatten sie den Toten Mäntel und Stiefel bereits ausgezogen, ehe sie sie vor den Russen aufstapeln mußten. Auf diese Weise kamen viele ins Lager, die zwei Mäntel übereinander trugen. Einige hatten ein zweites Paar Stiefel an einer Schnur um den Hals hängen, verborgen unter einem übergeworfenen Uniformrock. Diesen findigen Burschen verdanken die Stiefellosen heute eine ganz große Freude. Immer wieder betrachten sie ihre Füße und zeigen uns voller Stolz die neuen »Knobelbecher«.

Jeden Morgen ertönt die unbekannte Stimme aus dem Lautsprecher. »Offiziere und Mannschaften! Herhören! Die Toten müssen täglich vor das Haupttor gelegt werden. Sofort nach dem Wecken.« Wir sehen uns an. »Wecken?« »Na klar, wenn sie früh in die Luft schießen, dann ist das Wecken!!« klärt uns einer auf. Täglich gibt es neue Anordnungen: Erdlöcher dürfen nicht tiefer als einen Meter gegraben werden – Das Erdloch hat oben offen zu bleiben. – Ansteckende Krankheiten sind sofort an Tor 5 zu melden. Eines Tages tönt der Lautsprecher auch noch am Mittag: »Offiziere und Mannschaften! Herhören! Männer der Waffen-SS und der Leibstandarte Adolf Hitler haben sich sofort und ohne Gepäck an Tor 2 einzufinden. Mit Erschießungen haben alle die zu rechnen, die diese Kameraden decken. Die Offiziere dieser Einheiten melden sich am Haupttor.« Wir kauern in unseren Erdlöchern. Einer sagt in die Stille: »Die armen Kerle! Die haben nicht mehr weit zu laufen.« Ein anderer fügt hinzu: »Die haben den Russen ja auch ganz schön zu schaffen gemacht. Das vergessen die nicht!« Als die Sonne sinkt, ruft der Rotbäckige: »Los! Fangen wir an mit dem Bau unserer Hauslatrine.« Erst als die Sonne am Horizont verschwindet, legen wir die Kochgeschirre beiseite und verkriechen uns.

Eine kurze Maschinengewehrgarbe reißt uns aus den Träumen. Überall recken sich Landser im Morgennebel. Einige hüpfen herum, andere schlagen, Windmühlenflügeln gleich mit den Armen, um die klammen Glieder wieder in Bewegung zu bekommen. »Heute müssen wir die Latrine fertig bekommen. Überall die Kothaufen! Wird nicht mehr lange dauern und wir haben die Ruhr und den Typhus hier«, schimpft der Rotbäckige. Dieser Satz hilft. Noch ehe es richtig warm ist, sind wir schon am Graben. Langsam geht es nur voran. Wir sind so matt, daß wir oft eine Pause einlegen müssen. Einige liegen ganz still da und schauen uns aus tiefliegenden Augen zu. Einer ist so schwach, daß er sich ständig übergeben muß.

Die Lautsprecherstimme läßt uns aufhorchen. »An allen Toren gibt es heute Wasser und Brot. Für zehn Mann ist ein Essensholer einzuteilen. Es gibt für zehn Mann vier Feldflaschen Wasser und drei Brote.« – Ein Schreien. Ein Jubeln. Wir zählen ab. Zwei Gruppen bilden wir. »Wer holt das Futter?« Mein Mann schickt zwei von den »Stiefellosen«. Der Kurze lacht. »Denen sollten wir die neuen Stiefel wieder ausziehen. Mit Plattfüßen laufen sie sicherer!« Zwei Kameraden hasten zu uns herüber: »Können wir hier mit essen??« »Dann sind wir aber 21 – aber los. Wenn wir verhungern, verhungern wir doch alle zusammen.« Wir kauern in unseren Löchern und warten. Hüben und drüben hocken bereits kauende Kameraden. Affengleich pressen sie mit beiden Händen die harten Brotstücke an die Zähne und nagen und nagen ... »Hoffentlich putzen unsere Leute die Kochgeschirre etwas sauber. War doch Erde drin«, meint einer. »Wenn die auch nur einen Tropfen Wasser aussaufen, erschlage ich sie«, jammert ein anderer. Dann, endlich entdecken wir die beiden. Ganz vorsichtig, Schritt für Schritt bedenkend, kommen sie heran. Randvoll die vier Feldflaschen. Trübes, braunes Wasser. Das Brot grau, knochenhart. Der Rotbäckige gießt das Wasser in ein Kochgeschirr und schöpft behutsam in einen Feldflaschendeckel. »Ich will erst sehen, was ihr trinkt«, sagt er. »Nicht die Menge«, fügt er hinzu, »sondern den Dreck!« Und er hat recht. Haare und Sand setzen sich ab, ein Stückchen Holz. Dann bekommen wir jeder einen halben Becher zugeteilt. Andächtige Stille. Das Schmutzwasser wird zum Labsal. Der Rest bleibt als Reserve. Drei Tage sind lang. Zwei Rasierklingen tauchen auf. Entsetzlich mühsam teilen wir das Brot. Kein Krümelchen soll verloren gehen. Jeder verkriecht sich in seinen Bau. Irgendwo beginnt ein Streit. Gebrüll – deutsche Befehle – Ruhe. »Gott sei Dank! Vor fünf

Tagen haben sie nach der Essenausgabe schon einmal ins Lager hereingeschossen«, wispert einer uns zu. »Vier Tote gab es und sechs Verwundete. Keinen haben wir wiedergesehen.«

Am Nachmittag teilen wir in Ruhe nochmals unsere Gruppe ein. Beim Essenfassen soll nun alles klar sein. Der Rotblonde und der Kurze bleiben mit ihren acht Kameraden zusammen. Mein Mann und der Rheinländer, der langsam wieder auf die Beine zu kommen scheint, übernehmen die vier Stiefellosen, die zwei Sachsen und die zwei neuen Österreicher. Mich, als den Jüngsten, nehmen sie nicht so wichtig. Der Kurze grinst und meint: »Den Säugling füttern wir noch so mit durch.« »Laß ihn nur in meiner Gruppe«, stimmt mein Mann sehr nebensächlich zu. »Der Rheinländer ißt ohnehin wenig. Den Teil kriegt der Kleine.«

Heute scheint ein Feiertag zu sein. »Sich verdrecken lassen is nich«, sagt einer und holt die Erde unter seinen Nägeln hervor. »Dann sind wir bald hin«, fügt er hinzu und läßt einen alten Nagel kreisen. Die Sachsen versuchen sich mit den beiden Rasierklingen die Stoppeln aus dem Gesicht zu schaben. Es wird nichts. Aus einem Nachbarloch ruft einer herüber: »Hier, ich borg euch ein Taschenmesser.« Voller Bewunderung schauen wir auf den Kameraden, der so ein kostbares Gerät durch alle Filzerei gerettet hat. Und dann beginnt der große Putz. Einige verkürzen sich damit den Bart. Die meisten aber lassen sich von einem der Stiefellosen die Haare schneiden. Die Angst vor Läusen ist so groß, daß sie auch stillhalten, wenn der andere zerrt und sägt, daß schon das Zuschauen eine Qual ist. Entsetzlich sehen wir aus.

Aber wen stört das schon?

Neben mir baut sich einer der Stiefellosen sein Schlafloch. Ein Bierfahrer aus Straubing. »Franz«, stellt er sich vor. Ich sage: »Erich, Schlesier.« Es hilft nichts. Er nennt mich von der ersten Minute ab »Milchgesicht» und die anderen übernehmen es. Franz scheint mich in sein bayerisches Herz geschlossen zu haben. Liebevoll baut er mit an meinem Erdloch und schafft aus dem Lehm sogar ein, von allen bewundertes Kopfkissen! Franz ist immer zur Stelle, wenn man ihn braucht. Er scheint, trotz aller Entbehrungen, vor Kraft zu strotzen. Die Kameraden nennen ihn »das Urviech«, – und ihm gefällt's.

Die Tage vergehen und immer mehr Neue kommen hinzu. Andere werden abtransportiert. Keiner fragt: woher – wohin. Jeder ist mit sich selbst beschäftigt. Es ist erstaunlich, was in letzter Zeit so alles im Lager auftaucht. Der Handel blüht! Gegen eine Nadel gibt es ein Stück Brot – gegen Streichhölzer sogar ein aus Blech geformtes Löffelchen. Socken, Koppel, Nagelfeilen, Bindfaden, Aspirintabletten. Das Angebot ist groß. Der Rotbäckige hat sogar für zwei Unterhosen einen schmutzigen Uniformmantel ergattert. Das Urviech ist immerfort auf Beutegang. Ihm verdanke ich eine Mütze und drei Kopfwehtabletten.

Die Essenholer sind arm dran. Am Tor prügelt man sich stets um die Plätze. Beim weiten Weg durch das Lager versucht man oft, ihnen das Brot zu stehlen. Einem hat man sogar die Feldflasche mit dem Schmutzwasser geklaut. Sie kommen immer erschöpft und aufgeregt an. Bei Brot und Wasser scheint die Kameradschaft ein Ende zu haben. Wir hören aber auch, daß Transporte ankommen, bei denen viele deutsche Soldaten dem Verhungern nahe sind. Ein blutjunger Leutnant erzählt, daß allein in seinem Waggon von 74 Mann achtundzwanzig tot ankamen!

Wir jedenfalls haben nun das Urviech ausgewählt, Wasser und Brot zu holen. Er entpuppt sich zum idealen Essenträger. Ungeahnte Fähigkeiten scheinen in ihm zu stecken. Oftmals kommt er sogar mit mehr Brot zurück, als uns zusteht. Fragen darüber beantwortet er nicht. Verlegen grinst er und brummt dann: »Freßt's, damit ihr durchkommt!«

Wir buddeln nun schon das dritte Latrinenloch aus. Diese Löcher sind unsere stillen Zeitnehmer. Alle vier Tage schütten wir Erde drauf. Nur so bleibt der Geruch erträglich. Anzengruber, einer der beiden Österreicher, ist mit mir gerade am Zuschütten. Ein Kranker wird herausgetragen. »Was fehlt ihm?« »Ruhr – Typhus –, wenn's kein Fleckfieber ist! Wer weiß das?« murmelt uns der eine Träger zu. Wir senken die Köpfe, arbeiten weiter.

»Herhören!« dröhnt es aus dem Lautsprecher. »Morgen wird das gesamte Feld in Parzellen aufgeteilt. Die Felder erhalten Nummern. Eine Parzelle ist stets 500 Mann stark.« Überall Unruhe. Wir rücken in dieser Nacht zusammen und besprechen die neue Lage. »Immer schön zusammenbleiben.« Das ist die wichtigste Anordnung. Wir schlafen schlecht und unruhig. Früh weckt uns der Lautsprecher: »Offiziere und Mannschaften! Herhören! Der vordere Teil des Lagers muß sofort geräumt werden.« Der Mann hat kaum ausgesprochen, als auch schon, in eifrigem Laufschritt, und mit sturmbereit gehaltenem Gewehr, eine breite Kette Rotarmisten hereintrabt. Wir rennen vor ihnen her – immer weiter in den Hintergrund des Feldes. Einige stolpern in Erdlöcher. Andere sind zu schwach zum Laufen. Wir zerren sie mit. Überall Flüche und Schreie. Ein paar Schüsse. Kolbenhiebe. Als die Russen stehenbleiben, fallen wir erschöpft zu Boden

Emsig rollen schmaläugige, junge Soldaten riesige Stacheldrahträder hin und her. Andere schwingen schwere Hämmer und setzen Holzpfosten. Gefangene schleppen die Pfähle in langer Kette heran. Die Bautrupps arbeiten schnell und sicher. Sie sind unnahbar und grob, wenn ihnen ein Gefangener zu nahe kommt. Am Abend sind drei Karrees fertig. Wir aber schlafen eng, zusammengedrückt auf freiem Feld. Sehr zeitig beginnen sie am nächsten Tag schon mit der Arbeit. Wir hocken da und schauen zu. Heute sind wir den dritten Tag ohne Wasser und Brot. Am Abend, als wieder einige Kleinfelder eingezäunt sind, müssen wir in langer Reihe antreten. Dann geht es im Laufschritt bis vor die Karrees. Ein Spalier der Russen bildet eine schmale Gasse. Am Eingang eines jeden Quadrates stehen zwei Offiziere und zählen. Mit einem Stoß treiben sie uns in die Durchlässe. Wir rennen dicht an dicht. Es gibt Gedränge. Einige stürzen übereinander. Die Offiziere werden wütend. Ihre langriemigen Peitschen, die sie im Stiefelschaft stecken haben, bekommen Arbeit. Vor mir trifft ein Schlag einen der Sachsen. Ich will ausweichen. Ein Riemen reißt mir die Stirn auf. Ich stolpere vorwärts. Laufe noch ein Stück. Falle – und bleibe kraftlos liegen. Als ich mich etwas erholt habe, richte ich mich auf und sehe mich um. Neben mir hockt das Urviech. Er hält den Kopf des jungen Sachsen. Der blutet aus einer tiefen Kinnwunde. Tränen laufen ihm über das Gesicht. »Gib deine Kopfwehtabletten her«, befiehlt das Urviech. Er stopft dem Sachsen alle drei zugleich in den Mund. Ohne Wasser rutschen sie schwer. Der Arme schluckt und würgt. Aber der Franz ist unerbittlich. Meine Stirn sieht er sich auch an. »Sieht nicht schön aus. Hoffentlich trocknet es ein.« »Sind wir alle zusammen?« frage ich. Er zuckt mit den Schultern. Am Durchlaß schließen sie das kleine Tor. Das nächste Quadrat wird aufgefüllt. Nach zwei Wochen ist das ganze Feld aufgeteilt. Wir hören, daß sie vierundzwanzig Karrees geschaffen haben. Wir haben uns alle wiedergefunden. Zum zweitenmal beginnen wir mit dem Ausgraben von Erdlöchern. Platz haben wir genug. Außerdem lenkt uns die Arbeit ab. Meine Stirnwunde heilt nur langsam. Des Sachsen Kinn eitert noch immer. Durch die schmalen Kontrollgänge wieseln jetzt die Wachen kreuz und quer. Immer ein Mann hinter dem anderen. In Vierertrupps. Wir können kaum noch einen Schritt tun, ohne argwöhnisch von irgend einer Seite beobachtet zu werden. Unser Latrinenbau erregt besonders ihre Aufmerksamkeit. Zwei Russen kommen herein, um zu betrachten, was wir da auskratzen. Sehr drastisch erklärt ihnen das der Rotblonde. Kopfschüttelnd und lachend ziehen sie davon.

Von nun an sehen wir auch jeden Tag den Kommandanten.

Morgens schreitet er gemächlichen Schrittes die engen Wege entlang. Hinter der randlosen Brille äugen stechend blaue Augen. Er ist groß, sehr kräftig, dunkelblond. Auf der erdbraunen Uniformjacke trägt er drei rot-gold glänzende Orden. Die große, flache Mütze sitzt völlig gerade auf seinem Kopf. Nichts Eigenes, nichts Persönliches zeichnet ihn aus. Der Prototyp eines russischen Offiziers. Sein Gesicht ist eine Maske. Kalt, regungslos. Wir scheinen für ihn nicht vorhanden. Hinter ihm trottet schwerfällig ein fetter, dunkelbrauner Langhaardackel. »Sicher ein Beutestück!« denke ich. Einer der acht verwegenen Burschen, die der Rotbäckige bei sich hat, guckt herüber und schimpft: »Dieses Mistvieh fresse ich noch einmal auf!« Die Tage vergehen. Jeden Morgen der Kommandant, davor die rote Wache, dahinter der Dackel. »Fleisch gehört einem Menschen in die Rippen«, predigt der Verwegene immer wieder und starrt dem Dackel nach. »Aber roh?« fragt der Sachse. »Klar! Fleisch ist Fleisch!« Beifällig nicken die anderen. Ich vergesse das Ganze bald.

Die Tage verstreichen. Ab und zu müssen dreißig oder vierzig Mann heraus, um beim Straßenbau oder in einer Traktorfabrik zu arbeiten. Für diese Leute gibt es am Abend immer eine warme Suppe. Wir beneiden die Kameraden sehr! Der Hunger macht matt und schlapp. Der Durst reizbar und zänkisch. Die Stimmung wird täglich schlechter. Wegen jeder Kleinigkeit gibt es Streit. Der Rotbäckige und mein Mann haben viel Arbeit. Sie schlichten und besänftigen an allen Ecken und Enden. Das Urviech verteilt ab und zu Sonnenblumenkerne. »Wer kaut, kann nicht toben«, meint er. Wir rätseln, woher er die Kerne hat – aber keiner fragt.

Ein sonniger Morgen. Warm. Die erste Wache läuft die Kontrollwege entlang. Wir bleiben in unseren Löchern und warten auf die Lautsprecherstimme. Heute bleibt sie stumm. Keiner wird zur Arbeit eingeteilt. Kein Wasser oder Brot angekündigt. Wir sitzen apathisch. Aus dem Haupttor tritt der Kommandant. Er beginnt seinen Kontrollgang. Seine

Wache sichert vor ihm den Weg, eifrig rechts und links spähend. Ich rolle mich in meine Grube. Von hier aus sehe ich die glänzend geputzen Stiefel und die gut gebügelte Hose des Russen. Er wippt ein wenig beim Gehen. Hinter ihm wackelt schnaubend und schnüffelnd der fette Hund. Ganz fein und weich höre ich es schnalzen. Das Tier schnuppert am Zaun herum. Plötzlich schnellt eine Hand hervor, aus einem Erdloch direkt am Stacheldraht. Sie reißt das dicke Vieh fort. Mir wird heiß und kalt. »Der wird doch nicht...« denke ich und liege bewegungslos. Unbeirrt läuft der Kommandant weiter. Nur eine kurze Zeit ist vergangen. Dann ein gezischter Ruf: »Hier Fleisch! Knochen sofort vergraben!« Nackt, ohne Fell fliegt ein Bein zu mir herüber. Ohne zu überlegen, beiße ich hinein. Mich schüttelt es – aber ich schlucke. Es schmeckt lauwarm, ist zäh und nur wenig blutig. Drei Stücke reißen meine Zähne heraus. Den Rest werfe ich meinem Mann zu. Der bringt keinen Bissen herunter. »Gib es mir«, drängt Anzengruber, der Österreicher. »Knochen vergraben«, rufe ich halblaut. Der aber hat den Knochen zum Abnagen schon seinem Landsmann, Josef, weitergegeben. Der Verwegene lacht breit herüber: »Gelernt ist gelernt! Bin eben Fachmann!« Der Kommandant ist nicht mehr im Lager. Alles ist ruhig. Wir liegen in den Gruben und suchen die letzten Krümel Brot zusammen, um den brennenden Hunger nicht so zu spüren. Die Sonne senkt sich dem Horizont zu.

Völlig unerwartet gehen die Haupttore auf. Aus allen Eingängen stürmen die Wachsoldaten herein. Sie besetzen die Wege. Stehen dicht. Die Karabiner, mit dem Lauf nach unten, haben sie halb unter die Schulter geklemmt. Einkurzer Pfiff. Sie reißen die kleinen Karreetore auf. Wir müssen aus den Löchern heraus. Mit erhobenen Händen treiben sie uns in einer Ecke zusammen. Decken, Mäntel, Jacken – alles fliegt heraus. Unsere Gruben zertreten sie achtlos. Einzeln zerren sie uns vor. Flinke Finger grapschen an Armen und Beinen herab. Ein Kolbenstoß! Der Nächste. Alles geht sehr schnell. Angst schnürt mir den Hals zu. Ich stehe starr vor dem Russen. Der guckt überhaupt nicht auf. Ich bin ihm wohl zu dürr. Da kann kaum etwas versteckt sein. Seine harten Hände greifen flüchtig in meine Uniformtaschen, streifen die Beine herunter, klatschen kräftig an die Stiefel. Ich sehe meinen Mann flüchtig an. Er ist schneeweiß. Seine Hände in der Luft zittern. Schon spüre ich den Kolbenstoß im Rücken und taumle vorwärts. Jeder, der untersucht ist, muß sich niederkauern. Die Hände im Nacken verschränkt. Der Verwegene blinzelt mir zu. Ich reagiere nicht. Die Russen im Nebenfeld haben drei Gefangene blutig geschlagen. Nun treiben sie die armen Männer zum Hauptturm. Es ist beinahe dunkel, als dic Rotarmisten das Feld verlassen. Wir sind heute so erschöpft, daß uns beim Einschlafen auch die grellen Lichter der Scheinwerfer nicht stören.

Am nächsten Morgen beginnen wir die zerstörten Erdlöcher zum drittenmal auszubuddeln. Der Rotbäckige schlendert heran: »Na, was sagt ihr zu unserem Metzger?« »Ruf den mal her«, antwortet mein Mann. Der Verwegene krabbelt aus seinem Loch. »Wo hast du Kopf und Fell von dem Vieh?« forscht mein Mann. »Kopf in der Latrine und Fell in den Stiefeln. Gibt schöne, warme Füße.« Der Metzger lacht breit. »Wenn du so eine Sache noch einmal machst, verdresche ich dich eigenhändig«, schimpft mein Mann. »Wer weiß, ob sie das Hundevieh überhaupt gesucht haben. Gesagt hat ja kein Mensch etwas«, brummelt der Verwegene zurück.

Allmählich hat es sich herumgesprochen, daß uns diese Razzia drei Tote und mehr als zwanzig Verletzte gekostet hat. Die Stimmung ist gedrückt. Wir sind den vierten Tag ohne Essen. Einige sind so geschwächt, daß sie nicht mehr stehen können. Ich bin in meinem Erdloch zusammengerollt. Nur kurze Zeit kann ich die Augen offenhalten. Immer wieder sinkt mein Kopf zur Seite und ich schlafe und schlafe! Zwölf Kranke liegen nebeneinander bei uns im Karree. Sie werden von zwei Sanitätern gepflegt. Die können nur mit

Trost und Zuspruch lindern, denn Medikamente gibt es nicht. Für 40000 Soldaten gibt es zwölf deutsche Lagerärzte, erzählt das Urviech. Die Russen verweigern Verbandsmittel, Jod, jede Art von Tabletten und sogar Seife. Eines Nachmittags tragen Rotarmisten große Nummernschilder ins Lager und schlagen sie an den kleinen Karreetoren an. Wir sind von nun an: Karree sieben. Inzwischen ist es August geworden. Wir sind dünn und ausgemergelt. Die ersten Ruhr- und Typhustoten sind lange vergessen. Die Russen fassen keinen Deutschen an. Die Angst, sich irgendwie anzustecken, ist riesengroß. Wir kleben vor Dreck. Läuse sitzen in Kragen und Kleidung. Ich habe völlig verfilzte Haare. Kein Wunder! Seit Monaten sind wir alle ungewaschen! Seit Wochen schon machen einige Kameraden Jagd auf Ratten und Mäuse. Sie verschlingen sie roh. Der Metzger hat sich zum Spezialisten für schnelles Abhäuten entwickelt. Jeder ist mit dem Problem Essen beschäftigt. Die große Lagerkameradschaft beginnt zu zerbrökkeln. Unsere Gruppe der einundzwanzig Mann aber hält fest zusammen. Mein Mann ist mir gegenüber sehr vorsichtig. Er zittert noch immer, daß mich eine Unbedachtsamkeit als Frau entlarven könnte. Stets hält er sich zurück, ist aber immer greifbar. Ob die Kameraden ahnen, daß der Kamerad »Erich« eine Frau ist, wagen wir gar nicht zu erforschen.

Gleichgültig nehmen wir es hin, daß die ersten Fleckfiebertoten begraben wurden, wie uns ein fremder Gefangener erzählt. Wir sind zu schwach, um uns gegen Schmutz oder Krankheit noch aufzulehnen.

Die unpersönliche Stimme im Lautsprecher gibt neue Befehle für den Arbeitseinsatz am nächsten Tag. »Karree sieben und dreizehn beginnen ab morgen ihren Einsatz beim Straßenbau. Karree neun und elf werden zur Traktorenfabrik gebracht.« Wir hören es nur verschwommen. Erst als es Nacht ist und die Scheinwerfer über unsere

Schlaflöcher huschen, wird uns richtig klar, daß wir für den nächsten Tag aufgerufen sind.

Als der Morgen graut, schleppt sich ein langer Zug zerlumpter Gefangener unsicheren Schrittes zum Haupttor. Ein paar Tritte befördern uns schnell auf die offenen alten Lastwagen. Sie transportieren uns weit ins Land hinein. Unsere Blicke schweifen leer und müde in eine endlose Steppe. Die Landstraße scheint ins Nichts zu führen. Als der Wagen stehenbleibt, jagen uns die Wachen mit Stößen und Geschrei herunter. Schaufeln, Spaten, Rechen, Siebe und schwere Hämmer werden neben Gummikörben, Wassereimern und kleinen, scharfkantigen Hämmerchen ausgegeben. In Gruppen zu je dreißig Mann, mit nur drei Rotarmisten als Bewachung, ziehen wir zur Arbeitsstelle. Zeitlupenhaft bewegen wir uns. Ich sehe drei Kameraden beim Steinetragen zusammenbrechen. Andere wanken mit Sandkörben wie schlafwandelnd über die Straße. Ein langer dürrer Mann fällt direkt vor mir in die Knie. Die Wache flucht. Tritt mit dem Stiefel ihm in die Seite. So hart und fest, daß der Arme aufschreit. Zwei Gefangene müssen ihn hochheben und auf den Lastwagen legen. Ich schaufle Sand in ein großes Sieb. Vier Mann halten es. Langsam und unsagbar müde schütteln sie es hin und her. Ab und zu gellt ein Fluch herüber. Das Klatschen einer Peitsche. Ein Aufschrei! Unsere drei Wachen stehen zusammen und rauchen. Sie haben wohl eingesehen, daß aus diesen verhungerten und erschöpften Menschen nicht mehr an Arbeitskraft herauszuholen ist. Keine Schläge, keine Tritte, keine Kolbenhiebe können uns mehr schrecken. Wir fühlen sie nicht mehr. Mittags liegen wir, in der kurzen Pause, wie tot ausgestreckt auf der Erde. Erst jetzt dürfen wir uns um die zusammengebrochenen Kameraden kümmern, die am Wegrand liegen. Kaum haben wir auch sie auf den Lastwagen gelegt, schon treiben uns die Wachen wieder an die Arbeit. Bei einbrechender Dunkelheit kommen wir im Lager an. Seit vielen Wochen gibt es nun die erste warme

Suppe für uns. Oder seit Monaten? Wie oft haben wir vom Essen geträumt? Heute aber sind wir zu schwach, um Freude zu empfinden. Wir stolpern mit dem vollen Eßgeschirr über das Feld und hocken erschöpft in unseren Erdlöchern. Schon beim Trinken der Suppe fallen uns die Augen zu.

Morgens, ehe wir ausmarschieren, schlürfe ich noch rasch den Rest der Suppe aus. Drei halbrohe Kartoffelstücke angle ich heraus. Die Kohlblätter, die in der salzigen, braunen Brühe schwimmen, sind holzig und grau. Für uns aber ist diese Suppe die schönste und beste, die wir je gegessen haben!

Täglich erhalten wir am Tor eine Handvoll Sonnenblumenkerne. Die Tagesration für die Außenarbeit. Jetzt ahnen wir auch, woher das Urviech diese Kostbarkeit hatte. Erbettelt, geklaut oder getauscht. Wir haben nie geforscht! Ganz langsam fühlen wir uns etwas kräftiger. Tag für Tag nimmt auch unsere Arbeitsleistung zu. Arme und Beine sind wohl wund. Die Hände aufgeschlagen und voller Blasen. Aber im Grunde sind wir zufrieden, denn diese Arbeit rettet uns in letzter Minute vor der Selbstaufgabe und dem Verhungern. Wir sprechen sogar schon von »unserer Straße«. Anzengruber hat sie »die Kohlallee« getauft, in Anspielung auf unser täglich gleichbleibendes Essen.

Seit ein paar Stunden sind wir an der Arbeit. Ich trage Steine. Ein fremder Kamerad schüttet meinen Gummikorb voll. Plötzlich Pfeifen! Schreie! Schüsse! Rotarmisten rennen heran. Mit den Karabinern im Anschlag jagen sie uns zu den Wagen. Von allen Seiten stürzen Gefangene herbei. Ich purzle auf die Wagenbohlen. Über mich fallen Kameraden. Arme, Beine, Stiefelsohlen! Stöhnen! Schimpfen! Der Wagen fährt an. Vorsichtig rappeln wir uns zurecht. »Was ist los?« Alle gucken verstohlen. Die Russen nesteln nervös an ihren Waffen. Wir fühlen Gefahr. Es ist beängstigend still. Jeder macht sich so klein wie möglich!...

Ohne Suppe, ohne Wasser, ohne Brot werden wir ins Lager getrieben. Vor allen Toren wüstes Gedränge. Von allen

Außenstellen sind die Gefangenen herbeigekarrt worden. Wir verkriechen uns in die Gruben. Unruhig. Neugierig. »Wißt ihr, was los ist?« Überall Schulterzucken. Ratlosigkeit. Bis in den Schlaf hinein spüren wir die Aufregung und das Angespanntsein der russischen Soldaten.

Grau hebt sich der Morgen aus dem Feld. Hell hämmert die deutsche Stimme aus dem Lautsprecher: »Offiziere und Mannschaften! Herhören! Gestern sind sechs Kriegsgefangene ausgebrochen. Die Offiziere und die Ordner des Karrees 16, in dem die Flüchtlinge ihren hinterhältigen Plan ausheckten, werden zur Rechenschaft gezogen. Da der Kommandant glaubt, daß nur starke, kräftige Männer das Bedürfnis haben auszubrechen, gibt es zur Strafe für das gesamte Lager vier Tage keinerlei Verpflegung. Die Außenarbeiten ruhen. Der Besitz von Spaten, Messern, Löffeln und jeder anderen Art von Werkzeugen ist restlos untersagt. Alle diese Gegenstände sind sofort an Tor drei niederzulegen. Nicht-Ablieferung solcher Gegenstände wird mit sofortigem Erschießen bestraft.«

Zum ersten Mal also ein Fluchtversuch. Aus dem Nachbarquadrat flüstert einer herüber: »Ich glaube, die wollen in die Türkei. Muß nicht weit sein. Sind in der Traktorenfabrik durchs Fenster.« Als die Wache näher kommt, rollt er sich fort. Wir reden nicht über den Fall, aber in allen ist die gleiche Frage: Ob sie durchkommen? und die stille Hoffnung: Gott gebe, daß sie es schaffen. Am Nachmittag kriecht es wie ein Lauffeuer durch das Lager: Sie werden gleich vier Offiziere und den Ordner erschießen. Es ist, als hielten alle im Lager den Atem an. – Als die Sonne wie ein roter Feuerball am Horizont steht, fallen in der Ferne Schüsse. Eine Totenruhe liegt über dem Lager. Alle haben sich in ihre Erdlöcher verkrochen. Wir wissen, daß in diesem Augenblick fünf Männer ihr Leben gegeben haben für sechs Verzweifelte, die dem Schicksal trotzen wollen. Das Dursten und Hungern stört uns in diesen Tagen nicht. Ein bißchen Vorrat an trockenem Brot hat jeder gehamstert. Eine verbissene Härte verbindet uns plötzlich. Wir fühlen uns stärker. Ein wenig trotziger Stolz kriecht in unsere Herzen und richtet uns auf.

Inzwischen wissen wir auch, daß immer nur eintausendfünfhundert Männer zu den Außenarbeiten gehen dürfen, weil an der Straße und in der Traktorenfabrik nicht genügend Arbeitsgeräte zur Verfügung stehen. Bei uns bringen alte, wacklige Bauernwagen den Sand und die Steine heran. Das Wasser, auf Pritschenkarren, in grünlichen Holzbottichen herbeigefahren, ist sauber und klar. Wir bestaunen es immer wieder.

Im Turnus von vier Tagen arbeiten wir. Das heißt:
vier Tage Sand einschaufeln
vier Tage Sand sieben
vier Tage Wasser tragen
vier Tage Steine klein schlagen
vier Tage Steine tragen
vier Tage Steine einstampfen
Eine Erholung beinahe ist immer das Wassertragen. Wir schöpfen aus den großen Bottichen und schleppen es dann bis zur Straße. Eine fleißige Menschenkette. Mittags, und manchmal auch am Abend, bleibt etwas Zeit, um sich rasch das Gesicht oder die Hände zu waschen. Einige wagen sogar einen Schluck. Das Steinetragen, in zwei Lederkiepen, ist für uns ausgemergelte Gefangene eine der schwersten Arbeiten. Ich bin nach vier Tagen so erschöpft, daß ich keine Stunde mehr durchgehalten hätte. Zum erstenmal spüre ich Lust aufzugeben. Zitternd vor Schwäche und Müdigkeit liege ich in meinem Erdloch. Morgen muß ich Steine einstampfen, geht es mir durch den Sinn. Sie werden alle merken, daß ich eine Frau bin. Ich werde umfallen. Sie werden mich schlagen. Vielleicht auch in ein anderes Lager bringen. Ich bebe vor Angst. Meine Müdigkeit aber ist so groß, daß ich trotz der Furcht einschlafe. Als mich eine Hand an der Schulter schüttelt, werde ich wach. Franz, das Urviech, schiebt sich

näher heran. »Sorg' dich nicht vor morgen. Es wird schon gutgehen, Milchgesicht. Ich hab' einen Plan. Halte also durch!« Er rutscht davon, ehe ich etwas sagen kann. Dann ist der gefürchtete Tag da. Acht schwere Rammen sind im Einsatz. Jede hat vier Griffhölzer an den Seiten. Vier Gefangene lösen sich daran nach rund hundert Schlägen ab. Ich hatte vor Tagen schon gehört,wie anstrengend diese Arbeit sei. Oftmals sagte ich im Scherz: »Da werde ich euch eine große Hilfe sein. Ich hebe das Ding allein.« Damals lachten alle. Mein Mann baute vor, um nicht aufzufallen und meinte: »Paß nur auf, daß du dir keinen Bruch hebst!« Nun ist es soweit. Ich stehe mit den beiden Sachsen und Franz am Rammklotz. Das Urviech beginnt zu zählen. »Eins– und! Zwei – und! Drei– und! Vier– und! Pause! Wieder beginnt Franz: »Eins–und!... Ich weiß nicht wie oft und wie lange er zählt. Plötzlich hält er inne. Dann schreit er mich an: »Mensch, streng' dich doch an.! Milchgesicht! Säugling! Weichling! So geht das nicht! Mit dir wird das nie was!« Die wachestehenden Russen werden aufmerksam. Franz fuchtelt mit den Armen. Schimpft laut weiter. Winkt die Posten heran. Die Sachsen stehen wie erstarrt. Mir ist schrecklich übel. Ein Russe kommt langsam näher. Franz greift ihn ohne Zögern am Arm und zieht ihn heran. Zieht ihn zu mir herüber. »Los! Beug' und streck'!« zischt er mich an. Franz lacht. Tut empört. Ungeniert nimmt er die Hand des Russen und legt sie auf meinen Oberarm. »Da ist doch nischt. Gar nischt! Wie sollen wir mit dem arbeiten?« Franz gestikuliert. Sprudelt wie wild auf die Wache ein. Langsam scheinen die Rotarmisten zu begreifen. Sie lachen, nicken. Franz zeigt sechzehn Finger und deutet auf mich. Wieder nicken sie. Der eine holt einen hakennasigen, älteren Gefangenen herbei. Mich stößt der andere mit dem Karabinerlauf vor sich her. Am Wasserwagen werfen sie mir zwei Eimer zu. Ich beginne sofort zu schöpfen und reihe mich bei den Trägern ein. Die Wachen stehen noch zusammen, lachen dröhnend, palavern.

Bis zum Abend arbeiten wir ohne Pause. Todmüde falle ich in meine Schlafgrube. Franz rüttelt mich wach. »Was hast du heute gemacht?« »Wasser getragen.« »Gut!« befindet er und schleicht davon.

Am nächsten Morgen, als wir an der Straße eingeteilt werden, deuten zwei Russen auf mich und lachen grölend. Ich werde rot. Habe Angst. Es geschieht aber nichts. Sie stoßen mich zum Wasserwagen, zwei Eimer rollen wieder vor meine Füße. Ich beginne mit der Arbeit...

Nach vier Tagen wechseln wir herüber zum Steinschlagen. Neue Wachen begleiten uns. Wir sitzen auf dem Boden. Mit einem kleinen Hammer schlägt jeder seine Basalt- und Granitsteine in kleine Stückchen und füllt sie in einen Korb. Eine andere Gruppe trägt die Steine zur Straße und kippt sie aus. Dieses Steinschlagen ist eine wahre Erholung. Arbeit im Sitzen. Wir genießen diese vier Tage. Ich ertrage gern und geduldig den Spott der Kameraden: Das Milchgesicht und sein Spielzeughämmerchen! – Sind die Steinchen auch nicht zu schwer für dich? – Wir arbeiten ohne Schutzbrillen. Es gibt viele Verletzungen. Aber das Sitzen entschädigt hunderfach. Seit Tagen bemerke ich, daß ein Rotarmist uns auffällig oft umschleicht. Immer steht er rauchend etwas abseits und schaut herüber. Sein Käppchen sitzt verwegen weit hinten auf dem runden, haarlosen Kopf. Klein, gedrungen ist er. Zwischen glatten, roten Backen steht keck seine Stupsnase in die Luft. Ich verfolge ihn, so gut ich kann, aus den Augenwinkeln. Eine innere Stimme warnt mich vor diesem Soldaten. Ich fürchte ihn und weiß nicht warum. Eines Abends, als zum Antreten gepfiffen wird, ergreife ich meinen Hammer und will aufstehen. Im gleichen Moment prasseln auf mich Peitschenschläge ein. So hart und wild, daß ich meinen Kopf mit den Armen zu schützen versuche. Blut tropft von meiner Stirn. Es läuft warm durch meine Finger hindurch, den Arm hinunter. Ich höre russische Flüche, sehe nichts, falle und verliere das Bewußtsein. Als sich Wasser über mich ergießt, fahre ich hoch. Ich liege auf den Brettern eines Lastwagens. Neben mir liegt mein Mann. Über meinen Beinen Franz, das Urviech. Unten steht ein Wachsoldat – die leeren Wassereimer in den Händen. Vorsichtig blicke ich mich um. Franz und mein Mann haben blutige Striemen im Gesicht. Beide liegen still und starren in den Himmel. Wir sind alle drei klitschnaß. Direkt zu meinen Füßen sitzt am Rand des Autos der junge Russe den ich schon lange fürchte. Er baumelt mit den Beinen und pfeift vor sich hin. Wie Rüben, achtlos hingeworfen, liegen noch drei Gefangene hinter uns. Vorsichtig lehne ich mich zurück. Ich stöhne ein wenig. Sofort dreht sich der Russe um, richtet sich auf. Breitbeinig stellt er sich über mich. Stumm blickt er eine Zeitlang auf mich herab. Mir ist eiskalt. Ganz wenig nur sehe ich ein Lächeln über sein Gesicht huschen. Er zieht eine mittelgroße Flasche aus seiner Manteltasche. Mit einer erstaunlich behutsamen Bewegung nimmt er meine Hand von der Stirn. Dann gießt er mir vorsichtig einen scharfen Fusel über die Wunde. Mir laufen die Tränen über die Wangen. Es ist, als würde mir ein glühendes Messer in die Stirn getoßen. Ich zittere. Plötzlich zieht mich der Russe am Hemd etwas hoch, drückt meinen Kopf zurück und preßt mir die Flasche an den Mund. Ich trinke. Schlucke! Pruste! Huste. Der Blick meines Mannes trifft mich. Er ist voller Angst und Entsetzen. Der Soldat zwängt mir einen zweiten Schluck in den Mund. Zum erstenmal höre ich ihn sprechen. Ein Wort nur: »Guttt!« Dann dreht er sich um, hockt sich am Wagenrand hin und pfeift leise. Sein Karabiner schlägt während der ganzen Fahrt an das Bodenbrett. Als wir im Lager abgeladen werden, sehe ich ihn still im Hintergrund stehen. Wir schleichen mit unserer Suppe in die Schlaflöcher und essen schweigend. Es ist schon dunkel, als die beiden Österreicher, Franz und mein Mann auf dem Bauch zu mir herüberrutschen. »Wie geht's?« »Was war eigentlich los?« Keiner weiß, warum der Rotarmist so unerwartet zuschlug. Keiner weiß, was ihn danach dazu trieb, all das Böse mit einem Schluck Alkohol wieder gutmachen zu wollen.

Erst einige Tage später erfahren wir, daß zwei Gefangene erschossen wurden, weil sie vom Straßenbau zwei Spaten mit ins Lager nehmen wollten. Ob der junge Wachsoldat glaubte, daß ich den Hammer stehlen wollte, als ich ihn bei Arbeitsende aufhob? Franz und mein Mann bekamen die Schläge nur mit, weil sie sich dazwischenschoben, als der Rotarmist auf mich einschlug. Ich habe nie erfahren können, was den Soldaten veranlaßte, mich zu schlagen, – aber ich habe ihn noch oft gesehen und seine Unberechenbarkeit weiterhin gefürchtet.

Ich bin zum Steinetragen eingeteilt. Mit den Händen schaufeln wir die kleinen, scharfkantigen Steine in die Gummikörbe. Der Weg bis zur Straße ist ungefähr siebzig Meter weit. Wir laufen im Gänsemarsch. Wenn es zu langsam geht, sorgt der Wachsoldat mit dem Gewehrkolben für mehr Tempo. Plötzlich aber werden wir angehalten und zur Seite gedrängt. Ein Trupp von zwölf Gefangenen wird vorbeigeführt. Sie scheinen müde und sehr erschöpft. Der Rotbäckige ist neben mir. Er stößt mich an. Sein Blick deutet auf den vorletzten Gefangenen. Ich erkenne ihn sofort. Es ist Ernst, der junge Oberschlesier aus Kattowitz. Der Junge, der aus dem Zug geholt wurde, weil er polnisch nach Wasser rief. Unsere Blicke treffen sich. Einen Wimpernschlag nur. Ein flüchtiges Erkennen. Die Gruppe verschwindet in der Ferne. Wir aber wissen jetzt: er wurde nicht getötet. Er kam, wie wir, im Lager an. Niemals jedoch haben wir ihn wiedergesehen.

Unsere Uniformen sehen schrecklich aus. Überall Löcher und Risse. Um die Unterwäsche ist es noch viel schlimmer bestellt. Keiner hat sie seit Monaten gewechselt! Keiner hat sie je gewaschen. Nur die Stiefel halten noch. Wir stecken mit nackten Füßen darin. Die Socken haben längst ausgedient. Wenn man am Tage über das Lager blickt, meint man, einen verwüsteten Kartoffelacker vor sich zu haben. Hügelchen neben Hügelchen. Sonst alles leer und weit. Das Leben, wenn man es so nennen kann, spielt sich in der Erde ab. Kleine Gräben verbinden unsere Schlafstellen. Gottlob hat es erst drei- oder viermal leicht geregnet. Diese Nächte aber waren schon schlimm genug. Pitschnaß saßen wir im Freien, auf der Aufschüttung. In den Kuhlen stand das Wasser noch am Morgen.

Nun beginnen sie die ersten Holzbaracken und drei Großlatrinen für je zehn Mann aufzubauen. Die Kameraden, die daran arbeiten müssen, handeln im Lager eifrig mit Schrauben, Nägeln, Schnur und allem, dessen sie habhaft werden können. Es ist erstaunlich, was alles gebraucht wird. Da unsere Gefangenen wissen, daß ihre »ertragreiche Zeit« nicht sehr lange dauern wird, langen sie kräftig zu. Wir hören, daß nur 1400 Mann in diesen Holzhütten untergebracht werden sollen. Ich nehme an, daß die Russen vor dem Winter den wenigen Gefangenen, die sie hierbehalten, ein Dach über dem Kopf geben wollen. In diesen Erdlöchern würde wohl keiner den Frost überleben. Die Furcht der Russen vor Typhus, Ruhr und Fleckfieber ist nahezu hysterisch. Wir wundern uns daher gar nicht, daß die Latrinen schon nach wenigen Tagen in Gebrauch genommen werden. Sie sind nach vorne offen und können von den Wachen eingesehen werden.

Ein neuer Lagerkommandant erscheint. Hart, bitter, hinterhältig. Er zieht den linken Fuß etwas nach. Eine Kriegsverletzung. Wir fürchten ihn hundertmal mehr als den alten. Außerdem versteht er ein wenig deutsch. Gefährlich für uns. Fünf neue Offiziere gehen ihm zur Hand. Die Wachmannschaften werden verstärkt. Soldaten sind genügend frei geworden. Wir spüren plötzlich, daß auch für die Russen der Krieg beendet ist. Nun haben sie Zeit, sich mit dem zu beschäftigen, was sie erobert haben. Zuerst einmal muß das Millionenheer von Gefangenen geordnet werden. Im Mai verschob man im ersten Siegestaumel ganze Armeen, die einem in die Hände gefallen waren. Mit stolzgeschwellter Brust meldete Moskau, daß Tausende und Abertausende von deutschen Kriegsgefangenen in russischen Lagern untergebracht seien. Sie waren nicht untergebracht! Man hatte sie nur verschluckt-verschlungen und sich den Riesenbissen zum Kauen bereitgelegt. Erst jetzt beginnt »das große Fressen«! Jetzt kann man beginnen, den Sieg wahrhaft zu genießen. Die gewaltigen ersten Auffanglager werden aufgelöst. Man beginnt zu sichten! Dort, wo der Feind die größten Wunden geschlagen hat, dort beginnt auch der härteste Arbeitseinsatz. Wir spüren im Lager überall die Wandlung – und wir fürchten sie!...

Täglich transportieren offene Lastwagen Kameraden ab. Schnell und unter viel Gebrüll stößt man sie auf die Autos. Eng aneinandergepreßt – hoffnungslos – verloren stehen sie. Rotarmisten werfen engmaschige Nertze über die wehrlose Beute. Tausende werden zu Fuß auf den Weg geschickt. Der Kommandant überwacht die Aufstellung selbst. Seine Tritte und Schläge sind gefürchtet!

Das Lager lichtet sich. Einige Karrees sind bereits völlig leer. Die neuen Russen haben sich »Burschen« herausgesucht und lassen sich von ihnen verwöhnen. Von diesen Burschen und den Essensholern erfahren wir die meisten Neuigkeiten. Sie halten Augen und Ohren offen. Parolen überschlagen sich. Für uns aber gibt es noch keine Änderung. Die Straße wartet jeden Morgen. –

Der Rheinländer ist wieder krank. Er liegt neben einem der »Stiefellosen«, den es auch erwischt hat. Beide können vor Schwäche kaum stehen. Als sie morgens beim Abzählen fehlen, fordert der Wachhabende am Tor, daß wir die Kranken sofort heraustragen und sie am Turm niederlegen. Zwei deutsche Ärzte, die zum Krankendienst eingeteilt sind, würden sie betreuen. Am Abend, als wir zurückgebracht werden, liegen sie immer noch an der gleichen Stelle. Ein Arzt ist nicht erschienen. Wir tragen sie wieder in ihre Erdlöcher.

Beide fiebern stark. Jacken, Decken und einen verdreckten Mantel schaffen wir herbei. Sie sollen es in der Nacht gut warm haben. Drei Tage liegen die Armen von früh bis abends am Turm. Erst am vierten Tag erhalten sie von einem älteren Arzt Tabletten. Jeder sechs Stück. Mehr kann er nicht für sie tun. Der Medikamentenvorrat, den unsere Feldärzte und Sanitäter mit ins Lager brachten, ist nahezu aufgebraucht. Von den Russen ist noch immer nichts zu erwarten. Der Arzt, ein Mainzer, erzählte dem Rheinländer, daß der neue Kommandant sogar erklärt hätte: »Deutsche Medizin serr gutt fir russisches Soldat.« Dann nahm er zwei Hände voller Schmerztabletten mit in sein Dienstzimmer. So ist es beinahe ein Wunder, daß unsere beiden Kranken dennoch durchkommen. Nach weiteren fünf Tagen stehen sie, wacklig zwar, aber gesund, neben uns bei der Außenarbeit.

Unsere Straße wächst. »Eine gute Schotterstraße ist hier immer noch besser, als gar keine«, meint mein Mann. Auf dem ersten, steinigen Teilstück fahren vereinzelt bereits Pferdewagen und klapprige Autos. Kalmücken, auf kleinen, flinken Pferdchen, reiten hin und wieder am Straßenrand entlang. Es sieht so aus, als getrauten sie sich nicht, die neue, hartgestampfte Oberfläche zu betreten. Wahrscheinlich, so denke ich mir, schädigt der harte Steppenboden die empfindlichen Hufe ihrer Tiere doch weniger, als die neue, feinsteinige Straßendecke. Es ist, als verwandeln wir dieses dünne, sandbraune Wegeband, das aus dem Nichts der Wüste zu kommen scheint, in eine steingraue Kette, die die Weite der Steppe mit der modernen Welt verbindet.

Wie schwere Tropfen fallen die Tage auf uns nieder. Mein Mann ist von einer häßlichen Nierensache einigermaßen genesen. Das Fieber ist fort. Die ewige Müdigkeit verschwunden. Der Druck im Rücken quält ihn kaum noch. Die Karrees eins bis fünf sind inzwischen leer. Netzverpackt werden noch immer Gefangene abtransportiert. Wir fragen nicht und denken nicht. Ein warmes Erdloch, ein bißchen

Essen und keine Schläge, das ist unsere Zufriedenheit. Wir leben nur für uns selbst. Der Augenblick ist wichtig. Schon das Morgen scheint unsagbar fern. Heute denke ich an die Kameraden, die man damals fortbrachte. Kamen sie irgendwo an? Wurden sie erschlagen? Erschossen? Verhungerten sie? Damals hatten wir kein Herz, keinen Raum für das Mit/'leiden! Verkrustet waren unsere Seelen. So verkrustet, wie der Schmutz, der an unseren Uniformen hing. Wir vegetieren dahin und kennen nur die eine Freude: noch am Leben zu sein!

Und dann kommt der Tag, der alles ändert.

Die Nacht war kühl. Als wir früh aus unseren Löchern kriechen, bläst uns ein feiner Wind entgegen. Wird es Herbst? Wie mag hier der Winter sein? Werden wir bis dahin in den Baracken sein? Wir binden unsere Fußlappen neu, rutschen in die Stiefel. Über zerfetzten Hemden zerrissene Jacken. Verschlissene Mäntel. Stoppelbärtige Männergesichter. Schmalschultrige, blutjunge Burschen, Kinder beinahe noch, zittern unter verklebten Decken. Bleiche, hohlwangige Kranke wanken vorbei. Überall der gleiche, kurze, fransiggestufte Haarschnitt. Hausmacherarbeit! Diese trostlose, graue Menschenmasse macht sich für einen neuen Arbeitstag bereit.

Auf einmal die kalte, unbekannte Lautsprecherstimme. »Die Karrees sechs, sieben, vierzehn und einundzwanzig machen sich sofort zum Abmarsch bereit! Aufstellen am Tor drei!« Kein Wort mehr. Einen Atemzug lang scheint die Lagerwelt stillezustehen. »Jetzt also sind wir dran«, streift eine Stimme mein Ohr. Mechanisch beginne ich meine Uniformjacke zuzuknöpfen. Sie scheint plötzlich hundert Knöpfe zu haben. Meine Hände zittern. Der Brotbeutel! Ich schüttle ihn aus. Wie eine Marionette arbeite ich. Drei alte Lappen, irgendwo gefunden – ein Löffel, aus Blech gebogen – ein Bündel Schnur, eingetauscht gegen einige harte Kanten Brot – und einen langen Nagel – all das schiebe ich hinein. Die

Feldflasche, noch halbvoll, stecke ich zu dem Rest Sonnenblumenkörner in meine Tasche. Neben mir, wortlos, stehen Anzengruber und Josef. Die Sachsen sind auch schon bereit. Ziellos läuft der Kurze hin und her. Zu verpacken hat er nichts. Mein Mann trägt seinen Mantel fest zusammengeschnürt mit einer schmutzig-grauen Kordel. Unser Kochgeschirr klappert an seiner Hüfte.

Am Tor ist ein großes Aufgebot Rotarmisten damit beschäftigt, die Gefangenen in Zehnerreihen aufzustellen. Wie üblich ordnet der Kommandant mit der Nagaika. Flüche. Klatschende Schläge. In wenigen Minuten ist unser Zug abmarschbereit.

Eine träge, graue Schlange quält sich die Straße entlang. Die Füße schleifen auf dem Boden. Dicht and dicht decken uns an den Außenseiten die Wachen. Mittags eine kurze Rast. Mitten auf der Straße müssen wir uns niedersetzen. Keiner darf aus der Reihe treten. Nach wenigen Minuten schon heißt es: Weiter! Weiter! Todmüde torkeln wir in die Dunkelheit hinein. Auf freiem Feld deckt uns der Himmel mit tausend Sternen für eine kurze Nacht zu. Oft fahre ich aus dem leichten Schlaf hoch. Schüsse. Schreie. Stille! Neblig weiß ist das Land, als wir aufgejagt werden. Weiter! Weiter! Ich stolpere über einen Toten. Er bleibt einsam auf dem Feld zurück! Unsere Schritte werden immer kürzer. Die Stiefel sind schwer wie Blei. Wir vergessen die Zeit. Müssen wir ewig laufen? Tage münden in Nächte. Die Nächte sind gütig. Sie decken mit ihren Träumen das tausendfache Elend zu. Eines Nachts schiebt sich das Urviech an mich heran. »Steh' nie nachts auf! Mach' dir in die Hosen, aber steh' nicht auf!« flüstert er und robbt davon. Am Morgen gebe ich leise die Warnung an die Kameraden weiter. Es ist der Morgen, an dem unser Rheinländer erschossen wird. Er ist völlig am Ende. Die Beine knicken ihm immer wieder unter dem Körper weg. Er taumelt nur noch vorwärts. Abwechselnd stützen wir ihn. Mein Mann und Anzengruber hängen sich seine Arme über die Schultern und schleifen ihn mit. Es ist, als liefe er im Halbschlaf. Urplötzlich baut sich ein junger Rotarmist vor uns auf. Er schlägt dem Rheinländer den Kolben seines Gewehrs vor die Brust. Er sprudelt Tiraden hervor, die wir nicht verstehen. Der Rheinländer schaut auf. Sein Blick scheint durch den Russen hindurchzugehen. Der aber brüllt weiter. Er reißt unseren Kameraden am Hemd zu sich und stößt ihn dann vor sich her. Drei, vier Schritte nur tut der Rheinländer. Dann bricht er in die Knie. Ein Tritt in den Rücken reißt ihn noch einmal hoch. Er wankt weiter. Schlägt lang hin. Ein höhnisches, rauhes Fluchen. Zwei Schüsse. Dawai! Dawai! Wir steigen vorsichtig über den leblosen Körper unseres Freundes, unseres Kameraden. Die Straße verschluckt ihn und uns! Jede Nacht bringt neue Tote. Es wird wahr, was das Urviech sagte. Wer sich im Dunkeln aufrichtet, wird erschossen. Wir sehen die Toten der Nacht nicht. Die Toten des Tages aber säumen den Wegrand. Sie bleiben zurück, wie Meilensteine auf der Straße ins Ungewisse. Der Tod schreckt uns nicht mehr. Er läuft mit uns, neben uns. Er streckt seine dürrknochigen Hände nach uns aus. Mit dem letzten Funken menschlicher Kraft wehren wir uns dagegen, uns für immer niederzulegen. Wir sehen die Straße nicht mehr. Wir sehen das Land nicht mehr. Wir halten uns an den Händen, krallen uns am Vordermann fest und laufen und laufen!... Irgendwo auf freiem Feld ist ein Zug. Sie prügeln uns hinein. Es riecht nach Pferden. Feuchtes Stroh. Amoniakdampf. Dunkelheit. Wir liegen übereinander, untereinander. Ein formloser Menschenberg. Von weit her der Pfiff einer Lokomotive. »Merkwürdig«, denke ich, »eine russische Lok pfeift genau so wie eine deutsche.« Dann gleite ich in einen barmherzigen Schlaf.

Als wir ausgeladen werden, ist es wieder Nacht. Sind Stunden vergangen? Ein Tag? Gleichgültig! Wir stolpern eine lehmige Straße entlang. Ein Brettertor. Dahinter ein weiter, freier Platz. Wieder Scheinwerfer, die über unsere Köpfe streichen. Glotzäugige Lampen werfen ihr grelles Licht dazu. Befehle gellen von allen Seiten. Wir stehen stumm und wie im Schlaf – und warten. Ich fühle, wie ich schwanke. Im Stehen fallen mir die Augen zu. Russen umschwirren uns wie Bienen. Spitz, wie ein Zeigefinger bohrt sich der Lauf eines Karabiners in meine Seite. Dawai! Lauf! Lauf! Es geht einen breiten Weg hinunter. Am Ende zwei flache, langgezogene Holzbaracken. Ich sehe sie nur verschwommen. Am Eingang steht ein Russe. Wir torkeln an ihm vorbei. Laut zählt er: Ras, dwa... Ich höre nichts mehr. Wir stehen im Dunkeln. Die Tür fällt zu. Wir tasten uns vorwärts. Stoßen an Tische. Fühlen glatte Holzpritschen. Jeder wirft sich irgendwohin. Schlafen! Schlafen. Morgen werden wir weitersehen...

Das Lager ist, im Vergleich zum Auffanglager, klein. Zwölf Baracken zählen wir. Siebzig Mann in einer. Alles sehr stark bewacht. Früh,barackenweises Antreten auf dem Hauptplatz. Ein deutscher Hauptmann erscheint. Er verliest die Lagerordnung. Keiner hört zu. Warum auch? Wir dürfen nichts. Gar nichts. Wozu dann noch viele Worte machen? Der Hauptmann schnurrt seine Zeilen herunter. Ich sehe ihn an und denke: »Ein unangenehm glatter Mensch.« Alles an ihm ist blendend in Ordnung. Die Uniform gebügelt. Die Stiefel glänzen prachtvoll. Der Scheitel in seinem dunklen Haar sieht aus wie mit einem Lineal gezogen. Ein deutscher Bilderbuch-Offizier. »Wo hab'n se den bloß her?« murmelt der Sachse. »Lackaffe«, schnaubt einer hinter mir. Wir müssen sofort zurück in die Baracke. Ein dünner, wieselflinker Unteroffizier dienert sich hervor. Barackenführer. Alter Lagerbestand. Endlich ist es Zeit, sich etwas umzusehen. Mein Mann ist nicht in dieser Stube. Es fehlen auch die beiden Österreicher, Anzengruberr und Josef. Das Urviech, der Kurze und die beiden Sachsen sind bei mir. Es beginnt ein Feilschen um die Pritschen. Franz aber hat für uns schon alles durchorganisiert. Die beiden Sachsen liegen zusammen. Über Franz schläft der Kurze. Über mir ist noch eine Pritsche frei. Wütend kämpfen die Vier nun noch um die drei freienSchlafstellen. Ein gewaltiger Krach entwickelt sich. Franz verschwindet... Wenige Minuten später steht mein Mann mit den Österreichern im Raum. Sie schwingen sich auf die freien Pritschen. Franz grinst. »Wie hast du das gemacht?« frage ich. »Mit Brot«, lacht er. Später erfahre ich, daß er drei Berliner – mit einem halben Brot lockend – zum Tausch in eine andere Baracke überredet hat. »Jetzt ist die alte Gruppe wieder zusammen«, strahlt er. »Wenn jetzt noch der Rheinländer zur Tür hereinkäme, wäre alles wie gehabt«, fügt mein Mann hinzu. Wir schweigen. Diese Stille gehört dem Rheinländer. Er ist unvergessen.

Der Barackenführer, unser Hundemetzger tauft ihn »Klein-Adolf«, ist ständig unterwegs. Er holt Befehle herbei, verliest sie, überwacht sie. Er ist immer unter Spannung, übereifrig. Sein Stellvertreter wird ein riesig langer Hannoveraner. Schweigsam, zuverlässig und hilfsbereit. Der ist auch später bei der Arbeit unser Einteiler. Holz muß geschlagen, geschält und geschnitten werden. Franz befindet sofort, daß das Schälen der Stämme für mich die leichteste Arbeit sei. Ich widerspreche nicht, denn ich kenne inzwischen seine ehrliche Fürsorge.

Schon am nächsten Morgen marschieren wir hinaus. Abends gibt es nach dem ersten Tag der Waldarbeit auch hier, wie im ersten Lager, eine ekelhaft schmeckende Krautsuppe. Die Tage verstreichen. Bald schon gehe ich sehr geschickt mit dem langstieligen Haumesser um. Ich balanciere sicher auf den Stämmen und das gebogene Schälmesser liegt mir gut in der Hand. Auch an der Handsäge habe ich mich inzwischen eingearbeitet. Endlich spottet keiner mehr über das »Milchgesicht«. Allmählich aber beginnt uns die Kälte zu schaffen zu machen. Nach einer Stunde Arbeit oft lassen sich die klammen Finger kaum noch geradebiegen. Geschickt wikkeln wir uns alte Lappen um die Hände. Die Ohren schützen wir mit Tuchfetzen, die breitbahnig um den Kopf gewickelt werden. Wie alte Marktweiber sehen wir aus. Aber wen stört das schon? Die Nächte sind schlimm. Immer wieder macht uns die Kälte wach. Dann stampfen wir einige Zeit armschwingend durch den Raum und versuchen es danach mit dem Schlafen erneut. Es ist erst Oktober. Ich wage nicht an den Winter zu denken.

Unsere Bewacher bei der Waldarbeit teilen wir inzwischen in zwei Gruppen: Die Alten und die Grünen. Die Grünen, das sind die jungen, kindergesichtigen, kahlgeschorenen Rotarmisten. Sie sind hart, gnadenlos, roh. Die Uniform und der Karabiner geben ihnen die Kraft von Männern. Sie genießen ihre Macht und wollen sie auch zeigen. Die Alten, das sind die erfahrenen Frontsoldaten, mit verwegenen Gesichtern. Faltenzerfurcht. Sie sind ruhig, umsichtig, manchmal sogar menschlich. Wir haben einen Alten, der hin und wieder, versehentlich, eine halbe Zigarette fallen läßt, wenn er bei den Gefangenen vorbeikommt, die mit schweren Äxten knorrige Bäume fällen. Ein anderer läßt, wenn keiner seiner Kameraden nahe ist, schon mal rasch eine Arbeitspause einlegen.

Eines Tages haben Josef und ich einen gewaltig dicken Stamm zu schälen. Breitbeinig stehe ich oben und stütze mich auf den Stiel meines Schälmessers. In der linken Hand halte ich einen Kanten Brot. Im Moment, als ich hineinbeiße, trifft mich ein so harter Stoß im Rücken, daß ich das Gleichgewicht verliere und herunterfalle. Fest schlage ich auf dem Waldboden auf. Sofort ist ein Rotarmist über mir. Er reißt meinen Kopf an den Haaren zurück und stößt ihn unter lautem Geschrei zwei-drei Mal auf die Erde. Mir schießt das Blut aus der Nase. Der Russe tritt noch einmal mit dem Stiefel zu. Dann dreht er sich ab und geht fort. Langsam schiebe ich mich hoch. Spucke Waldboden aus. Putze mein Gesicht mit dem Ärmel ab. Josef steht blaß und regungslos. Er handelt nach dem eisernen Gefangenengesetz: Wenn du überleben willst, so mische dich nie ein! Ich klettere wieder auf den Stamm.

Meine linke Wade schmerzt. Dahin traf der Tritt des Russen. Leise flüstert mir Josef zu: »Mensch, ich hab' gedacht, der wirft dich ins Schälmesser. War der aber wütend! Bist aber auch verrückt. Wie kannst du auch mitten in der Arbeit das Brot kauen!« Ich nicke. Meine Lippe ist aufgeplatzt. Aus der Nase tropft noch immer Blut. In langen Streifen fälllt die Rinde. Aus den Augenwinkeln schiele ich nach der Wache. Einer der Alten schlendert mit baumelndem Gewehr langsam heran. Am Stamm bückt er sich, hebt mein Brotstück auf. Mit seinen langen Fingernägeln putzt er es säuberlich ab. Dann reibt er es noch an seiner Uniformjacke ab. Rasch hält er es mir herauf: »Towarisch!« – ein halblauter Ruf, ein verlegenes, flüchtiges Lächeln. Ich nehme es und sage automatisch, ganz wie daheim: Danke! Er geht, ohne sich umzublicken, weiter. Josef schaut mich fassungslos an. Unberechenbares Rußland, denke ich. Wir arbeiten verbissen weiter. Ein ganz klein wenig Menschlichkeit hat uns angerührt – ist vorbeigehuscht. Aber diese Minute der Güte war so ergreifend, daß sie bis heute in mir unvergessen ist.

Den Lagerkommandanten bekommen wir hier selten zu Gesicht. Sein Sprachrohr ist der glatte, deutsche Hauptmann. Der trägt auch noch Achselstücke und das EK I, denke ich. Ein fremder Soldat stößt mich an: Der ist vom »Nationalkomitee Freies Deutschland«. Ich verstehe nichts. Frage auch nicht. Erst viel später erfahre ich, daß dieser Offizier Lette ist, perfekt russisch spricht und bereits im ersten Kriegsjahr in Gefangenschaft kam. Er setzt sich, so erforscht das Urviech, besonders für gefangene Antifaschisten und Kommunisten ein. Er sorgt dafür, daß sie eine bessere Behandlung erfahren oder zu Sonderarbeiten herangezogen werden. Ob Klein-Adolf auch zu dem Kreis der Begünstigten gehört, erfahren wir nie. Aber mit dem Instinkt der Unterprivilegierten benutzen wir seine guten Verbindungen zum Hauptmann, um immer wieder neue Bitten vorzubringen: Einen kleinen Ofen, Licht in jeder Baracke, Socken, Ohrenschützer, Dekken. Täglich notiert sich er wichtig und brav alle unsere Wünsche. Viele Tage geschieht nichts. Wir frieren weiter. Essen weiter die entsetzliche Kohlsuppe. Kauen verschimmeltes Brot mit Wasser. »Das scheint das Einheitsessen in ganz Rußland zu sein«, schimpft der Sachse. Alles lacht. »Dafür kommt es hier aber regelmäßig. Das hatten wir im Auffanglager nicht.« Wir stimmen zu und hocken uns still auf die harten Holzpritschen.

Die Kälte beißt jeden Tag mehr in unsere Gesichter. Der Wind pfeift eisig. Eines Abends kommen wir müde und durchgefroren ins Lager zurück. Staunend bleiben wir vor der Baracke stehen. Berge von Stroh, gebündelt, liegen übereinandergeworfen vor der Tür. Obenauf drei tiefe Blechschüsseln. Klein-Adolf flitzt herum, schreit aufgeregt, ordnet an. Glücklich, wie Kinder, die ein herrliches Weihnachtsgeschenk erhalten haben, stürmen wir los. Schleppen das Stroh in die Betten, schneiden auf, verteilen. Wir scharren und stopfen, bis es völlig dunkel ist. Lange sitzen wir dann mit angezogenen Beinen auf unserer Schlafstelle und reden. Zufrieden, wie lange nicht, schlafen wir unter dem lockeren, langhalmigen Stroh ein.

Am Morgen sehe ich den langen Hannoveraner rechnen. Sehr praktisch macht er das. Die drei Schüsseln stehen vor ihm. Holzstäbchen legt er darum. Schiebt sie hin und her. Überlegt. Dann teilt er uns stolz mit: Früh waschen sich zehn Mann pro Schüssel. Das sind dreißig. Mehr Zeit ist nicht. Abends waschen sich pro Schüssel dreizehn. Der Barackenführer wäscht sich am Mittag. Er bleibt ja stets im Lager, denn er ist der Bursche des Hauptmanns. Außerdem putzt er mit einem fremden Kameraden die Kommandantenräume. Nach fünf Mann wird das Wasser gewechselt. Öfter geht nicht.« Der Hannoveraner ist glücklich, daß er die siebzig Mann seiner Stube so gut aufgeteilt hat, und wir sind froh, daß wir uns endlich einmal waschen können. Eine Katzenwäsche ist immer noch besser, als gar keine.

Vergessen ist auch, daß wir für die drei Schüsseln nur einen Eimer Wasser holen dürfen.

Der Winter kommt mit Riesenschritten. Den Weg bis zum Wald gehen wir immer in ungefähr einer langen halben Stunde. So schätzt jedenfalls Anzengruber. Nun, da der Schnee dick fällt, kommen wir nur langsam und mühevoll voran. Noch immer arbeiten nahezu ein Drittel der Gefangenen ohne Mantel. Die Ausfälle wegen fiebrigen Erkältungen, Lungenentzündungen und die ersten Erfrierungen häufen sich. Eine Krankenbaracke wird eingerichtet. Innerhalb einer Woche sind achtzehn Betten belegt. Vier Sanitäter gehen dem einzigen Lagerarzt zur Hand. Der glatte Hauptmann zaubert neun Decken herbei. Die anderen Kranken sind in Mäntel und Stroh eingewickelt. In allen Baracken gefriert das Wasser in den Schüsseln. Die Toten werden täglich hinausgetragen und hinter die Baracke gelegt. Der Boden ist steinhart gefroren. Manchmal bleiben sie vier, fünf oder auch sechs Tage liegen, ehe wir sie begraben. Flache Gruben hacken wir dann aus. Nackt legen wir sie hinein. Mäntel, Jacken, Hosen, Stiefel – ja sogar noch die zerfetzte Unterwäsche finden reißenden Absatz. Einer bei uns trägt bereits zwei Hosen und zwei Stiefel übereinander. Für mich hat das Urviech einen viel zu weiten Mantel herbeigeschafft. Er wärmt herrlich. Seit kurzer Zeit klagt Anzengruber über erfrorene Zehen. Mein Mann beschafft ihm alte, aber noch dicke Socken. Der arme Kerl steht im Wald täglich stundenlang mit einem der ehemals Stiefellosen an der Baum-Handsäge. Seinen Beinen fehlt Bewegung, meint der Arzt. Durchblutungsstörungen. Mein Mann hat von allen die größten Stiefel. Er tauscht sofort mit Anzengruber den Arbeitsplatz – und zieht sich alle Lappen und Lumpen, deren er habhaft werden kann, über die Füße. Das Bäumeschlagen, mit Keil und Axt, hält bei der Kälte den Körper ebenso warm, wie das Schälen der Stämme. Allmählich aber ist die Rinde so fest angefroren, daß nur noch kurze Splitter abspringen. Der Rotbäckige schleift mit elf anderen die zerteilten Stämme zur Seite und stapelt sie auf. Eine wahre Knochenarbeit. Aber er klagt nie!

Es ist Januar. Von Klein-Adolf erfahren wir, daß bereits einhundertfünfundsechzig Kameraden gestorben sind. Allein unsere Baracke hat bisher neun Tote zu beklagen. Drei liegen in einer Ecke und haben so hohes Fieber, daß wir sie in den nächsten Tagen auch in die Krankenstube schaffen müssen. Wir haben noch immer keine Öfen und kein Licht. Dick zugefroren sind die winzigen Fenster. Die Kohlsuppe am Abend ist unsere einzige Wärmequelle. Still sitzen wir dann auf unseren Pritschen und die roten, steifen Hände umklammern das lauwarme Kochgeschirr. Gesprochen wird immer nur das Nötigste. Wir kriechen unter das Stroh und versuchen, so rasch als möglich einzuschlafen. Draußen stürmt ein eiskalter Wind. Staubend fegt der Schnee über den Lagerplatz. Die Wachsoldaten tragen breite Pelzmützen mit Ohrenklappen. Ihre Mäntel sind beinahe bodenlang. Schritt für Schritt stapfen wir dem Wald zu. Hohe Schneewehen verbauen uns den Weg. Schneeflocken legen einen schier undurchsichtigen Schleier. Bis zum Koppel versinken wir. Die Ersten bleiben erschöpft stehen. Einige Schwache lassen sich einfach in die weiße Watte fallen. Wir zerren sie hoch. Warten. Die Russen beraten. Die Atemluft steht wie kleine, weiße Wölkchen vor ihren Mündern. Endlich kommt der Befehl zum Rückmarsch. Gebeugt, die Hände tief in den Taschen vergraben, kämpfen wir uns voran. Meter um Meter. Immer wieder bleibt einer stehen. Immer wieder fällt einer um. Die grauweiße Wolkenwand vor uns will nicht enden. Ein Russe stolpert über seinen Mantel. Er verschwindet einfach in dem pulvrigen Schaum. Ein Gefangener hilft ihm auf. Beide fischen verzweifelt nach dem versunkenen Karabiner. Wir stehen mit dem Rücken gegen den Sturm. Geduldig. Die gefrorenen Härchen in der Nase stechen. Die Wimpern sind weiß und steif. Auf den Augenbrauen liegen dicke Flocken. Vier Mann suchen nun nach dem Gewehr. Einer angelt es hervor. Er reicht es dem Wachsoldaten. Der zeigt in seinem rotgefrorenen Gesicht fröhlich Zähne, klopft dem Deutschen auf die Schulter und schleppt sich weiter. Im Gänsemarsch trotten wir hinterher. Vorsichtig bedacht, immer genau in den Fußtritt des Vordermanns zu steigen.

Als wir im Lager auftauchen, gibt es sofort die obligatorische warme Suppe. Brot für drei Tage erhält jeder. Der Hauptmann ermahnt durch den Lautsprecher, sparsam damit umzugehen, da niemand weiß, wann wieder Lastwagen zu uns durchkommen. Die Arbeit im Wald wird für unbestimmte Zeit eingestellt. Der Hannoveraner teilt zum Schneeschippen ein. Wir haben für jede Baracke nur zwei Schaufeln. Ein Besen steht fürs Dach bereit. Von früh bis abends muß oben abgekehrt werden, damit uns die Decke nicht einbricht. Wir sind im Wechsel immerfort irgendwo im Einsatz. Als ich mit einem fremden Kameraden den breiten Lagerweg freischaufle, erzählt der mir von unseren Kameraden an den Gulaschkanonen. Sie sind es, die die merkwürdige Kohlsuppe zusammenbrauen müssen. Aufsicht führen auch da die Russen. »Nachts nehmen die sogar die Kartoffeln mit in die Baracken, damit sie nicht zu süßlich schmecken«, berichtet der Mann. »Immerfort schmelzen sie Eiswasser, weil alle Brunnen zugefroren sind.« »Die dürfen auch nicht eine Kartoffel mehr ins Essen tun, als die Russen erlauben. Und sogar der Diebstahl von nur einer Kartoffel wird mit Erschießen bestraft.« Der Fremde ist noch ganz aufgeregt und empört. Aber sie haben es wenigstens warm, denke ich und beneide sie. Meinen hartnäckigen Husten schleppe ich nun schon zwei Wochen herum. Die beiden Sachsen liegen mit Fieber in ihrem Strohbett. Zitternd treten sie aber jeden Morgen an. Sie wollen absolut nicht in die Krankenbaracke gebracht werden.

Für uns beginnt nun etwas gänzlich Neues. Der eifrige Hauptmann nutzt die arbeitsfreien Tage auf seine Weise: Vormittags eine Stunde politische Schulung. Nachmittags eine Stunde politische Debatte. Die Belegschaft von zwei Baracken wird zusammengestopft. Der glatte Lette redet sich in Feuereifer. Skeptisch hören die einen zu, die Mehrheit döst gleichgültig vor sich hin. Die Diskussion am Nachmittag ist völlig fruchtlos. Das gute Zureden, daß wir hier wirklich ehrlich und offen reden können, hilft auch nichts. Anzengruber und der Franz und ein klapperdürrer Mecklenburger erklären dem Hauptmann lauthals, daß sie frierend und mit leerem Magen keine Politik machen wollen. »Wir wollen überleben und nach Hause!« schreit ein anderer. Die russische Wache, die mit stoischem Gesicht an der Tür steht, begleitet den Hauptmann hinaus. Nach drei Tagen gibt er wenigstens die Debattenstunde deprimiert auf.

Als der Schneefall nachläßt, müssen wir sofort wieder hinaus in den Wald. Gleich am ersten Tag bricht einer aus unserer Gruppe zusammen. Er hustet und hustet. Mit seinen mageren Händen umfaßt er seinen Hals. Er röchelt. Spuckt Blut. Aus seinen Mundwinkeln tropft dünner, roter Schleim. Vier Kameraden, bewacht von einem Russen, müssen ihn den langen Weg ins Lager zurücktragen. Am Abend hören wir, daß der Gefangene gestorben ist. »So schnell geht das«, sagt mein Mann. Am nächsten Tag verteilen sie in der Stube seine Jacke und die Stiefel...

Im März liegt noch immer Schnee. Der Boden aber ist nicht mehr so fest gefroren. Die Totengräber bemerken es zuerst.

Als es zu tauen beginnt, versinken wir auf den glitschigen Waldwegen. Lehmiger Boden klebt sich überall fest. Die Stämme sind glatt und rutschig. Wir müssen sehr aufpassen, daß wir uns nicht verletzen. Müde und ermattet sinken wir abends auf's Stroh. Sonntage müßte es geben! Ach, nur einen Sonntag einmal! Wir aber haben vergessen, was ein Sonntag ist.

Eingewickelt liegen wir auf den Pritschen. Die Scheinwerfer streuen ihr Licht sekundenschnell in den Raum. Draußen rollen schwere Lastwagen heran. Klein-Adolf springt flink ans Fenster »Neue Transporte«, flüstert er. Wir drücken uns die Nasen an den kleinen Scheiben platt. Rufe! Befehle! Deutsch-russisch! Graue Gestalten drüben auf dem Sammelplatz. »Sie haben Baracke drei schon leer gemacht. Die hatten achtundvierzig Tote in zwei Monaten«, weiß der Franz. Ich rutsche in mein Stroh und versuche zu schlafen.

Am Morgen werden wir genau gezählt. Jede Schlafstelle, die frei ist, muß gemeldet werden. Große, bedeutende Minuten für Klein-Adolf. »Es muß nämlich Platz geschaffen werden für die neuen Gefangenen«, erklärt er uns wichtig. Später verschwindet er in der Baracke des Kommandanten. Wir marschieren zum Tor. Die Wachsoldaten übernehmen uns...

Ein Arbeitstag ohne Ereignisse. So, wie es unzählige gibt. Abends, als wir müde zurückkommen, baut sich der Barakkenführer an der Tür auf. »Sechs neue Kameraden wurden uns zugeteilt.« Er ruft die Männer heraus, nennt Namen und Rang. Ungeduldig drängen wir in den Raum. Schlafen! Nichts als schlafen. »Wartet doch«, brüllt ärgerlich Klein-Adolf. »Morgen müssen alle Kameraden im Lager bleiben, die keine Reichsdeutschen sind! Also hört gut zu. Volksdeutsche, Italiener, Ungarn, Freiwillige aus Belgien, Holland, Spanien, Norwegen und so. Na, und die Männer der Wlassow-Armee natürlich auch. Aber da haben wir keine.« Er grinst, als hätte er einen besonders guten Scherz gemacht. »Und die Österreicher auch?« fragt Josef. »Natürlich! Du Idiot«, schimpft der lange Hannoveraner. Endlich läßt man uns durch die Tür. Klein-Adolf schreit noch hinterher: »Antifaschisten, die in einem Strafbattaillon waren, müssen auch hierbleiben. Verstanden?« »Sind wir doch alle, du Schaf!« brummt das Urviech. Verstecktes Grinsen. Ich werfe mich so wie ich bin auf die Pritsche und schlafe ein.

Es ist dunkel, als ich erwache. Neben mir liegt ganz flach Anzengruber. »Sei still und hör' zu«, zischt er. »Ab sofort bist du Österreicher. Du bleibst morgen hier bei uns! Hier nimm das und lerne es auswendig.« Er steckt mir einen Zettel unter die Decke. »Der Häuptling, der Kurze, das Urviech und der Rotbäckige, alle bleiben. Wir sind eben von einer Kompanie!« Er rutscht lautlos herab. Einen Augenblick liege ich wach und überlege, wer wohl der Häuptling ist. Die Hauptsache, daß ich Österreicher sein soll – und warum ich es sein soll, das alles bekomme ich vor Müdigkeit nicht mehr mit. Die Träume tragen mich in endlose Wälder, die alle darauf warten, abgeschlagen und geschält zu werden. Stämme über Stämme...

Früh, als die anderen ausmarschieren, hocken wir zusammen. Anzengruber gibt leise Anweisungen. »Die Adressen auf euern Zetteln sind gut. Josef und ich haben Verwandte in den Nestern. Gebt eure richtigen Namen und Geburtsdaten an. Redet wenig!« Der Rotbäckige ist skeptisch. »Wenn das schiefgeht, sind wir alle hin.« »Wir sind auch so hin«, versichert mein Mann. »Recht hat der Häuptling! Wagen wir's!« Franz ist völlig einverstanden. »Häuptling?« Franz tut überlegen: »So heißt der Otto bei uns schon lange, Milchgesicht.« Ich zucke mit den Schultern: »Man kann ja nicht alles wissen.« Von diesem Augenblick heißt mein Mann auch bei mir: der Häuptling.

Anzengruber läßt den Hannoveraner und Klein-Adolf nicht aus den Augen. »Hütet euch vor denen. Kein Wort zuviel!« ermahnt er uns.

Mittags werden wir zum Sammelplatz geführt. Breitbeinig stakt der Hauptmann heran. Große, weiße Formulare in der Hand. »Ausfüllen!« befiehlt er herablassend. Jedem reicht er persönlich einen Bogen.

In der Stube sitzen wir alle nebeneinander. Der Hannoveraner ist bei der Außenarbeit. Klein-Adolf hockt auf seiner Pritsche und baumelt mit den Beinen. Freundlich strahlt er zu uns herüber. Irgendwie stört er. Anzengruber erfaßt die Situation sofort. Laut flucht er: »Mist! Nur ein Bleistift. Da schreiben wir morgen noch. Mensch, du kannst doch alles. Hol' uns doch noch einen!« Klein-Adolf fühlt sich geschmeichelt. Er rennt sofort los. »Bei Orden und Ehrenzeichen nur EKII angeben, wenn 's jemand hat. Partei - Strich, SS - Strich, Josef und Erich, das bin ich, Einberufung 1944, die andern schreiben, wie es bei ihnen war. Du, Häuptling, schreibst 1940, Feldwebel. Erster Weltkrieg: ja. Truppe, da schreiben wir alle...« Klein-Adolf schlüpft herein. Zwei Stifte in der Hand. Anzengruber dankt überschwenglich. Wir schreiben mit roten Köpfen. Erst jetzt wird mir so recht bewußt, was für eine tolle Unternehmung wir fünf Reichsdeutschen da planen. Es ist sehr still im Raum. Ich fühle, wie meine Hände beim Schreiben zittern. Plötzlich steht mein Mann auf. »Los, her mit den Zetteln. Die Truppe kannst du ja eintragen. Hast ohnehin die schönste Schrift. Der Oberfeldwebel hat dich doch immer gelobt!« Er wirft Anzengruber lässig sein Formular zu. Der begreift sofort: »Kein Wunder, ihr faulen Hunde, daß wir mit euch den Krieg verloren haben«, frotzelt er. »Wer zum Schreiben zu dämlich ist, ist auch zum Schießen zu doof!« Wir lachen und schlendern zu unseren Pritschen. Am Ende der Baracke sind noch immer drei Volksdeutsche mit den Zetteln beschäftigt. Ich biete mich an, für sie zu schreiben. Sie sind überglücklich. Zwei Freiwillige. Ich gebe sie als Gezogene an und erkläre ihnen leise, warum ich das tue. Sie begreifen. Der Älteste, sicher schon weit über Fünfzig, aus dem Banat, wurde auch zwangsverpflichtet. Er hatte die Wahl zwischen Wehrmacht und Volkssturm. Er entschied sich für das Heer. Klein-Adolf flitzt mit den Bögen los, als gelte es, den Friedensvertrag zu unterzeichnen. Mein Mann zieht sich auf seine Pritsche. »Was hast du für einen Namen angegeben?« »Meinen Geburtsnamen natürlich!« Er atmet auf. »Jetzt hilft nur noch beten!«

Am nächsten Tag stehen wir auf dem Sammelplatz. Zweiundneunzig Österreicher, achtundfünfzig Ungarn, sechzehn Freiwillige aus Spanien und eine beachtlich starke Gruppe Volksdeutscher. Etwas abseits vier Kameraden. »Was ist denn das für ein jämmerlicher Haufen?« fragen wir Klein Adolf. »Dolmetscher für russisch, französisch und einer kann sogar fünf Sprachen.« Alle zeigen tiefste Bewunderung. Wir werden gezählt, aufgerufen, zusammengestellt. »Handverlesen«, lästert das Urviech. Der Kommandant stolziert heute heraus. Er schreitet die Reihen entlang. Guckt jeden scharf und prüfend an. Schweigend verschwindet er wieder in sein Büro. Die Volksdeutschen trotten heran. »Was wird jetzt?« Wir zucken die Schultern. Der Älteste beugt sich vor: »Kommen wir nach Hause?« nuschelt er. »Wissen wir doch nicht«, faucht Anzengruber nervös. Der Alte schleicht traurig davon. Ich frage einen seiner Kameraden: »Was hat der denn? Warum spricht der denn so schlecht?« Leise erzählt mir der Mann: »Dem haben die Polen mit einer Zange die Vorderzähne herausgerissen, weil er keinen Kot fressen wollte, den sie ihm in den Mund stopften. Wir müssen ihm immer das Brot abbeißen. Er kann nur kauen. Tag und Nacht redet er nur von neuen Zähnen. Seine Familie soll ihn so nicht sehen. Er hat acht Kinder. Sie kamen mit all ihrem Hab und Gut aus Siebenbürgen und wurden bei Litzmannstadt angesiedelt. »Armer Kerl! Die Polen also auch«, sagt mein Mann erschüttert.« Im Haß sind alle gleich«, füge ich hinzu. Wir sehen uns schweigend an und gehen davon.

Wieder vergehen viele Arbeitstage. Tage, die man vergißt, weil sie nichts tun, als das Jahr zu füllen.

Im Wald zeigt sich das erste Grün. Ein noch recht kalter Frühlingswind bläst durch unsere fadenscheinigen Hosen. Die geschälten Stämme vom Winter sind abtransportiert. Wir werden neu eingeteilt. Ich stehe mit Anzengruber an der Bandsäge. Mein Husten ist etwas besser geworden. Die Sachsen sind auch wieder auf dem Damm. Nur der Rotbäckige scheint schwächer von Tag zu Tag. Die böse Wunde am Arm, die er sich beim Abhauen der Stämme zuzog, will nicht heilen. Klein-Adolf versprach, ihm eine gute Salbe zu besorgen. Bis jetzt wartet der Rotbäckige vergebens.

Eines Abends, wir verbinden gerade unseren Freund, kommt der Hauptmann in die Baracke. Sein Wachsoldat, der ihm stets wie ein Schatten folgt, bleibt unbeweglich an der Tür stehen. Ein kleiner, häßlicher Kerl, mit einem Narbengesicht. Der Lette verliest die Namen der Männer, die morgen abtransportiert werden sollen. Wir werden schneeweiß, als wir unsere Namen hören. In einer Reihe stehen wir vor dem Hauptmann. Er fragt noch einmal nach Namen, Alter, Rang und Heimatadresse. Vergleicht. Hakt ab. Kurz schaut er auf und fragt: »Alle zusammen in Gefangenschaft gekommen?« Anzengruber antwortet laut und kurz: »Jawohl! Am achten Mai bei Deutsch-Brot, Tschechoslowakei.« Wir stehen ruhig. Die Volksdeutschen drängen heran: »Kommen wir auch weg?« »Noch nicht, abwarten«, antwortet ganz freundlich der Hauptmann. Er ist überhaupt nett und menschlich heute. Wir sind erstaunt. Seine Kälte und Unnahbarkeit hat uns oft erschreckt. Jetzt tritt er heran, reicht uns die Hand. »Viel Glück, Kameraden. Sollten Sie heimkommen, so grüßen Sie Ihr schönes Land. Ich habe da oft Ferien gemacht.« Er dreht sich beinahe verlegen um und geht schnell hinaus. Der Russe eilt hinterher. Eine Weile ist es still. Dann fallen wir uns lachend in die Arme, klopfen uns auf die Schultern. Josef weint. Die anderen Kameraden gucken verlegen. Wir kriechen auf unsere Pritschen und starren an die Decke. Ein wenig schämen wir uns unserer Freude. Es ist, als hätten wir ein schlechtes Gewissen, denke ich – und schließe die Augen.

Am nächsten Morgen nehmen wir eilig Abschied. Zwölf Adressen habe ich auf schmutzigen kleinen Zetteln in meiner Tasche. »Benachrichtige meine Frau«, – »Schreib doch mal meiner Schwester«, so dringen sie auf uns ein. »Mensch, wer sagt denn, daß wir heimkommen?« Josef kann es immer noch nicht fassen. »Vielleicht kommen wir nur in ein Lager, wo alle Österreicher sind«, meint er. Allmählich wird uns Angst. Wir trauen dem Schicksal nicht. Es scheint alles glatt zu gehen. Die Reichsdeutschen schauen uns mit etwas mißtrauischen Blicken an. Keiner macht jedoch eine bissige Bemerkung. Uns ist aber nicht sehr wohl in unserer Haut. Ich bin froh, daß die Zeit so knapp ist. Die beiden Sachsen umarmen uns: »Viel Glück und kommt gesund heim.« In ihren Augen stehen Tränen. Klein-Adolf wird rührselig: »Ich hab nur eine Schwester. In Frankfurt. Wir sind Waisen. Im Heim aufgewachsen. Erzähl ihr von mir. Ich komme schon durch. Sie soll den Kellner nur heiraten. Sie hat ein Kind von ihm. Hier ist die Adresse.« Wir laufen zum Sammelplatz. Die Ungarn stehen schon da. Alle sehr zerlumpt und zum Umblasen dünn. Die Rotarmisten deuten mit den Karabinern auf den Boden. Hinsetzen! An uns vorbei ziehen die Kameraden zur Arbeit. Sie wagen nicht zu winken, aber sie grüßen mit den Augen. Nur Klein-Adolf wieselt noch einmal heran, reicht uns die Hand und verschwindet.

Nach langer Zeit kommt der Kommandant aus dem Büro. Die Russen stoßen uns grob die Gewehre in den Rücken. Aufstehen! Sofort! Einer packt Franz am Kragen und zieht ihn mit einem Ruck hoch. Der Kommandant geht an uns vorbei, dem Tor zu. Dort entsteht Unruhe. Die Wachen drängen uns mit waagerecht gehaltenen Karabinern zusammen. Als sich das Tor öffnet, fahren langsam schwere Lastwagen in den Hof. Sie sind vollgestopft mit Gefangenen. Die Netze werden gelöst, die Männer mit Stößen und Schlägen heruntergetrieben. Immer das gleiche Bild! Wir stehen starr. »Alles wie gehabt«, sagt leise eine Stimme hinter mir. Vor mir bricht einer der Neuankömmlinge in die Knie. Er stöhnt und weint. Ein anderer hält sich mit blutiger Hand die Schulter. Mit schmutzigen, blutverkrusteten Beinverbänden humpeln viele daher. Ich habe so viel Elend erlebt und gesehen, aber diese hier waren bei Weitem die Schwächsten, die ankamen. Die Verkommensten und Bedauernswürdigsten, die ich je erblickte. Franz wirft, ohne Rücksicht auf die Wachen, einem seine Uniformjacke zu. Der Arme trägt einen großen Kopfverband und geht an einer Krücke. Nur ein dünnes, zerrissenes Hemd hängt über einer löchrigen Hose. Als die Wachen die neuen Gefangenen in die Baracken getrieben haben, übernehmen sie uns. Sehr schnell finden wir uns auf den Wagen wieder. Netze über unseren Köpfen. Wir können nur gebückt stehen. Vorsichtig sehen wir uns um. Kothaufen, Blut auf den Brettern, Uniformfetzen, eine Mütze. Wir schütteln uns. Ziehen die Schultern hoch. Auf dem Dach des Führerhauses sitzen drei Russen. Die Karabiner halten sie zwischen den Beinen. Sie lachen, rauchen und lassen uns nicht aus den Augen. Als sich einer von uns vor Schwäche hinsetzen will, brüllen sie los und legen auf ihn an. Der Mann springt sofort hoch. Er klammert sich an einen Kameraden. Auch ich kann kaum noch auf den Beinen stehen. »Nur nicht umfallen«, rede ich mir immer wieder ein. Ich zittere vor Schwäche. Mein Mann spürt es und stützt mich so gut er kann. Plötzlich springen die Rotarmisten vom Dach, ducken sich unter die Netze und bauen sich vor uns auf. Drohend hält einer uns sein Gewehr vor den Bauch. Die anderen beiden wühlen mit geschickten Fingern in unseren Taschen. Ein Blick auf die Stiefel, Brotbeutel, Kochgeschirr. Sie scheinen Übung zu haben. Zwei Koppel verschwinden. Einer von ihnen ist mit drei Brotbeuteln behängt. Der Dritte erbeutet einen Kamm und ein Paar Stiefel. Der Kamerad, dem sie gehörten, steht verstört in einer Ecke. Bei einem jungen Österreicher finden sie eine Rasierklinge. Das scheint in ihren Augen einem Attentat gleichzukommen. Sie schleifen den armen Burschen bis zum Wagenrand. Dort schieben sie ihn, mit dem Kopf nach unten, über das große Schlußbrett. Der Junge schreit wie am Spieß. Er glaubt wohl, daß er hinabgestoßen wird. Die Russen aber winken einen von uns herbei. Der muß den Kameraden an den Beinen festhalten. Sein Oberkörper baumelt im Freien. Nach einiger Zeit verstummt sein Schreien. Die Russen lassen ihn eine Ewigkeit hängen. Als er nach Stunden hochgezogen wird, ist sein Kopf dunkelrot. Zitternd fällt er auf dem Wagenboden in sich zusammen.

Wir fahren und fahren. Als es ganz dunkel ist, rutschen wir ganz vorsichtig auf die Bretter. Ich schlafe sofort ein. Als ich erwache, sitzen auf dem Führerhaus drei neue Soldaten. Sie schauen unbewegt über uns hinweg. Wir fahren durch eine Stadt. Rechts und links schmutzig graue Häuser. Mein Mann wird wach. Er guckt zu mir herüber. Zu reden wagt keiner. Vor einem riesigen Lagerschuppen halten wir an. Zwei gewaltige Eisentore rollen in Schienen auf. Rückwärts stößt unser Wagen hinein. Unten wird das Netz gelöst. Eine Stimme fragt: »Sind Tote auf dem Wagen?« Einer ruft: »Nein.« Die Russen springen zuerst herab. Während die Kameraden herunterdrängen, sehe ich auf dem Bretterboden lauter kleine Papierstückchen liegen. »Die Adressen«, durchfährt es mich. Josef, der Rotbäckige, Franz und ich angeln, so gut es geht, nach den Zetteln. Ich schiebe alles, was ich ergriffen habe, schnell in meine Tasche. Einzeln müssen wir herabspringen. Im diffusen Licht der Halle erblicken wir zwei große Landesschilder. Fein säuberlich gemalt steht auf dem einen: ÖSTERREICH. Auf dem anderen in deutsch: UNGARN. Wir setzen uns auf den kalten Steinboden. Eine kleine Gruppe Österreicher kauert schon da. Anzengruber fährt uns an: »Schweigen!« Wir senken die Köpfe. Die Ungarn, uns gegenüber, plaudern wie ein Wasserfall. Einige von ihnen verstehen deutsch. Als sie etwas zu uns herüberrufen, springen sofort zwei Russen auf. Sie reißen die Ungarn hoch und prügeln sie zur Wand. Dort knien sie bis zum Abend. Ein Tritt in den Rücken wirft sie zu Boden. Wir bekommen nichts zu essen, nichts zu trinken. In den Ecken häufen sich die Kothaufen. Am Mittag des dritten Tages werden zehn Gefangene herausgeholt. Mit zwanzig Eimern voller Essen kehren sie zurück. Wir treten an. In langer Reihe schieben wir uns an den Austeilern vorbei. Jeder erhält zwei Kellen warmes, salziges Wasser. Einer probiert. Spuckt sofort wieder aus. Die Russen greifen ihn, schlagen ihm die Kelle ins Gesicht. Blut läuft über sein Kinn. Die Lippen scheinen aufgeplatzt. Auf Knien, mit erhobenen Händen, hockt er stundenlang an der Wand. Brot gibt es nicht. Das Salzwasser macht durstig. Wir lechzen nach Wasser. Vergebens!

Der Morgen bringt neue Unruhe. Die Rotarmisten laufen hin und her. Das Hallentor geht auf und zu. Wir sind zu matt, um uns von der Nervosität der Russen anstecken zu lassen. Apathisch ausgestreckt liegen wir auf dem kalten Betonboden. Unsere Uniformen stinken. Ärmel und Kragen glänzen speckig. Unter dem Hemd jucken die Läuse. Wir nehmen es kaum wahr, als die Ungarn antreten und abmarschieren. Die Halle wirkt nun, halbleer, noch größer. Wir verbrennen vor Durst. Die Russen lassen uns in Ruhe. In der Nacht drängen wir fünf uns zusammen. Anzengruber rückt heran: »Seid sehr vorsichtig. Macht den Mund nicht auf! Häuptling, du hast nach Rust ins Burgenland vor achtundzwanzig Jahren geheiratet. Bist dadurch eben Österreicher geworden. Franz geht ohnehin durch. Sein bayerisch schlucken alle. Du, Erich, hast eben reiche Eltern in Grein. Die haben dich auf eine Schule in Deutschland geschickt. Angst machen mir nur der Kurze und der Pfälzer. Wie kann man nur mit so einer Sprache leben! Da kann man nur hoffen, daß unter meinen Landsleuten kein Verräter ist.« »Ich glaube, daß noch viele falsche Österreicher hier dabei sind«, meint leise der Rotbäckige. Spät erst schlafen wir ein.

Als der neue Tag durch die schmieriggrauen Fenster dringt, jagen uns die Russen hoch. In langer Reihe trotten wir durch morgenkühle Lagerstraßen. Überall Rotarmisten. Doppelreihig. Viele ordenbehangene Offiziere. Bleifarbige Bahngleise, Strichen gleich, die am Horizont verschwinden. In der Ferne eine Bergkette. Wir müssen uns auf Schotter und Schienen niedersetzen.

Gegen Mittag verteilen sie fünf rohe Kartoffeln, ein ganzes Kochgeschirr Wasser für jeden und – einem Wunder gleich – rohe dicke Mohrrüben. Rotgelb, ungewaschen, mit welkem Grün daran. Wir genießen, kauen, trinken und trinken.

Drüben rollen Lastwagen heran. Eine lange Schlange. Unsere Essensreste verschwinden in den Taschen. Die Wagenklappen der Laster werden aufgeschlagen. Niemand steigt aus. Ein deutscher Oberleutnant, blaß, ungepflegt, steht am Gleisrand. Durch ein zerbeultes Sprachrohr ruft er herüber: »Kameraden! Wenn jetzt der Zug einfährt, so transportiert die Verwundeten in die Waggons. Die Wagen eins bis sechzehn sind für Schwerverletzte auf Bahren, Waggon siebzehn bis achtunddreißig steht den Leichtverletzten zur Verfügung.« Langsam stößt aus der Ferne ein Zug zurück und schiebt die Frachtwagen an uns vorbei. Wir stolpern über die Bohlen auf die Autos zu. Der Kordon der Rotarmisten erweitert sich. Starr und unbeweglich die Gesichter der roten Offiziere.

Mit schmutzigen, durcheiterten und durchbluteten Verbänden liegen die Schwerverwundeten auf ihren Bahren. Vorsichtig beginnen wir, die ersten herauszuziehen. Einige versuchen ein Lächeln, wenn wir sie anheben. Andere starren wie abwesend in den blauen Frühlingshimmel. Auf provisorischen Krücken, aus Astgabeln geschnitten, humpeln einige heran. Über breiten Schultern baumeln leere Uniformärmel. Franz führt eine Kette von acht Mann, die große Kopfverbände tragen. Drei Blinde sind dabei. Viele Verwundete stützen sich auf uns und staken mit eingegipsten Beinen daher. Ich sehe einen Landser, dessen rechte Gesichtshälfte schwarze, verkrustete Verbrennungswunden trägt. Seine beiden Hände sind dick verbunden. Stundenlang arbeite ich im Waggon. Mit Josef zerren wir die Bahren hin und her, um möglichst viele Männer unterbringen zu können. Immer wieder rücken neue Lastwagen vor und schütten neues Leid aus. Die russischen Offiziere schauen ab und zu mal in die Waggons hinein, vermeiden jedoch sichtlich, irgend etwas zu berühren.

Sie lassen uns Zeit. Als die Nacht sich niedersenkt, werden die schweren Waggontüren zugerollt. Uns stopft man in die Waggons neununddreißig bis vierundvierzig. Mit Josef an der Seite strecke ich mich zum Schlafen aus. Unsere Gruppe ist zum ersten Mal auseinandergerissen.

Als die Waggontür aufgeht, fahren wir hoch. Es ist schon hell draußen. Die Russen führen uns sofort über die Gleise zu den Lastwagen, die etwas abseits stehen. Die Führerhäuser sind leer. Der blasse Oberleutnant sitzt still auf einem Trittbrett. Als wir vor ihm stehen, richtet er sich auf: »Kameraden! Wir nehmen hier einundsechzig tote Kameraden mit in die Heimat. Sie werden im letzten Waggon niedergelegt.« Die Russen ziehen sich in dem Augenblick zurück, als der Oberleutnant die Wagenrückwand öffnet. Stumm stehen wir einige Minuten. Behutsam beginnen wir die Toten auszuladen. Wir sind so schwach, daß wir zu viert an einem Toten tragen! Am Mittag aber sind alle umgelagert. Wir verriegeln selbst die Wagentüren. Unbeweglich schauen von Weitem die Russen herüber. Später erhalten wir Brot und Wasser und verteilen es an die Verwundeten. Was übrig bleibt, ist für uns. Gierig stürzen wir uns auf das Wasser. Noch ehe es richtig dunkel ist, sperren sie uns in die Waggons.

Am Morgen treten wir an. Der Oberleutnant, von einem hohen russischen Offizier begleitet, zählt. Anzengruber beobachtet genau! Zweihundertundfünfzig Soldaten, einhundertfünfunddreißig Schwerverletzte, einhundertfünfzehn Leichtverletzte und einundsechzig Tote. Abseits stehen sechs deutsche Soldaten mit weißen Armbinden. »Wer ist denn das?« fragt Josef sehr leise. Wir wissen es nicht.

Sie drängen uns in die Wagen. Ich sehe noch, daß ein russischer Offizier dem Oberleutnant die Hand reicht. Dann rollen die Türen zu. »Und was wird jetzt?« fragt Franz. »Aus isses mit dem Krieg. Jetzt geht's nach Wien.« Der Josef strahlt. »Gott geb', daß du recht hast, Bürschchen«, brummt

Anzengruber. Wir sitzen still auf dem Wagenboden, der dünn, aber sauber, mit Stroh ausgelegt ist. »Na, das hatten wir ja noch nie«, meint mein Mann. »Ich glaube schon, daß es Richtung Westen geht!« Wir können es noch nicht fassen. Anzengruber legt bedeutungsvoll seinen Finger an den Mund. Wir verstehen sofort. Ich wickle mich in meinen schmutzigen Mantel und versuche zu schlafen. Noch lange steht der Zug. Es ist totenstill im Wagen. Ein durchdringender, langer Pfiff macht uns wach. Ein Ruck geht durch den Leib der Bahn. Die Räder rumpeln hart. Erst mühsam, dann immer rascher, immer schneller... Ich starre an die Decke. Es ist wie ein Traum. Wir fahren...

Die Räder singen ihr Lied. Sie singen mich in den Schlaf. Und der Zug fährt und fährt...

Erst jetzt, in der Ruhe der Bahnfahrt kommen uns wieder Bedenken über das Abenteuer, in das wir uns im Grunde doch Hals über Kopf eingelassen haben. Bis jetzt steht noch die vage Andeutung des glatten Hauptmanns vor unseren Augen: ...»solltet ihr heimkommen, so grüßt euer Land...« »Solltet«, das heißt also, daß er auch nicht genau wußte, was uns bevorsteht. Auf der anderen Seite jedoch steht die ganz klare Aussage des Oberleutnants: »Wir nehmen einundsechzig Tote mit in die Heimat.« Wir stecken die Köpfe zusammen und flüstern. Josef rutscht heran. »Steckt nicht so oft die Köpfe zusammen. Für ein Stück Brot tun Viele Vieles! Schlaft lieber«, haucht er dem Franz ins Ohr. Der gibt es leise weiter. Wir strecken uns aus. Es ist leicht einzuschlafen, wenn man todmüde ist, wenn man einen Mantel hat, der einen wärmt, und wenn man Zeit hat, von der Heimat zu träumen. Ich werde nur einmal wach, als ein Kamerad über mich steigt und mit seinem Stiefel an meinen Arm stößt.

Als die Morgenkühle mit dem Fahrtwind durch die Ritzen dringt, wache ich auf. Wie immer auf diesen langen Fahrten, suche ich meinen Mann. »Gibt es hier einen Eimer?« Er schüttelt den Kopf. Allein steige ich vorsichtig über die schlafenden Männer. In einer Wagenecke kauere ich mich hin. Keiner achtet auf mich. Überall Unrat. Selbst der Geruch scheint keinen mehr zu stören. Als ich zurückkomme, ist der Rotbäckige wach. Ich setze mich neben ihn. »Einmal müssen wir doch rauskriegen, wo wir sind«, sage ich leise. »Gib's auf«, flüstert er zurück. Die Lokomotive heult. Die Wagenräder schleifen und quietschen. Anzengruber erwacht und dehnt sich genußvoll. »Viel Raum in der Herberge!« »Wieviel sind wir?« Mein Mann antwortet: »Fünfzig.« »Ein Luxus! Das hatten wir noch nie.« »Wir sind ja auch gewaltig dünner geworden«, sage ich. Dann frage ich den Kurzen: »Hast du noch etwas Wasser?« Er reicht mir seine Feldflasche. Ich nehme einen Schluck. Allmählich sind nahezu alle wach. Neben mir liegt ein blonder Junge. Nicht älter als ich. Dürr. Wasserblaue Augen. Er sieht den Kurzen an, dann mich, rückt näher. »Könnte ich auch einen ganz kleinen Schluck haben? Ich besitze keine Feldflasche«, sagt er höflich. Der Kurze guckt erstaunt. Er ist so einen Ton nicht gewöhnt. Er will etwas Barsches antworten, schließt den Mund wieder und brummt nur: »Da!« Der Junge nimmt einen Schluck. »Danke«, lächelt er und reicht dem Kurzen die Flasche zurück. Der arme Kerl ist völlig verwirrt. Ich klopfe ihm auf die Schulter und stehe auf.

Der Zug hält kurz. Ruckt an. Rumpelt wieder weiter. Wir nagen an alten Brotresten. Kaum einer redet. Anzengruber hütet uns mit kurzen Augensignalen. Einmal, als ein Fremder dem Rotbäckigen ein Stück Brot anbietet und dabei fragt: »Wo bist du denn her?«, mischt er sich sofort ein und sagt frech: »Wo soll der schon her sein? Ein Villacher ist er, genau wie ich! Und du?« Geschickt bringt er den anderen zum Erzählen. Der Rotbäckige hört eifrig zu, kaut, lacht... und schweigt. Langsam neigen sich unsere Wasser- und Brotvorräte dem Ende zu. Hoffentlich gibt es morgen etwas , denke ich. Meine Magenwände brennen und bohren. Lange läßt mich der Hunger nicht einschlafen. Als der Zug ausrollt und hält, erwache ich so müde, als hätte ich nicht mal eine Stunde geschlafen.

Die Wagentüren werden aufgerollt. Brotkörbe. Wassereimer. Lange Reihen. Dahinter Rotarmisten. Breitbeinig. Einzeln müssen wir heraus. In das Kochgeschirr gibt es aus einem riesigen Bottich eine weißlich-grüne Suppe. Im Waggon ist es beinahe feierlich still. Wir haben nur zwei Kranke bei uns, die nichts essen können, die nichts bei sich behalten. Alle anderen kauen still, zufrieden. Satt, wie lange nicht, lehnen wir uns ins Stroh zurück. Durch die offene Tür sehen wir ins Freie. Ein kleines Bahnwärterhäuschen mit schiefer Holztür. Ein Heerlager von Russen rund herum. Die Kette der Zugbewachung im Hintergrund. Bis zum Horizont erdgrauer Acker. Franz und der Kurze sind neben mir. »Schade, daß die Sachsen nicht da sind«, sage ich leise zu den beiden. Franz nickt: »Es waren prima Kerle.« Unsere Gedanken gehen zurück. Zu Klein-Adolf, zu dem Hannoveraner, zu dem verwegenen Hundemetzger, zu den Stiefellosen und den vielen, vielen Kameraden, die vielleicht jetzt den Wald roden oder an der Straße weiterbauen, die wir begonnen haben. »Wenn wir die alle mal wiedersehen, dann besaufe ich mich aber restlos«, träumt Franz mit offenen Augen. In der Ecke übergeben sich zwei. Wir sind so viel Essen nicht mehr gewöhnt, denke ich.

An der offenen Tür steht plötzlich der blasse Oberleutnant. »Raustreten!« Wir erhalten Besen und Eimer. »Alle Waggons werden gereinigt. Bei den Verwundeten vorne wird begonnen. Die Wagen der russischen Bewacher sind auch zu putzen. Wir bleiben bis morgen früh hier! Also los!« Mein Mann teilt ein. Eine Gruppe kehrt den Kot heraus, die zweite trägt Wasser heran, die dritte gießt nach. Anschließend muß noch einmal nachgekehrt werden. Ein weißes Pulver, Desinfektionsmittel, streuen wir zuletzt in alle Ecken. Eine entsetzliche Arbeit. Vielen dreht sich der Magen um. Der

Rotbäckige arbeitet sogar mit geschlossenen Augen. Franz hat ein grünliches Gesicht. Meine Stiefel sind voller Kot. An der Wasserpumpe arbeitet der blonde Junge. Nach Stunden befiehlt mein Mann eine kurze Pause. »Laß mich jetzt mal pumpen«, bitte ich den Blonden. Er nimmt meine Wassereimer und geht davon. Am Abend, als wir uns die Hände waschen dürfen und Wasser über die verdreckten Stiefel gießen, steht der Blonde wieder neben mir. Ganz schüchtern fragt er: »Darf ich mich neben dich legen?« »Klar«, antworte ich und klettere in den Wagen. Die Kameraden haben das Stroh gelockert und gedreht. Es ist gemütlich und für kurze Zeit – geruchsfrei. Schnell verriegeln die Russen die Tür. Ich lehne mich an die Wagenwand. Neben mir links der Blonde, rechts Franz. Die ersten schlafen bereits. Ganz leise flüstert mir der Junge ins Ohr: »Darf ich dir etwas sagen? Ich vertraue dir und du wirst mich nicht verraten, gelt?« Ängstlich schaut er mich an. Er beugt sich vor, schaut mir ins Gesicht. Lautlos haucht er: »Ich bin Mecklenburger. Aus Greifswald.« Er guckt mich an. Seine Augen sind voller Erwartung. Irgendwie muß ich anders reagieren, fährt es mir durch den Sinn. Ich bin ratlos. Minuten verstreichen. Endlos scheinen sie. Er flüstert wieder. »Wenn du mich verrätst, bringen sie mich ins Lager zurück. Ich will doch auch nach Hause zurück.« Franz schläft schon halb, als ich ihn wecke. Geduldig hört er zu. »Schlaft erst mal! Morgen sehen wir weiter!« ... Es ist eine ruhige Nacht. Geweckt werde ich durch das Anrucken des Zuges. »Schade«, denke ich »es stinkt schon wieder.« Mit offenen Augen liegt der Junge. Franz steht auf und hockt sich neben Anzengruber. Nach langer Zeit kommt er zurück. »Wird alles gut, Junge. Wie heißt du eigentlich?« »Hans-Joachim!« »Also, Hans, kein Wort, zu keinem! Kein Wort! Verstanden?« Der Junge nickt. Franz streicht ihm über die Haare und brummt: »Wird schon alles gut!«

Vier Tage fahren wir schon. Es ist dunkel, als der Zug hält. Zwanzig Mann holen sie heraus. Josef, mein Mann und der

Rotbäckige sind dabei. »Was ist los«, fragen wir uns. Angespannt warten wir. Lauschen. Die Stunden vergehen. Einige sind bereits wieder eingeschlafen. Anzengruber rutscht heran. »Hoffentlich kommen sie zurück. Diesen unberechenbaren Schweinen traue ich alles zu.« Wir starren in den nachtschwarzen Wagen. Angst und Sorge sind in unseren Herzen. – Es ist lange nach Mitternacht, als die Waggontür aufrollt. Mit zwei Stallampen leuchten die Rotarmisten in den Wagen. Einer springt herauf und treibt wieder zwanzig Mann herab. Diesmal sind wir auch dran. Draußen übergeben uns die Ersten ihre Schaufeln. Während wir über den Acker getrieben werden, klettern die anderen erschöpft in den Waggon. Auf freiem Feld, nicht weit von den Gleisen, ist ein sehr großes und breites Erdloch ausgehoben. Wir müssen es vertiefen. Schweigend gehen wir an die Arbeit. Die Russen stehen eng – so eng, daß ich meine, in einem Holzkessel zu graben, dessen Wände mit erdbraunem Tuch ausgeschlagen sind. Wir werfen die Erde auf die immer höher werdende Böschung. »Dawai! Dawai!« fauchen die Wachsoldaten, wenn einer im fahlen Schein der drei Laternen erwischt wird, der mal eine kurze Weile aussetzt. Ein fremder Soldat neben mir wispert: »Was soll das?« »Weiß nicht«, hauche ich zurück. »Vielleicht brauchen sie uns nicht mehr«, flüstert er wieder. Wir sind schon so tief, daß die Schaufeln den Sand kaum noch über den Grabenrand bringen. Das Hemd klebt mir am Körper. Wasser tropft von der Stirn. Die Russen oben können wir nur noch schemenhaft erkennen. »Stoi!« Wir bewegen uns nicht. Warten! Gestützt auf die Schaufeln genießen wir die Verschnaufpause. Am Himmel nur Sterne. Der Mond verweigert unserer Arbeit das Licht. Palaver, Lachen. Wir frieren. Die schweißnassen Hemden ziehen die Kälte an. Plötzlich ein Befehl: »Raus!« Es ist mühsam hochzukommen an den glatten Wänden. Ich steige dem Kurzen auf die Schulter. Oben zieht der Blonde. Ungeduldig drängen uns die Wachen zusammen. Beobachten mit Argusaugen. In der Nacht fürchten sie eher Ausbrüche, als am Tag. Eng aneinandergedrückt stolpern wir über das Feld. Fünfzig Meter höchstens bis zum Zug. Die Tür rollt hinter uns zu. Zitternd vor Kälte und Müdigkeit fallen wir ins Stroh. Wir haben ja keine Reserven mehr. Bleich, hohlwangig, schlaff und abgemagert, so ähneln wir eher hautüberzogenen Skeletten, als Menschen. Ich höre noch, daß die Tür des Nebenwaggons aufgeschoben wird. Sie quietscht entsetzlich. Dann fallen mir die Augen zu...

Als ich erwache, fahren wir bereits wieder. »Was glaubst du denn, was wir da heute nacht ausgegraben haben«, forsche ich bei meinem Mann. »Gräber. Auf jeden Fall Gräber!« Die anderen stimmen zu. »Aber für wen? Geschossen hat doch keiner.« Schulterzucken. Stille. Der Tag vergeht ohne Ereignisse. Ich habe den blonden Jungen immer neben mir. Er ist bemüht, alles so zu tun wie ich. Meistens schweigt er und hört zu. Meinen Mann und Anzengruber respektiert er sichtlich. Den Kurzen aber bewundert er. Der zeigt noch, ebenso wie Franz, ein bißchen von der Urkraft eines Mannes. Es ist ein Vater-Sohn-Verhältnis. Der Kurze spürt es, es macht ihn stolz – wenngleich ihm dieser Sohn nicht immer geheuer ist. An das »danke« und »bitte« hat er sich inzwischen gewöhnt. Die sonstige Ausdrucksweise aber, mit »dürfte ich« und »könnte ich«, bleibt ihm wohl bis zuletzt befremdlich.

Am Mittag läuft der Zug in einer kleinen Stadt ein. Die Waggontüren gehen sofort auf. Vor jeder Tür stehen vier Rotarmisten. Die Karabiner im Anschlag. Sanitäter, deutsche, mit der Armbinde des Roten Kreuzes, heben vier Eimer herauf. Zwei sind mit Wasser gefüllt, zwei mit dieser grünlich-weißen Suppe. Sie werfen, bereits genau abgezählt, aus großen Körben fünfzig kleine, flache Brote herauf. Die Türen bleiben offen. Wir verstauen das Brot, füllen die Feldflaschen. Dann setzen wir uns nieder und trinken die lauwarme Suppe. Löffel haben wir nicht. Die an der Tür Liegenden berichten: »Es geht wieder ans Putzen. Sie geben Besen aus.« Als der Zug anfährt, wird noch schnell ein Besen zu uns hereingeworfen. Ein kurzes Stück Stadt. Graue Häuser. Rußgeschwärzt. Minuten später schon Wiesen, Büsche, Akker. Wir halten. Die Stimme des Oberleutnants: »Wagen putzen!« Diesmal gibt es kein Wasser. Alles Stroh schieben wir in unsere beiden Schmutzecken. Von jetzt an benutzen wir wieder die leeren Wassereimer, beschließen wir. Nur die Suppeneimer geben wir heraus. Der Blonde übernimmt das. Er stellt auch den Besen draußen ab. Als er wieder hereinkriecht, berichtet er: »Draußen ist alles voll von russischem Militär. Sogar Maschinengewehre sind aufgebaut. Muß ein sehr wichtiger Ort hier sein. An jedem Waggon kleben große, weiße Plakate. Repatriierung steht drauf. Jetzt wissen wir endlich, daß wir nach Hause kommen.« »Wieso wissen wir das?« fragt einer. »Weil Repatriierung Heimführung heißt. Ein Wort, das aus dem Lateinischen kommt«, antwortet sehr korrekt der Blonde. Im Hintergrund richtet sich einer der Österreicher auf. Sein struppiger Bart steht nach allen Seiten ab. Das Haar fällt ihm langmähnig in die Stirn. »Bist ja ein ganz feiner Bazi. Schau, schau, wen haben wir denn da? Wo kommst denn her, Bub?« Der Blonde bekommt große Augen. Sein ohnehin schon bleiches Gesicht scheint in diesem Moment noch weißer. Franz erhebt sich langsam. Auch mein Mann steht auf. In diesem Augenblick ertönt die ruhige Stimme Anzengrubers aus dem Hintergrund: »Wo der Junge herkommt, das kann ich dir sehr genau sagen, du Waldesel. Aber erst laß mich mal mein Geschäft hier erledigen.« Seelenruhig hockt er sich auf einen Eimer. Einige lachen. Franz geht auf den Blonden zu. Josef rückt auch näher heran. Er legt dem Jungen seine Hand auf die Schulter. Drüben richtet sich Anzengruber auf. Umständlich zieht er seine Hose hoch und geht hinüber zu dem Kameraden, der den Jungen anpöbelte. Er bückt sich und zieht den Mann am Kragen hoch. »So, Freund, jetzt wird dir ein Landsmann mal etwas sagen! Der Bazi ist von meiner Einheit. Der Bazi ist aus Deutschland, wo er zur Schule ging, freiwillig zurückgekommen und hat sich als Siebzehnjähriger freiwillig gemeldet. Und der Bazi ist ein prima Kamerad! Und wenn du hier stänkern willst, so schmeißen wir dich aus dem Wagen, noch ehe du mit deinem dicken Kopf bis drei gezählt hast. Oder wir übergeben dich schön fein verpackt den Russen. Die können dich ja wieder ins Lager zurückbringen.« Er dreht sich um und läßt den Mann einfach stehen. Verlegen sehen einige zur offenen Wagentür hinaus. Der Zwischenfall ist unangenehm. Gottlob sind alle zu schwach zum Streiten. Zum Glück beginnt draußen eine heftige Auseienandersetzung, die uns ganz gefangennimmt. Der blasse Oberleutnant steht zornig auf dem Feld und schreit so laut, daß wir jedes Wort hören können: »Das ist eine abkommenswidrige Maßnahme. Die wird für Sie, meine Herren, noch böse Folgen haben. Das lassen wir uns nicht so einfach gefallen.« Die Russen beschwichtigen. Sie reden etwas leiser, sind aber auch sehr erregt. Nach einer kurzen Pause fährt der Oberleutnant auf: »Sie hätten mich von Ihren Plänen in Kenntnis setzen müssen. Ich hätte nie zugestimmt. Es ist gegen jedes Menschenrecht. Verträge müssen auch Sie erfüllen. Außerdem hatte ich eine bestätigte Sondergenehmigung.« Über den Acker rumpelt ein Jeep. Ein hoher russischer Offizier springt heraus, noch ehe der Wagen richtig zum Stehen kommt. Die Gruppe entfernt sich nach vorn, zu den Wagen der Verwundeten. »Was ist nur los? Muß eine große Sache sein«, sagt einer. Die an der Tür strecken ihre Köpfe heraus. Die Wachsoldaten treiben sie zurück. Ein wenig später – es bleibt alles still – stoßen sie die Türen zu und verriegeln sie umständlich. Vermutungen, Gedanken –, wir reden uns müde. Der Blonde ist lange vergessen. Wir spüren, daß etwas geschehen ist, was wichtiger und bedeutender ist, als der Krach in unserem Waggon. Es ist Nacht als der Zug sich endlich wieder in Bewegung setzt.

Am Morgen des neuen Tages beschäftigt uns noch immer die Auseinandersetzung des deutschen Offiziers mit den Russen. Franz winkt und deutet auf den schmalen Luftspalt oben im Wagen. »Guck' mal raus. Ich halte dich.« Er faltet seine Hände und schiebt mich hoch. Der Zug fährt nicht sehr schnell. Aber weit und breit kein Dorf, kein Ort. »Laß mich mal auf deine Schultern, da kann ich etwas länger stehen.« Er macht sich krumm. Ich stehe auf seinem Rücken. Ein Bahnhofsschild fliegt vorbei. Nach einer Weile ein anderes. »Siehst du nichts?« fragt das Urviech ganz enttäuscht. »Warte noch. Kannst du noch?« »Klar«, brummt er. Wieder ein Schild. Ich warte. Will mir ganz sicher sein. Nach dem nächsten Schild bitte ich: »Laß mich runter.« Wir hocken uns nebeneinander. »Ich glaube, wir sind in Polen. Wenn es Polen nicht ist, ist's die Tschechei. Rußland auf keinen Fall mehr«, flüstere ich ihm zu. »Kannst du polnisch?« »Ein bißchen«, antworte ich. »Ich habe vier Jahre da gelebt.« »Mensch, da wird's langsam ernst«, meint er und geht hinüber zu dem Kurzen. Meine Beobachtung spricht sich herum. Nach Stunden kommt ein Fremder zu mir: »Guck noch einmal. Ich halte dich. Vielleicht siehst du jetzt mehr.« Er hebt mich hoch. Der Zug bummelt dahin. Ich habe das Gefühl, als hätten die Russen nun gar keine Eile mehr. Schon die ersten Ortsschilder kann ich gut lesen. Zwei, drei reichen mir. »Wir sind wieder da, wo all das Theater angefangen hat!« Mein Mann kommt herüber. »Was, wieder die Tschechen?« Ich nicke. Im Waggon ist's stille. Jeder grübelt vor sich hin. Als die Bremsen quietschen, schaue ich wieder durch den Luftspalt. Die Kameraden sind aufgeregt. »Was ist? Siehst du was?« »Lundenberg oder -burg, glaube ich, stand auf dem Schild.« »Klar, das ist die Grenze! Mensch, das ist Österreich!« brüllt einer los. Wir halten. »Sei bloß ruhig! Erst mal abwarten.« Keiner sitzt mehr. Draußen bleibt alles still. Wir halten den Atem an. Lauschen. Nichts! Nach wenigen Minuten schon, ein kurzer Pfiff. Mühsam, als hätte er eine unendlich schwere Last zu ziehen, setzt sich der Zug in Bewegung. Im Schrittempo geht es voran. Auf einmal hören wir es! Aus dem Nebenwaggon schreien sie im Takt: »Ö-ster-reich! Ö-ster-reich!« Wir schreien mit: »Ö-ster-reich! Ö-ster-reich!« Der Ruf pflanzt sich fort. Er übertönt das Rollen der Räder. »Ö-ster-reich!« Drüben, an der Wand, umarmen sich einige. Dem Anzengruber laufen die Tränen über die Wangen. Zitternd, mit roten Backen, sitzt der Josef mitten im Wagen und klatscht wie im Traum in die Hände. Die meisten aber sind zu schwach, um sich laut zu freuen. Sie liegen auf dem Boden, lächeln glücklich und bemühen sich, der Tränen Herr zu werden, die in ihren Augen glitzern. Mein Mann drängt sich neben mich. »Jetzt müssen wir noch mehr aufpassen. Wenn jetzt etwas schiefgeht, bringen sie uns den ganzen Weg wieder zurück. Dann aber als Strafgefangene – und das hält keiner mehr durch!« Der Franz umfaßt plötzlich den Blonden und schreit los: »Österreich! Österreich!« »Ein kluger Kerl«, flüstert mein Mann, faßt mich und schwenkt mich herum, so gut es seine Kräfte noch zulassen. Der Zug kriecht dahin. Wir strecken uns aus. Der Tag brachte so viele Aufregungen, daß wir erschöpft und müde sind. Ich ziehe meinen Mantel über den Kopf und schlafe ein.

Als ich erwache, steht der Transport. Unsere Türen bleiben verriegelt. Am Ausguck steht der mit dem struppigen Bart: »Sie laden die Verwundeten aus. Aber nur die, die auf Bahren liegen. Andere sehe ich nicht.« Licht brennt schon in einigen Häusern. »Muß spät sein«, sagt der Struppige. Wir suchen unsere letzten Reste Brot zusammen. »Ob das die Henkersmahlzeit ist?« fragt der Kurze. Ein Fremder antwortet: »Klar –, wenn wir morgen in Wien sind, bin ich abends schon bei meiner Frau.« »Spinner«, brummt ein anderer. »Das wird noch dauern. Wir haben doch alle keine Papiere mehr. Die entlassen uns erst, wenn sie uns von oben dis unten durchleuchtet haben. Du kannst deiner Frau noch viele Briefe schreiben! Was glaubst du, wie viele Deutsche sich hier druntergemischt haben. Die Russen sind doch nicht blöde. Die holen sie alle raus.« »Arme Schweine«, meint der Rotbäckige. »Was? Denen haben wir doch den ganzen Dreck zu verdanken«, schimpft der andere. »Recht hast du«, nicken wir beinahe zu einig. Anzengruber kommt herüber. »Kinder, das stinkt schon wieder hier drin. Dort in der Ecke kann man nicht mehr schlafen.« »Hier ist noch Platz«, sage ich. Er wickelt sich in seinen Mantel und setzt sich nieder.

Der Tag vergeht ohne Zwischenfälle. Essen, schlafen, essen, schlafen. Es ist stockdunkel, als mich mein Mann weckt: »Von jetzt an nur noch das Nötigste reden. Sehr vorsichtig sein. Sag es weiter.« Franz, neben mir, berichtet es leise dem Kurzen. Der flüstert es dem Rotbäckigen zu. Der blonde Junge ist schon von Anzengruber informiert worden. Der kümmert sich seit dem Krach ganz rührend um den Buben.

Unser Transport rollt nun nicht mehr so flott dahin. Es wird viel rangiert, zurückgestoßen, angefahren. Wir holpern über Weichen, stehen eine Weile, fahren wieder. Ich werde erst wach, als eine Stimme laut sagt: »Jetzt müßten wir aber längst in Wien sein.« Ich dehne mich, stehe auf und klettere herüber zu unseren Eimern. In dem Augenblick, als ich mir die Hose wieder zuknöpfe, hält der Zug. Neben mir lacht einer und sagt: »Na, vielleicht bist du der Letzte gewesen, der dieses Ding benutzt hat.« »Hoffentlich«, gebe ich zurück und steige über die Kameraden bis zu meinem Platz.

Als nach drei Tagen zum erstenmal die Tür wieder aufrollt, sind wir vom Licht geblendet. Eine deutsche Stimme befiehlt: »Alles heraustreten!« Mein Mann, als Wagenältester, übernimmt das Aufstellen. In fünf Zehnerreihen stehen wir vor unserem Wagen. Rechts und links die Gefangenen der Nachbarwaggons. Nur wenige Schritte vor uns stehen die Russen. Sehr dicht, sehr aufmerksam. Gewehr bei Fuß. Von vorn, wo die Abteile der Verwundeten sind, kommt der deutsche Oberleutnant mit drei hohen, russischen Offizieren. Sie laufen auf den Bahnschwellen. Einen Bahnsteig gibt es nicht. Der Zug ist weit ab von einem großen Bahnhof abgestellt, den wir in der Ferne sehen können. Zirka fünfzig Meter vor uns ein Stellwerk. Einer der Offiziere spricht mit dem Oberleutnant. Beide gestikulieren lebhaft. Wir stehen wartend. Der Deutsche tritt etwas zurück, um einen besseren Überblick zu haben. Er spricht sehr laut, sehr klar: »Kameraden! Wir sind in unserer Heimat angekommen. Heute erhaltet ihr die erste Verpflegung durch das Rote Kreuz. Die Waggons werden nur zur Essensausgabe und früh und abends zum Latrinengang geöffnet. Ihr geltet bis zu dem Augenblick als Kriegsgefangene, bis ihr den Repatrierungsschein oder Entlassungsschein in der Hand habt. Allen Befehlen und Anordnungen der russischen Bewacher ist sofort Folge zu leisten.« Einer der russischen Offiziere flüstert dem Oberleutnant etwas zu. Der nickt und fährt fort: »Morgen früh beginnt die Registrierung der Verwundeten und ihre Überprüfung. Die Kommission tritt heute abend zusammen. Ihr werdet also noch beinahe eine Woche auf eure Entlassung warten müssen. Ich wünsche euch viel Glück und eine gute Heimkehr!« Wir werden wieder eingeschlossen. Der Blonde setzt sich neben mich. Ich schaue zu Anzengruber hinüber. – Er ist sehr blaß. Wenige reden. Wir strecken uns aus. Jetzt heißt es nur noch noch: warten! Franz und der Kurze liegen nebeneinander. Sie sind sehr ernst, sehr nachdenklich. Während der langen Fahrt haben wir alles auswendig gelernt, was uns Anzengruber immer wieder eingetrichtert hat: die Namen von sechs Unteroffizieren, die zweier Leutnants, Namen und Alter und Eigenheiten des Regimentskommandeurs, des Kompanieführers, Ausbildungsort, Kasernenname und noch viele andere Kleinigkeiten, die bei einer Befragung von Wichtigkeit sein könnten. Einer amtlichen Überprüfung und einer ernsthaften Nachforschung jedoch würde das alles nicht standhalten. Das wissen wir ganz genau. Aber noch immer vertrauen wir unserem Glück, welches uns ja bis jetzt treu zur Seite stand.

Als es Abend wird und langsam die Dunkelheit durch die Wagenritzen kriecht, holen die Russen aus jedem Waggon vier Mann heraus, die bei der Verteilung des Essens mithelfen sollen. Mühsam schleppen sie große, dampfende Kessel über die Bohlen. Nicht weit von der Lokomotive stehen zwei Gulaschkanonen. Rotkreuzschwestern hasten mit Suppenkellen, Brotkörben und Henkeltöpfen hin und her. Sie verteilen das Essen und füllen es in die Kochgeschirre. Ruhig, flink und geschickt arbeiten sie. »In fünfzehn Minuten bringen wir den Kaffee«, erklärt eine. »Machen Sie bitte ihre Feldflaschen fertig.« »Kaffee! Haste das gehört?« Der Rotbäckige ist völlig außer Rand und Band. Als die Träger breite, hohe Töpfe anbringen, aus denen die dickbäuchigen Kannen gefüllt werden, mit denen die Schwestern unsere Flaschen vollgießen, kann sich Franz nicht mehr halten. »Welches Datum haben wir heute?« fragt er leise eine der Schwestern. »Den vierundzwanzigsten Mai!« flüstert sie zurück. Franz nickt und setzt sich im Wagen auf seinen Mantel. Sehr besinnlich sieht er aus. Plötzlich sagt er ganz feierlich: »Vor einem Jahr und achtzehn Tagen habe ich zum letzten Mal Kaffee getrunken. Auch aus der Feldflasche. In Oberschlesien war's, glaube ich. In so'ner kleinen Stadt...« Wir sitzen da – in einem Waggon – in Österreich – und wir träumen von Kaffee. Wir träumen so lange, bis uns die Russen herausrufen. Immer führen zwei Rotarmisten zwölf Mann zu den neu aufgestellten Latrinen. In zwei Gruppen laufen wir los. Die beiden Latrinenbauten stehen in einer Reihe nebeneinander. Auf Anordnung der Russen sollten sie vorne offenbleiben. Das Rote Kreuz, das für den Aufbau der Hilfstoiletten zuständig ist, lehnte diese Bauweise ab. Menschenunwürdig. Man einigte sich schließlich darauf, fünfundzwanzig Zentimeter Bodenfreiheit zu lassen, damit die Bewacher die Füße der Gefangenen sehen können. Jeden Morgen um sechs Uhr beginnt der Weg zur Latrine, um acht Uhr dreißig sind alle zweihundertundfünfzig Mann wieder im Waggon. Es bleiben also ungefähr fünfzehn Minuten für vierundzwanzig Gefangene. Um neun Uhr gibt es Kaffee und Butterbrote. Um ein Uhr Essensausgabe. Um sechs Uhr der letzte Latrinengang. In der restlichen Zeit werden die Waggons streng geschlossen gehalten.

Die Tage vergehen in stumpfsinnigem Dahocken. Am vierten Tag müssen wir früh wieder antreten. Die Russen zählen. Zwei Herren in Zivil und zwei russische, ältere Offiziere nehmen die Meldungen entgegen. »Zweihundertundfünfzig österreichische Kriegsgefangene stehen, in fünf Waggons untergebracht, zur Repatriierung bereit.« Die Waggonältesten werden zusammengerufen. Uns schließen die Wachen sofort wieder ein. Nach langer Zeit kommt mein Mann in den Wagen zurück: »Die Verwundeten sind alle fort. Zwölf Deutsche hatten sich darunter mit eingeschmuggelt. Sie kamen in ein russisches Lazarett. Dort werden sie so lange gepflegt, bis sie transportfähig sind. Dann müssen sie nach Rußland zurück und werden wegen ihres Fluchtversuches verurteilt. Morgen beginnt die Registrierung für unsere Waggons. Sie rechnen zwei bis drei Tage für einen Wagen. Für uns ist also noch Zeit.« Er streckt sich neben mir aus. Es gibt nichts mehr zu sagen.

Nach dem Essen wickeln wir uns zu einem langen Mittagsschlaf ein. So vergeht die Wartezeit am schnellsten. Als ich erwache, lehnen mein Mann und der Rotbäckige an der Wagenwand und flüstern. Ich rutsche daneben. Mein Mann erzählt: »Wir haben also das riesige Grab damals in der Nacht für unsere eigenen Toten ausgehoben. Die Russen haben den Waggon im Dunkeln einfach abgekoppelt, nachdem sie uns wieder eingeschlossen hatten. Fremde Gefangene mußten den Wagen leeren und die Toten verscharren. Die Russen gaben vor der österreichischen Kommission an, daß dieser Totentransport eine gesundheitliche Gefährdung des ganzen Zuges bedeutete. Mich haben sie gefragt, ob ich gewußt hätte, für wen wir das große Grab ausheben mußten. Ich verneinte und sagte ihnen, daß wir alle fürchteten, daß es für uns selbst sei.« »Sorge Dich nicht«, meinte der Rotbäckige, »wer kann schon etwas gegen die Sieger unternehmen. Die Geschichte verläuft im Sande!« Damit ist das Thema abgeschlossen. Als wir abends zum Latrinengang antreten, sehen wir, sehr weit vorn, in Höhe der Lokomotive, wo ein schmaler, betonierter Bahnsteig beginnt, drei Tische und mehrere Stühle stehen. Franz raunt mir zu: »Dort sitzt die Kommission und überprüft die Fälle.« Ich gebe es leise weiter. Uns wird von Stund zu Stund mulmiger. Sogar Anzengruber legt sein ganzes zerknittertes Gesicht in Sorgenfalten. Wir reden noch weniger. Jeder geht seinen eigenen Gedanken nach. Und das sind sicher heute nicht die schönsten! Von einem Kameraden aus dem Nachbarwaggon, der schon zweimal beim Putzen und Säubern der Verwundetenwagen eingeteilt war, erfahren wir, daß die Russen vor allem nach der Heimatadresse, dem heimatlichen Arbeitgeber und nach Familienangehörigen fragen. »Sie haben auch dicke Bücher und gucken immer irgend etwas nach«, berichtet der Mann. Nachts liege ich mit offenen Augen auf dem harten Bretterboden und stelle mir mit Schaudern vor, daß sie mich dort vorn an den Tischen als Frau entlarven und noch dazu als Deutsche – eines allein wäre schon schlimm genug! Auf jeden Fall müßte ich dann zurück in ein russisches Lager, würde außerdem noch verurteilt…, nein, es ist nicht auszudenken! Der Kurze neben mir wirft sich unruhig hin und her. Ich richte mich auf. Franz und der Blonde liegen Kopf an Kopf. Ich höre nichts, aber ich fühle, daß sie miteinander flüstern. Mein Mann dreht sich von einer Seite auf die andere. Meine Augen sind müde und mein Herz ist schwer und voller Angst. Nie habe ich die Gefahr so hautnah vorausgefühlt, wie in dieser endlosen Nacht im Waggon vor Wien.

Nach dem Latrinengang am nächsten Morgen winkt uns der Franz in seine Ecke: »Nun unterhaltet euch mal schön laut. Wir haben etwas zu besprechen.« Der Rotbäckige, der Blonde und ich – wir bilden ein kleines Grüppchen, direkt vor meinem Mann, Franz und dem Kurzen. Es wird eine lebhafte Debatte über den glatten Hauptmann, über den Kommandanten –, wir schimpfen, lachen, politisieren, so lange, bis mein Mann sich einmischt. Mit einem raschen Blick winkt er mich zu sich. Er sucht die Zettel mit den Adressen zusammen, die uns die Kameraden mitgegeben haben. Dabei stecken wir die Köpfe dicht aneinander: »Wir müssen fliehen«, flüstert er mir beinah lautlos zu. Ich spüre, daß mir eiskalt wird. Ich kann das Blut in meinen Fingerspitzen pochen fühlen. »Durch diese Kontrolle kommen wir nie hindurch«, sagt er nahe an meinem Ohr. Laut sagt er: »Wovon du immer müde bist, weiß ich auch nicht!« Ich nutze die Gelegenheit und lege mich hin. Meine Beine hätten mich auch keine Minute länger getragen! Unter meinem Mantel verkrieche ich mich. Als um ein Uhr das Essen verteilt wird, fühle ich mich etwas besser. Wir sitzen alle zusammen. Mit vollem Mund flüstert mir der Rotbäckige zu: »Heute, abends, wenn wir zur Latrine geführt werden, sofort die Stiefel ausziehen. Stehenlassen, daß sie die Wachen sehen können. Begriffen?« Ich nicke. »Die beiden Oberbretter in jeder Latrine sind locker. Also nischt wie raus!« Laut sagt er: »Schmeckt prima heute! Etwas weniger Salz als gestern. Merkst du das auch?« Franz brummt herüber: »Für dich war die Kohlsuppe in Rußland gerade richtig.« Gezwungenes Lachen. Der Rotbäckige wispert: »Wir treffen uns hinterm Stellwerk.« Ich rutsche zu meinem Mann. »Wir sechs müssen in einen Latrinenbau. Das ist das Problem. Die ersten zwölf kommen in Bau eins. Die Latten sind aber nur in Bau zwei locker. Also müssen wir uns in der zweiten Reihe einordnen. Unauffällig für die Kameraden hier. Paß auf und beeile dich! Es muß klappen, sonst sind wir verloren. Also, es geht beinahe um jede Sekunde.« Er dreht sich ab und gesellt sich zu einer Gruppe Österreicher, die alle aus Wien stammen. Sie machen Pläne über ihre Zukunft. Der Blonde schaut herüber. Mit dem Kurzen kommt er zu mir. Eine Weile stehen wir schweigend nebeneinander. »Wenn eine der Wachen auch nur einmal hinter den Latrinenbau guckt, sind wir verloren«, meint der Junge sehr leise. Laut antworte ich: »Ja, das glaube ich auch. Aber wenn es keiner tut, dann geht's.« Wir legen uns lang auf den Boden. Ichhabe den Eindruck, daß wir zu angespannt sind und die Stunden bis zum Abend dringend brauchen, um Kräfte zu sammeln, für das, was vor uns liegt. Schlafen aber kann keiner. Als die Tür aufgeschoben wird, sehe ich, daß sich Franz, das Urviech, bekreuzigt.

Wir treten an. Es klappt gut. Wir schieben uns alle sechs in die zweite Reihe. Anzengruber will sich zu uns stellen. Mein Mann wird sehr nervös. Er schafft es, den Österreicher noch zu denen in der ersten Reihe zu stoßen. Erst viel später erkenne ich, wie wichtig das war. Er hat so auf jeden Fall verhindert, daß der Arme in Verbindung mit unserer Flucht gebracht wurde. Gleichgültig, ob sie gelingen oder fehlschlagen würde.

Von diesem Augenblick an, als wir loslaufen, in zwei langen Zwölferreihen – rechts und links ein Rotarmist mit Karabiner – von diesem Augenblick an, weiß ich von den Kameraden nichts mehr. Ich sehe nur noch mich selbst. Ich nehme wahr, daß der Blonde neben mir läuft. Bei einem raschen Seitenblick bemerke ich, daß der Kurze, links von mir, Schweißtropfen auf der Stirn hat. Ich laufe wie eine Maschine. Die erste Reihe schwenkt zu Bau eins ab. Wir zwölf Mann nehmen Aufstellung vor Bau zwei. Ich sehe den Russen. Er ist auffällig klein. Er hebt den Karabiner hoch. Das Zeichen, daß wir eintreten dürfen. Ich reiße mir die Stiefel von den Füßen. Vom Sitz aus heben sich die Rückbretter leicht ab. Ich ziehe mich hoch. Zwänge mich durch die Öffnung. Eng, sehr eng, fährt es mir durch den Sinn. Die Bretter kann ich nicht mehr erreichen. Ich lasse mich vorsichtig auf der Außenseite herabgleiten. Der Blonde steht schon da. Wir laufen geduckt los. Das Stellwerk scheint auf einmal unendlich weit. Meine Füße spüren die kalte Erde. Ich fühle meinen Pulsschlag in den Schläfen. Der Blonde ist vor mir. Ich höre seinen Atem. Rotbraun kommt die Mauer des Stellwerks auf mich zu. Hinter mir das Keuchen eines Kameraden. Ich biege um die Ecke. Auf dem Boden liegt der Junge. Sein Gesicht ist dunkelrot. Ich falle neben ihn. Wenn uns einer aus dem Stellwerk gesehen hat, fährt es mir durch den Kopf. Franz taucht auf. »Sofort weiter«, faucht er. Wir rennen hinter ihm her. Wieder ein Häuschen. Dann Schienen. Jetzt ist der Kurze neben mir. Er schnauft entsetzlich. Wir sehen nur nach Franz. Mit großen Sätzen springt der gerade über einen niedrigen Holzzaun. »Dort ist ein Ort. Wir müssen unter Leute«, stößt er hervor. Wir jagen weiter. Warum rufen die Russen nicht? Warum schießen sie nicht? Merkwürdig, man kann um sein Leben laufen und doch dabei denken. Wir sind am Dorf angekommen. Oder ist es ein Vorstadtort? Keiner blickt zurück. Nebeneinander lehnen wir an einer Mauer. Das völlig verschwitzte Gesicht des Rotbäckigen ist neben mir. Der Blonde ist an der Hauswand in die Knie gesunken. Franz reißt seinen linken Fußlappen ab. »Wartet hier«, ruft er und läuft um die Ecke. »Siehst du den Zug noch?« Der Junge stößt es, noch außer Atem, hervor. »Ja, weit drüben. Schießen können sie aber bis hier hin nicht mehr.« »Dürfen sie auch nicht! Ist doch Österreich. Und hier wohnen überall Leute«, ergänzt der Kurze. Es dauert recht lange, bis Franz zurückkommt. »Los. Hosenbeine hochwickeln. Fußlappen ab. Redet miteinander. Es muß so aussehen, als kämen wir von der Arbeit – oder von einem Fluß.« Zum ersten Mal schiebt sich mein Mann neben mich. Er ist sehr blaß. »Was hast du?« »Ich bin verletzt, blute sehr stark.« Ich bemerke, daß er beide Hände auf seinen Leib preßt. »Kannst du noch gehen?« »Wenn es nicht sehr weit ist«, stößt er hervor. Die Straße ist kurz und zum Glück schlecht beleuchtet. Zwei Frauen kommen uns entgegen. Sie tragen schwere Körbe. Ihre mitleidigen Blicke streifen uns. Mein Mann stützt sich fest auf meine Schulter. Rechts ein Neubau. Halbfertig. Zweistöckig nur. Ein Mann tritt heraus. »Das sind meine fünf Kameraden. Kannst du uns unterbringen bis morgen früh?« Franz schaut den Fremden bittend an. »Wir haben einen Verwundeten hier. Der muß morgen schnell zum Arzt. Bitte helfen Sie uns doch«, bitte ich eindringlich. Mein Mann streckt seine blutigen Hände nach vorn. Die Kameraden gucken erstaunt. Mitfühlend deutet der Mann nach einer hölzernen Bauhütte. »Klettert dort hinein. Ich habe nichts gesehen.« Er verschwindet in dem noch fensterlosen Bau. Wir drängen vorwärts. Die Tür ist mit einem Holzpflock zugehalten. Innen zwei Stühle, ein kleines Wandregal, als Tisch eine helle Holzkiste. In der Ecke, auf einen Haufen geworfen, alte, schmutzige Decken. Wir werfen uns auf den Boden. Ob sie uns suchen? Ob sie bis hier her kommen? Ob sie den Anzengruber bestrafen, weil er stets zu uns hielt? Ob ihn seine Landsleute decken? Unzählige Fragen stehen im Raum. Nein, sicher sind wir hier noch lange nicht, das spüren wir alle sechs. »In einer Stunde ungefähr geht es weiter. Hier können wir nicht bleiben. Wer weiß, ob der Kerl da draußen dichthält.« Franz denkt laut. Ich sehe mir mit dem Kurzen die Wunde meines Mannes an. »Du bist eben immer noch zu dick, Häuptling«, meint er. »Gefällt mir gar nicht«, fügt er dann hinzu. »Ja, ich wäre beinahe nicht durch die Öffnung gekommen. Todesängste habe ich ausgestanden. Wenn du mich nicht mit aller Kraft herausgezerrt hättest, hinge ich jetzt noch dort.« Das Koppelschloß hat meinem Mann die ganze Bauchdecke aufgerissen. Die Wunde ist sehr lang. »Morgen mußt du sofort zum Arzt«, ordnete Franz an. »Sonst kriegst du durch den Dreck gar noch eine Blutvergiftung«, fügt er hinzu. »Und wenn uns der Mann verrät?« wirft mein Mann ein. »Egal! Immer noch besser, als so dicht vor dem Ziel einzugehen.« Der Rotbäckige sagt es laut und wir stimmen zu. »Hast du fein gemacht«, sage ich zu dem Kurzen und klopfe ihm anerkennend auf die Schulter. In dem Moment sehe ich, daß er als einziger von uns Stiefel trägt. »Mensch, wie haste das denn gemacht?« Wir drängen uns um ihn. »Sorgt euch nicht. In meiner Latrine stehen auch schön brav ein Paar ganz alte Stiefel. Ich hatte sie mir unter dem Mantel um den Hals gehängt.« Wir sind fassungslos. »Und der Mantel?« »Der hängt auch dort«, lacht der Kurze hämisch. Er sieht so verschmitzt aus, als hätte er den Russen einen tollen Streich gespielt. Der Blonde ist auf dem Deckenhaufen eingeschlafen. Nach einer Weile ruft Franz: »Los! Weiter.« Er zieht den Jungen am Arm hoch. Die Decken rutschen mit. »Mensch, was seh' ich?« Er zieht ein altes Paar Gummistiefel unter den Decken hervor. Der Rotbäckige stürzt sich in den Haufen. Er wühlt weiter. Was er aber dann hervorzieht, sieht Stiefeln nicht mehr sehr ähnlich. In jeder Gummisohle klafft ein großes Loch. »Immer noch besser, als mit den zerfetzten Fußlappen zu laufen.« Stolz setzt er sich neben Franz und zieht sich die neuen Schuhe an. Die Erstgefundenen bekommt mein Mann. Franz, der Blonde und ich, wir wickeln uns wieder Lumpen um die Füße und sind startbereit.

Die Straßen liegen in schwachem Licht. Wir gehen langsam. Nur wenige Menschen begegnen uns. Die meisten weichen uns scheu aus. Schmutzig, zerrissen und ohne Schuhe – so sehen wir auch sicher nicht sehr vertrauenserweckend aus. »Sucht mir bitte einen Arzt«, verlangt mein Mann. Seine Hose ist blutdurchtränkt. Wir teilen uns auf. Drei gehen rechts, drei gehen links. An den Haustüren suchen wir nach Arztschildern. Die Geschäfte sind nur schwach beleuchtet. Eine alte, schmiedeeiserne Uhr zeigt die Zeit. Es ist 22 Uhr 46! Der Blonde ist immer zehn Schritte voraus. Er ist es auch, der plötzlich schreit: »Hier ist einer!« Als wir nahekommen, hat er schon geklingelt. Wir warten. Nichts rührt sich. Wir klingeln nocheinmal. Vergeblich. »Weiter«, sagt der Rotbäckige. Ein kleiner Platz. Bäume.

Bänke. Ein junger Mann begegnet uns. Er spricht uns sofort an. »Seid ihr Soldaten?« Wir sind so erstaunt, daß wir alle Vorsicht vergessen und nicken. »Ihr seid ja verrückt, nachts hier herumzulaufen. Wir haben in jedem Ort, in jedem Dorf, russische Kommissariate und starke Posten. Wenn die euch erwischen, dann seid ihr hin.« »Weißt du einen Arzt? Wir haben einen kranken Kameraden.« »Kommt mit. Ich führ euch.« Nach einigen Schritten bleibt er stehen. »Geht hinter mir.« Er führt uns drei, vier Straßen weit. An jeder bleibt er stehen und schaut erst die Straße entlang. Mein Mann stützt sich schwer auf mich. Franz ist immer neben dem jungen Mann. An einem freistehenden Haus klingelt der Fremde. Eine Männerstimme fragt: »Wer ist da?« »Mein Name ist Adolf Weiner. Ich bin ein Patient von Ihnen. Ich habe hier einen Verletzten. Darf er heraufkommen?« »Ich mache auf.« Das Fenster geht zu. Licht geht an. Der Doktor öffnet selbst. Der Kurze will meinen Mann begleiten. »Bitte allein«, verlangt der Arzt. Wir setzen uns vor die Haustür auf die Stufen. Der Fremde verabschiedet sich und geht. Es dauert lange, bis mein Mann herunterkommt. »Alles gut?« Er nickt, deutet auf einen kleinen Sack, der ihm auf dem Rücken hängt. »Erst mal raus aus dem Ort. In irgendeinen Wald. Wer weiß schon, wo wir hier sind.« Franz macht sich auf den Weg. Wir ziehen im Gänsemarsch hinterher. Der erste Überschwang, die erste Freude – alles ist verschwunden. Wir sind wieder Gejagte. An jeder Ecke sichern wir unseren Weg. Als der Morgen zu grauen beginnt, sind wir am Ende unserer Kräfte. Einen Wald aber finden wir nicht. Ein Zaun, einige Büsche locken. Wir verkriechen uns darunter. »Schlaft. Ich wache – und ehe mir die Augen zufallen, wecke ich den Nächsten. Ohne Wache dürfen wir jetzt nicht mehr schlafen«, sagt der Kurze. Mir ist alles egal. Ich schlafe schon, während ich mich zusammenrolle.

Der Rotbäckige rüttelt mich: »Los! Du bist dran! Setz' dich hin und schlafe nicht ein. Wenn du gar nicht mehr kannst, so wecke den Häuptling.« Am Horizont steigt ein hellgrauer Lichtstreifen auf. Ich friere etwas. Der Rotbäckige schnarcht schon, ehe ich mich richtig zurechtgesetzt habe. Zum ersten Mal genieße ich, seit langer, langer Zeit, in beinahe feierlicher Stille einen Sonnenaufgang. Kein Stacheldraht ist um mich. Kein harter Schritt eines Wachsoldaten. Irgendwo im Gebüsch raschelt ein Vogel. Es piept und flattert. Aus dem diesigen Morgenlicht schälen sich in der Ferne drei Häuser. Ein Wäldchen links. Nicht mehr als dreißig Bäume. Auf dem Acker vor uns ein schöner, beinahe neuer Leiterwagen. Die Kameraden atmen mit weit geöffneten Mündern. Ich wecke sie nicht. Der Tag und der Sonnenschein tun es für mich.

Wir sitzen Rücken an Rücken. Was wird jetzt? In welcher Richtung laufen wir? Marschieren wir am Tag oder in der Nacht? Woher bekommen wir etwas zu essen? Wir benötigen eine Karte. »Jetzt will ich euch erst mal auspacken, was mir der Arzt alles mitgab«, verkündete mein Mann. Langsam greift er in den Sack, den er unter seinen Kopf gelegt hatte. »Ich bekam von dem Doktor zwei Spritzen und einen festen Verband. ›Sie sind geflohene deutsche Soldaten, alle‹, sagte er mir gleich auf den Kopf zu. ›Meine beiden Söhne sind in Gefangenschaft. Der eine in England, der andere in Rußland. Meiden Sie jedes Dorf, jede Stadt. Überall stehen die Russen. Überall gibt es Zuträger. Außerdem sind hohe Strafen ausgesetzt, für Leute, die geflüchteten Soldaten helfen. Die Stimmung unter den Österreichern ist für euch Deutsche auch nicht gerade gut. Versucht so schnell als möglich in die Gegend von Linz zu kommen. Dort sind die Amerikaner. Hier jedenfalls seid ihr noch lange nicht in Sicherheit.‹ Das alles erzählte er, während er mich behandelte. Beim Abschied holte er einige Sachen von seinen Söhnen. Ich bat um Schuhe.« Mein Mann beginnt nach diesem Bericht vor uns auszubreiten: Zwei Hosen, ein Sporthemd, einen Pullover, ein Paar Halbschuhe, ein Paar weißgraue Turnschuhe und eine Handvoll Tabletten. Die Sachen werden verteilt. Dann sitzen wir schweigend. »Was machen wir nun? Wir einigen uns darauf, erst einmal so lange zu laufen, wie das große Gelände für uns weithin übersichtlich ist. Sobald wir einen Bauern auf dem Feld arbeiten sehen, weichen wir aus. Um jedes Dorf machen wir einen großen Bogen. Wir laufen über Wiesen, Felder, an Bächen vorbei – und erst am Abend finden wir einen Wald, der uns schützend aufnimmt.

Im Schein der Abendsonne liegt in einer Senke ein kleines Dorf. Wir sind nun fast zwei volle Tage ohne jegliches Essen. Der Magen beginnt zu fordern. Franz wird ausstaffiert und in den Ort geschickt. Er trägt stolz die neuen Hosen, den Pullover und die Halbschuhe von mir, weil sie ihm am besten passen. Wir liegen am Waldrand und verfolgen ihn mit den Augen, so lange es nur möglich ist. »Wenn er nur etwas Brot mitbringt«, sage ich. »Vielleicht schenkt ihm jemand Kartoffeln und Obst«, träumt der Kurze. Es wird dunkel. Wir liegen noch immer an der selben Stelle. »Es muß bald Mitternacht sein«, flüstert mein Mann. In der Ferne ein Pfeifen. Wir springen auf. Ducken uns hinter Bäume. »In München steht ein Hofbräuhaus . . .« – laut und hell klingt es immer näher. »He, Franz?« der Rotbäckige ruft es leise. »Ja, kommts schon her«, antwortet unser Urviech und läßt einen Kartoffelsack von der Schulter gleiten. »Im Dorf sind Russen. Ich saß in einem Schuppen, bis es richtig dunkel war. Eine Metzgerei, eine Bäckerei und einen Kramladen habe ich gesehen. Alles natürlich zu. Neben der Kirche ein schönes Haus. Das Pfarrhaus, habe ich gedacht. Kann nie falsch sein. Da hab' ich geklopft. Eine alte Frau machte auf. Ne, der Pfarrer wohnt im Nachbarort. Kommt nur am Sonntag herüber. Da habe ich einfach die Alte um Hilfe gebeten. Nun guckt euch mal an, an was die alles gedacht hat.« Er öffnet den Sack. Äpfel rollen heraus, ein gewaltiges Glas mit kalter Bohnensuppe.

In eine grüne Decke sind eingewickelt: zwei Löffel, zwei Messer, Streichhölzer, ein halbes Brot, ein Schüsselchen mit

Fett und zehn kalte, gekochte Kartoffeln. Zwei weiß-rotgestreifte Melkerhemden, ein Paar alte, braune Herrenschuhe und ein kleines Stück Seife zaubert er noch hervor. In den Taschen hat er vier rohe Eier. Stumm sitzen wir vor all den Herrlichkeiten. Zuerst beginnt der große Schuhtausch. Am Ende hat jeder ein Paar, mit denen er halbwegs gut laufen kann. Die rohen Eier werden verlost. Da mein Mann so ein Ei nicht roh trinken kann, bekomme ich es. Gut gestärkt laufen wir noch so lange weiter, bis der Tag zu dämmern beginnt. Ein dichtes Unterholz bietet uns Schutz. Ich habe die erste Wache. Erst als mir die Augen immer wieder zufallen, wecke ich den Blonden.

Tag reiht sich an Tag. Nacht an Nacht – wie Perlen an einer Kette. Wir schlafen erschöpft, wenn es hell ist, laufen bei Dunkelheit. »Wenn wir eines Tages in der Tschechoslowakei landen, dann ist alles vergeblich gewesen«, sagt der Rotbäckige. »Wir brauchen eine Karte – und wenn wir sie klauen müssen.« Ich habe eine großartige Idee und wir führen sie noch am selben Morgen aus. Dem Blonden schneiden und reißen wir die alte, zerfetzte Uniformhose kurz über dem Knie ab. Er bekommt ein Melkerhemd an, Halbschuhe mit Socken und marschiert ins nächste Dorf. Dort fragt er nach der Schule, will seinen alten Lehrer besuchen ... und versucht an eine Karte oder einen Atlas zu kommen. So weit mein Plan. Die Ausführung erzählt nach wenigen Stunden der Blonde: »Die Schule war rasch gefunden. In allen Klassen wurde gesprochen. Ich wagte mich in keine hinein. Auf dem kleinen Schulhof spielten vier Buben. »He«, rief ich, »wo ist euer Lehrer? Ich soll eine Karte abholen!« ›Komm mit‹, schrie einer der Jungen und zog mich hinter sich her in den Flur. ›Von der Welt oder von wo?‹ fragte er. »Von Österreich natürlich«, gab ich zurück. Er verschwand in einem Zimmer und kam mit dieser Karte heraus.« Der Blonde stellte eine große Tafelwandkarte an einen Baum. Wir sahen uns an, dann das riesige, zusammengerollte Ding, das am Baum lehnte – und begannen so schrecklich zu lachen, daß wir nichts mehr reden konnten. »Ich wußte ja, daß ihr eine kleine wolltet, aber als der Junge damit ankam, da nahm ich sie halt und lief los. Was sollte ich tun? Durch den halben Ort bin ich mit dem Ding gelaufen – und immer dachte ich, es wird gleich jemand mich zurückrufen.« Tröstend schlägt ihm Franz auf die Schulter. »Ach, und einen Wegweiser habe ich auch gesehen. Hinter uns muß eine Stadt liegen, die heißt Zwettl, und nach dort – er weist mit der Hand nach vorn – geht es nach Gmünd und Budweis.« »Das ist die Tschechei«, sage ich. Der Rotbäckige stöhnt auf: »Da gehe ich keinen Schritt weiter! Lieber in die Hölle, als noch einmal in meinem Leben dorthin.«

Wir drehen sofort südlich und hocken uns dann gemeinsam über die große Karte. Drei Tage schleppen wir das unhandliche Ding mit uns herum, um Städte- und Dorfnamen zu vergleichen. Das neue Ziel ist Grein und die Donau!

Es wird hell. Die Sonne schickt lange, tastende Strahlen über die Wiesen. Wir haben einen Hochstand ausgemacht und wollen uns gerade dahinter im Gebüsch verkriechen, als wir Stimmen hören. Kopfüber verschwinden wir im Geäst. Etwa zehn Meter vor uns ist ein breiter, befahrbarer Feldweg. Auf ihm kommen acht russische Soldaten mit Fahrrädern entlang. Sie lachen und toben ausgelassen. Die Karabiner hängen über ihren Schultern, pendeln nach rechts und links, während sie lustig Freiübungen auf den Fahrrädern machen. Als einer umfällt, halten sie alle an. Wir wagen kaum zu atmen. Sie putzen ihren Kameraden ab, balgen sich etwas und... fahren weiter. Uns steckt der Schreck so gewaltig in den Gliedern, daß wir uns zum Schlafen doch weiter ab vom Weg verstecken. Als es Mittag ist, nimmt mich Franz mit, um ein Dorf zu suchen. Die anderen schlafen weiter. Schweigend laufen wir hintereinander – jedes Geräusch beachtend. Ein Holzstoß. Halb vermodert. Höchstens dreihundert Meter von uns entfernt, ein Bauernhaus. Wir liegen nebeneinander.

Das Haus lassen wir nicht mehr aus den Augen. »Der Hunger ist in all den Tagen ja beinahe schlimmer, als das viele Laufen. Findest du nicht?« fragt Franz. »Der Rotbäckige und der Kurze konnten gestern gar nicht einschlafen vor Hunger«, antworte ich. Wir starren auf die Rückseite des Bauernhauses, die uns zugerichtet ist. Unten, zu ebener Erde, drei Fenster. Im ersten Stock vier. Die Wiese, bis hin zum Haus, ist aufgeteilt in einzelne Stücke, die mit einfachen Holzzäunen von einander abgetrennt sind. Links, aus Stein, ein niedriges Ställchen. »Entweder ist das ein Schweinestall oder ein Hühnerstall«, kalkuliert der Franz. Stundenlang liegen wir stumm und beobachten. Ein Mann trägt Holz, kommt zur Hinterseite und verschwindet wieder mit einer Schaufel. »Laufe zu den Kameraden und sage ihnen, daß sie auf uns warten sollen.« Vorsichtig schleiche ich los. Als ich zurückkehre liegt Franz noch immer beobachtend am Holzhaufen. Drüben erscheint im rötlichen Licht der Abendsonne eine Frau. Sie treibt tatsächlich Hühner in das Ställchen und verschließt die Tür. »Jetzt haben wir Zeit. Es muß richtig dunkel sein«, brummt Franz und dreht sich auf den Rücken. Ich tue es ihm nach. Lange liegen wir schweigend. »Wenig Mond heute«, sage ich leise. »Gut so. Mehr brauchen wir auch nicht«, fügt er hinzu. Im Haus sind alle Lichter in den unteren Zimmern verloschen. Nur oben schimmert noch eins trübe durch Gardinen. Wir laufen langsam über die Wiesen. Die Zäune sind niedrig. Der Boden fest. Franz geht schnurstracks auf den Hühnerstall los. An der Wand setzt er sich auf die Erde und zieht mich zu sich. »Hast du schon mal Hühner gefangen?« »Klar, aber noch nie in der Nacht!« gebe ich zu. Er sieht mich an und flüstert: »Bist doch ein fixes Kerlchen. Also paß auf. Die Biester machen einen unheimlichen Krach. Greif dir eins – drück sofort den Hals fest zu und lauf' los. Guck dich nicht um! Lauf' und warte nicht auf mich. Verstanden?« Er beginnt am Türchen zu hantieren. Die Hühner scheint schon das zu stören. Sie gackern leise. Franz wartet. Arbeitet weiter. »Kommst!« zischt er plötzlich. »Festhalten! Egal, was du erwischt – und ab zu den Kameraden!« Millimeterweise zieht er die Tür auf. Als er voll im Türrahmen steht, höre ich sein leises: Los! Ich drücke mich an ihm vorbei – und schon geht die Hölle los! Um mich flattert's, kreischt's, stäuben Federn. Ich sehe nichts, greife hinein, halte ein Tier in der Hand – raus zur Tür und über den ersten Zaun. Über die Wiese – noch ein Zaun – im Laufen knöpfe ich mir die Jacke oben auf, stopfe das Huhn hinein, so gut es geht. Als ich den Griff um den Hals etwas lockere, kreischt das Tier wieder los. Ich renne weiter. Endlich der Holzstoß. Schweißüberströmt, vor Anstrengung und Angst, falle ich auf den Boden – erdrücke fast das Huhn. Es gackert aufgeregt direkt vor meinem Gesicht. Ich muß erst wieder zu Atem kommen, denke ich – aber schon ist der Franz neben mir. »Hier, halt mal.« In jede Hand drückt er mir noch ein Huhn. Er läuft etwas zurück. Ich lehne erschöpft an einem Baum. Ab und zu lasse ich die Hühner atmen. Franz kommt herangesprungen: »Ja, sie haben es doch gehört. Diese Mistviecher! Da fange ich doch lieber Schweine. Das lohnt sich eher, auch wenn sie noch so quieken!« Wir gehen weiter. Aus meiner Jacke gucken die erstaunten Augen meines Huhnes. Auch die von Franz leben noch, als wir bei den Kameraden ankommen. Sie sind so begeistert, daß sie am liebsten sofort Feuer machen würden. Mein Mann warnt: »Das geht nur bei Tageslicht. Sonst verrät uns der Feuerschein.« Einen halben Tag und eine halbe Nacht haben wir verloren, um etwas zu essen zu besorgen. Nun laufen wir so lange weiter, bis es hell ist. Jeder trägt die Hühner ein Stück. Die haben sich inzwischen beruhigt und verhalten sich still. An einer Waldlichtung machen wir Feuer. Der Rotbäckige schlachtet die Tiere, der Blonde und ich, wir rupfen sie. Es kann allen nicht schnell genug gehen! Franz sieht mir beim Ausnehmen zu. Das Braten übernimmt er dann wieder. Es ist ein köstliches Mahl! Satt und zufrieden lassen wir uns danach auf den harten

Waldboden fallen. Leider hält der schöne Zustand nicht lange an. Die Gier und die Eile, mit der wir die drei Hühner verschlungen haben, müssen wir teuer bezahlen. Uns wird so übel, daß wir uns schon nach kurzer Zeit davonstehlen, um das Fleisch wieder von uns zu geben. »Wir sind eben nichts Gutes mehr gewöhnt«, sagt tröstend der Kurze. Nur der Franz hat einen Magen wie ein Pferd. Ihm bekommen die gestohlenen Hühner bestens. Wir aber sind froh, daß wir nun den Tag zum Schlafen vor uns haben. Wir brauchen neue Kräfte für den Marsch in der Nacht.

Wir machen uns spät auf den Weg. Wir wollen den kleinen Ort erreichen, den wir an einem Berghang liegen sehen. Das Wetter ist trüb. Wir befürchten Regen. Am Ortsrand arbeitet ein Bauer. Freundlich grüßend gehen wir auf ihn zu. »Steht hier nicht lange herum«, spricht er uns an, ohne aufzusehen. »Seht ihr das gelbe Haus da vorn? Kommt um zehn hin. Wir geben euch etwas zu essen. Vorsichtig. Es sind Russen im Dorf.« Wir begreifen sofort. Schnellen Schrittes laufen wir zurück, bis uns einige Büsche an einem Feldrain verdecken. Aufmerksam, nach allen Seiten schauend und lauschend, warten wir, bis es Nacht ist. »Ob der Mann ehrlich ist?« »Wenn er uns verrät, fangen sie uns ganz gemütlich beim Essen!« »Wir müssen es wagen. Wir brauchen endlich eine Karte«, schimpft der Kurze, der sich noch immer mit der Wandkarte abschleppt. Wir laufen immer zu zweit los. Das Haus finden wir rasch. Der Rotbäckige und ich sind die Ersten. Mein Mann kommt mit dem Blonden nach. Nach langer Zeit erscheinen Franz und der Kurze. Sie geben uns mit den Augen ein Zeichen, daß draußen alles in Ordnung scheint. Wir sind beruhigt. Der Bauer bietet Wein an. Wir lehnen ab. Die Bäuerin, eine rundliche, mütterliche Frau, stellt still und ruhig sechs tiefe Teller auf den Tisch. Randvoll füllt sie alle mit Nudelsuppe. Es ist wohltuend, daß uns keiner Fragen stellt. Wir löffeln heißhungrig. Der Bauer lächelt ein bißchen und sagt: »Es ist noch mehr da.« Wir kriegen rote Köpfe. »Wir kochen jeden Tag etwas mehr, falls Soldaten vorbeikommen«, sagt still die Frau. »Ja, es kommen ab und zu welche. Aus der Tschechei, sogar herauf von Polen und einmal zwei, die aus Jugoslawien waren«, erzählt der Bauer. »Haben Sie eine alte Straßenkarte?« bittet mein Mann. Der Alte steht auf und verschwindet in einem Nebenzimmer. Als wir uns verabschieden, drückt uns die Bäuerin in dünnes Papier eingewickelte Brote in die Hand. »Was wir geben, wird vielleicht auch unserem Sohn gegeben«, sagt er leise. »Der ist in Rußland.« Wir schweigen. Er drückt uns eine alte Wanderkarte in die Hand und eine Flasche Most. Die Frau macht Kreuze über uns, als wir uns dankend verabschieden. Wir huschen dem Wald zu, den wir in der Ferne wissen. Ein gütiger, fahler Mond verbirgt uns vor den Augen von eventuellen Spähern. Als wir uns unter Tannen niederlegen, beginnt es fein und weich zu regnen.

Wir verschlafen den ganzen Tag. Der Most geht reihum. Wir trinken in kleinen, vorsichtigen Schlucken. Das Brot stärkt uns für den Nachtmarsch. »In zwei Nächten müßten wir sehr nahe an der Donau sein. Weinberge gibt es hier ja schon genug«, schätzt der Kurze. Er hat die große Karte fein ordentlich an einen Ast gehängt. Wir nehmen von ihr Abschied, wie von einem guten Freund. Es ist eine naßkalte Nacht, als wir uns wieder auf den Weg machen. Das Gelände scheint auch im Dunkeln übersichtlich. Eine Wiese, ein Bach, ein Stacheldrahtzaun. Wir unterhalten uns leise. Plötzlich, wie aus dem Nichts, stehen drei Männer vor uns. »Halt! Keinen Schritt mehr! Hände hoch!« Unsere Arme fliegen über den Kopf. »Wo wollt Ihr hin? Wer seid Ihr?« Keiner antwortet. Einer hält eine Pistole auf den Blonden gerichtet, der immer als Erster läuft. Ich bin dicht hinter ihm. Die beiden anderen kommen näher heran. »Los! Durchsuche sie«, faucht der mit der Pistole. »Das wirst du schön bleiben lassen, sonst trete ich dir in den Wanst«, zischt wütend der Rotbäckige. Sehr ruhig sagt mein Mann: »Wir haben selbst nichts. Wir sind deutsche Soldaten. Geflohen.« Ein paar Sekunden ist alles still. Dann steckt der Pistolenmann seine Hand aus und sagt: »Schlagt ein Kameraden. Wir kommen aus Znaim, in der Tschechoslowakei.« Uns steckt der Schreck noch so im Hals, daß wir uns mit zitternden Beinen auf den Feldrand setzen und erst einmal tief Luft holen. Die Drei sind seit neun Tagen auf der Flucht. Die Freude über ihren gelungenen Ausbruch steckt ihnen noch so im Herzen, daß sie beim Erzählen förmlich übersprühen. Die schreckliche Gefangenschaft bei den Tschechen, die tierischen Quälereien – all das können wir uns gut vorstellen. Ihre Flucht war daher wohl auch nicht weniger spektakulär. Zwei ihrer Mitgefangenen wurden erschossen. Sie brachten mit bloßen Händen einen tschechischen Wachsoldaten um. Seine Pistole ist bis heute ihr stolzes Beutestück. Sie erzählen so aufgeregt, daß sie gar nicht bemerken, daß wir sehr schweigsam sind. »Wollen wir nicht zusammenbleiben?« schlägt der Pistolenmann vor. Franz wird auf einmal sehr lebhaft: »Ich halte das für sehr schlecht. So eine große Gruppe fällt immer viel mehr auf, als eine kleine.« »Ja, wir sind schon zu viele und werden uns übermorgen auch teilen«, fügt sofort der Kurze hinzu. Wir sitzen noch eine Weile zusammen, schütteln uns dann die Hände und gehen auseinander. Wir kommen ein großes Stück voran. Als der Morgennebel aus den Wiesen steigt, beschließen wir, uns erst einmal auszuschlafen. »Nein«, murmelt der Franz vor sich hin, »mit den Brüdern will ich nichts zu tun haben. Springen mit einer Pistole durch die Gegend.« Er schüttelt sich. »Wer wie ein Tier behandelt wird, handelt auch selbst wie ein Tier«, fügt mein Mann hinzu. Wir schlafen rasch ein. Die drei Flüchtlinge erwähnt am nächsten Tag keiner mehr.

»Bleibt hier. Der Blonde, Erich und ich, wir gucken uns das Nest mal an«, entscheidet Franz, als wir in der Ferne einen Ort sehen. Eine kleine Stadt ist es. Keiner nimmt von uns Notiz. Alles ist sauber und adrett. Wir fühlen uns fehl am

Platz. Doch es hilft nichts. Wir brauchen Wasser und Brot. Endlich! In einer Seitenstraße eine Bäckerei.

»Du bittest um Brot!« Er deutet auf mich. »Du stellst dich dicht neben den Erich! Und bittet und bettelt lange. Ich brauche Zeit!« Ein dünnes Glöckchen ertönt, als wir alle drei in den Laden treten. Der Bäcker blickt mißtrauisch. Er unterhält sich mit einer mageren, älteren Frau, die zwei runde Brote in einem Korb hat. Die Regale sind fast leer. Nur ein breiter, großer Korb fällt mir auf, der voller Brötchen ist. Mit leiser Stimme bitte ich: »Können Sie uns ein bißchen Brot schenken?« Der Mann schüttelt den Kopf: »Wir haben selbst nicht genug. Arbeitet, wenn ihr essen wollt. Wir müssen das ja auch tun. Gebettelt wird hier nicht. Die Russen sehen das nicht gerne«, grinst er hämisch. Die Frau nickt beifällig. Ich wende mich ihr zu: »Haben Sie nicht ein Stückchen Brot für uns?« Sie ist sehr ärgerlich und faucht auf mich ein: »Nein. Ich habe nichts und gebe nichts.« »Raus jetzt«, schimpft der Wirt. Langsam, mit gesenkten Köpfen, verlassen wir den Laden. An der nächsten Ecke flüstert Franz: »Bleibt bloß stehen. Mir fallen ja die Brötchen aus der Jacke.« In einem Hausgang begucken wir uns den Franz genau. Er sieht dick und aufgeblasen aus. In den Taschen hat er je vier Brötchen. Unter der Uniformjacke aber hat er noch achtzehn Brötchen verborgen. Er hat sie einfach in die Jacke gesteckt und unten mit der Hand zugehalten. Flink verteilt er alles. »Raus aus dem Ort«, ordnet Franz an. »Wenn der merkt, daß ich fast alle Brötchen geklaut habe, dann hetzt er uns die Russen auf den Hals!« Mit Mühe finden wir die Seitenstraße wieder, die aus dem Ort herausführt. Ein dicker Mann lehnt aus einem ebenerdigen Fenster. Er sieht uns neugierig an. Der Blonde faßt sich ein Herz und bittet ihn: »Können Sie uns etwas Wasser geben?« Der Dicke knurrt zurück: »Ihr seid doch deutsche Soldaten. Für Euch haben wir kein Wasser. Macht, daß Ihr wegkommt. Mit Hunden müßte man euch jagen.« »Wir wollen ja nur Wasser«, fleht der Junge beinahe weinerlich. »Euch Schweinen haben wir den ganzen Schlamassel zu verdanken. Ihr habt uns doch mit in den Dreck gezogen«, brüllt der Dicke. Sein Kopf wird vor Zorn immer röter. Es sieht aus, als quölle der ganze Kerl bei jedem Wort mehr auf. Der Junge bleibt leise und höflich: »Im ersten Weltkrieg habt ihr uns in den Dreck gezogen. Da ist mein Großvater gefallen.« Der Dicke zerplatzt fast vor Wut: »Was, auch noch frech werden? Und wenn ich bis zu den Knien im Wasser stünde, euch gäbe ich keinen Schluck!« Er hat noch nicht richtig ausgesprochen, da greift der Blonde nach dem hochgeschobenen Schiebefenster und zieht es mit einem Ruck so herunter, daß der Dicke eingeklemmt ist. Sein Kopf hängt beinahe bewegungslos nach draußen. Im Genick hat er den Holzrahmen. Er schreit wie am Spieß. Noch ehe ich alles richtig begreife, holt der Blonde aus und haut dem Mann links und rechts Ohrfeigen, daß es nur so knallt: »Das ist für meinen Großvater. Das ist für's Wasser. Und das für alle deutschen Soldaten!« Der Bursche scheint wie von Sinnen. Seine blauen Augen sind gerötet. Die Adern an seinem Hals treten dick hervor. Franz, der nur eine Hand frei hat, zieht ihn mit sich. »Mensch, bist du verrückt? Nun lauf um dein Leben.« Der Dicke schreit noch immer. Einige Fenster sind aufgegangen. Die Leute schauen uns nach. Der Junge hetzt davon. Wir springen in weiten Sätzen hinter ihm her. Der Ort kommt mir auf einmal unsagbar groß vor. Hier herum. Wieder eine Straße. Franz schnauft wie eine Lokomotive. Wir laufen und laufen. Endlich der Ortsrand. Dann Felder. Eine riesige Wiese. Alles fliegt vorbei. Ich stürze in die Wiesenmulde, in der die Kameraden versteckt und wartend liegen. »Weiter«, ruft Franz. Alle springen auf. Geduckt rennen wir weiter. Nirgends eine Deckung. Als ich eine Minute liegenbleibe, um neue Kraft zu schöpfen, sehe ich in der Ferne, noch am Ortsrand, viele Leute stehen. »Komm«, schreit der Kurze. Ich nehme meine ganze Kraft zusammen und laufe weiter. Unsere Augen forschen nach Wald. Als wir uns in niedriges Gras werfen, blicken wir alle zurück. Das Städtchen in der Ferne wirkt wie aus einer Spielzeugschachtel aufgebaut. Wir haben es geschafft! Als wir endlich einen Wald erreichen, verkriechen wir uns alle im Unterholz und kauen glücklich an den Brötchen. Der Blonde rutscht herüber: »Entschuldigt. Ich wollte euch nicht in Gefahr bringen. Aber der Zorn ist mit mir durchgegangen.« »Vergiß es«, sage ich und schlafe ein. Rascheln und Brechen im Geäst weckt mich. Mein Mann schaut vorsichtig herum. »Wildschweine«, haucht er lautlos. Eine ganze Familie hat sich zum Mahl neben uns niedergelassen. Nach einer Weile ziehen sie weiter. Uns haben sie gar nicht beachtet. Franz treibt zum Aufbruch. »Zwei Tage dürfen wir uns jetzt nirgends sehen lassen. Die haben bestimmt alle Russen mobilisiert. Also schön im Wald bleiben und Hunger haben.« Der Kurze gibt die Richtung an. Wir marschieren nur wenig. Der Schlaf tötet den Hunger.

Als der dritte Tag anbricht, beschließen mein Mann und ich, in das nächste Dorf zu gehen und für uns alle Verpflegung zu holen. »Irgend jemand wird uns schon was geben«, tröstet er die Kameraden. Wir laufen los. Der Ort vor uns scheint winzig klein. Wir zählen vierunddreißig Häuser. An einem Schuppen finden wir einen Rechen. Sieht besser aus, denke ich und schultere ihn. Bei einem Bauernhaus bleibe ich stehen. »Können Sie mir eine leere Flasche schenken. Ich möchte mir Wasser einfüllen«, bitte ich eine junge Frau, die im Garten arbeitet. Sie lacht freundlich und geht ins Haus. Wir setzen uns auf den Brunnenrand. Mit zwei Flaschen kehrt sie zurück. Wir pumpen und mein Mann steckt beide Flaschen in die Uniformtaschen. So stehen sie senkrecht, denn wir haben keine Verschlüsse. Die Frau schaut uns zu. »Sind hier schon die Amerikaner?« fragt mein Mann. »Nein, wir haben Russen hier. Erst achtzehn Kilometer von hier, da ist amerikanische Besatzung«, gibt sie Auskunft. »Danke«, sage ich und wende mich zum Gehen. »Warten Sie«, ruft die Frau und läuft ins Haus. »Hier ist etwas Obst für Sie. Die

Russen holen ja sehr viel weg. Und bezahlen tun sie auch nie. Da ist es immer noch besser, wenn es unsere Soldaten essen.« Sie reicht mir einen vollen Beutel. Ich stelle den Rechen weg und hänge mir das Säckchen über die Schulter. Wir danken und ziehen weiter. Mein Mann trägt nun den Rechen. »Hast du gehört – unsere Soldaten, hat sie gesagt!« Froher wird unser Schritt. Das Dörfchen scheint nur eine Hauptstraße zu haben. Wir werden mutiger. Mitten auf der Straße marschieren wir nebeneinander. »Wo kriegen wir Brot her?« frage ich. »Hier backt wohl jeder selbst. Die haben ja gar keine Geschäfte«, füge ich hinzu. Von vorn kommt ein Lieferwagen auf uns zu. Daß ein zweiter dicht hinterher fährt, bemerke ich erst, als sie vor uns stoppen. Ein russischer Soldat sitzt am Steuer. Er kommt um den Wagen herum und fragt: »Du Soldat?« Mein Mann ist ganz ruhig. Er schüttelt den Kopf, zeigt auf seine Brust, hustet. »Gutt«, nickt der Soldat. »Komm!« Er deutet auf die Ladefläche des zweiten Wagens und bugsiert uns auf Säcke und Kisten, die aufgeladen sind. »Was wird nun?« frage ich leise. Mein Mann zuckt die Schultern. Uns ist gar nicht wohl zumute. Auf der Straße ist wenig Verkehr. Ob wir die Kameraden je wiederfinden, geht es mir durch den Kopf. Der nächste Ort, in den wir einfahren, ist größer und sehr belebt. Einige russische Militärlastwagen an den Straßenseiten. Sonst das übliche Bild eines kleinen Städtchens. Verträumt, gemütlich. Die Russen fahren langsam in einen Hof ein und halten. Freundlich winken sie uns herunter. Sie zeigen uns einen Schuppen, einen Lagerraum. Dann faßt der eine meinen Mann am Kragen und sagt: »Du arbeiten!« Er deutet auf die Autos und auf den Lagerraum. Mich beachtet er gar nicht. Wir haben verstanden und beginnen abzuladen. Mehlsäcke, Kartoffelsäcke, Kisten voller Gemüse und Obst. Tomaten, Gurken, Salatköpfe, drei Säcke voller Zuckerrüben. Vier Schweinehälften, viele tote Hühner, einen Korb, randvoll mit Eiern und fünf schwere Milchkannen. Die beiden Russen plaudern ausgelassen mit einigen Kameraden, die aus dem Haus kommen. Um uns kümmert sich keiner. Ich lade ab, mein Mann trägt. Es geht ziemlich schnell. Als wir fertig sind, gehen wir zu den Russen, die es sich auf einer schmalen Mauer gemütlich gemacht haben. »Fertig«, verkündet mein Mann. Der Russe tippt an seine Mütze und schnauft das ewige: Gutt! hervor. Langsam geht mein Mann zurück und holt seinen Rechen. Mir flüstert er zu: »Das macht sich immer gut. Sieht nach Beruf aus.« Ich lache ein bißchen. Mir ist ein Stein vom Herzen, seit ich erkannt habe, daß die beiden Russen, die die Wagen fuhren, nur jemanden suchten, der die Arbeit des Abladens übernahm. »Hoffentlich war das das letzte Mal, das ich für die Russen arbeiten mußte«, fleht mein Mann mit innigem Augenaufschlag. Als wir erleichtert gerade vom Hof auf die Straße biegen wollen, brüllen die Russen hinter uns her: »He, Kamerad. Du gutt!« Wir bleiben stehen. Sehen uns um. Da stehen sie, winken und gestikulieren eifrig. »Wir müssen zurück«, flüstert mein Mann. Als wir vor ihnen stehen, ziehen sie uns am Ärmel in den Schuppen. Der eine nimmt Äpfel aus dem Korb und drückt sie uns in die Hand, der andere holt Brote, ein dickes Stück Speck, Tomaten, Gurken. Wir können es nicht mehr halten. Wie Kinder freuen sie sich an unserer Ratlosigkeit. Einer sucht eine alte Tüte und wirft achtlos alles hinein, was sie für uns zusammengetragen haben. Der so perfekt deutsch sprechende Russe klopft mir auf die Schulter und versichert immer wieder: »Du gutt! Du gutt!« Als wir endlich auf der Straße stehen, schwer bepackt, sagt mein Mann: »Jetzt warten wir auf einen Wagen. So können wir ja die vielen Kilometer nicht zurücklaufen.« Einige Autos huschen vorbei. Ein Bauer mit einem Pritschenwagen hält an. Glücklich kriechen wir hinten auf. Wir bedanken uns herzlich und springen herab, als wir unser kleines Dorf wiedererkennen. Von großer Weite schon winkt uns die nette Frau zu, die uns so freundlich am Morgen das Obst geschenkt hat: »Ihre Kameraden waren hier und fragten nach Ihnen«, ruft sie. »Sie liegen oben an der Weide und warten.« Wir hasten weiter. Der Franz kommt uns in großen Sätzen entgegen. Sein Mund bleibt offenstehen, als er sieht, wie beladen wir sind. Wir breiten unsere Schätze aus. Bewundert und bestaunt von allen Seiten. Beim herrlichen Festessen erzähle ich von unserem Abenteuer. »Und wir haben Angst und Wasser geschwitzt um Euch«, stöhnt der Rotbäckige. Wir laufen noch ein paar Kilometer und legen uns dann in einer Waldhütte zum Schlaf nieder.

»Ybbs und Grein müssen gar nicht mehr weit sein«, erkläre ich dem Kurzen. »Ich hab' unten ein Schild gesehen. Weiß aber nicht von hier aus, in welcher Richtung es liegt.« »Wir kommen schon hin. Bald sind wir in dem Gebiet, das die Amis verwalten.« Der Blonde strahlt vor Aufregung. »Wir fahren nach Amerika und wer kommt mit«, singt er lauthals. Wir hüpfen herum wie kleine Kinder. »Wartet noch mit dem Feiern. In zwei, drei Stunden werden wir's geschafft haben«, vertröstet der Rotbäckige. Wir laufen über freie Felder, Weinberge an der Seite. Jeder hat einen Apfel in der Hand. Wir kommen uns so frei wie Vögel vor. An einem Bach kühlen wir die Füße. »Wascht Euch schön, damit Euch die Amis nicht etwa zurückschicken«, mahnt lustig mein Mann. Mittags wandern wir über eine Wiese. An der Seite, umgeben von hohen Bäumen, steht eine Mühle. Wir marschieren direkt darauf zu. Kinder spielen vor der Haustür. Der Blonde fragt sofort: »Sind hier Amerikaner?« Sie starren uns nur aus großen Augen an. »Opaaa«, brüllt ein Mädchen los. Ein Mann tritt aus dem Haus. Der Blonde geht auf ihn zu und fragt: »Sind hier schon Amerikaner oder noch die Russen?« Der Mann lacht laut und ruft ins Haus zurück: »Franzi, hier sind Soldaten. Komm mal her!« An uns wendet er sich und sagt: »Sie können beruhigt sein. Hier haben wir die Amis!« Wir fallen uns in die Arme – springen herum – der Kurze küßt den Fremden ab – als die Frau aus der Tür tritt, schwenkt Franz sie durch die Luft, daß sie laut kreischt. Dem Rotbäckigen und meinem Mann laufen die Tränen über die Wangen. »Kommen Sie nur herein. Ich hab heute ein feines Essen für Sie«, lacht die Müllerin. Feierlich nehmen wir in der guten Stube Platz. Franz und der Kurze sitzen ganz verklemmt auf der Vorderkante ihrer Sessel. Mein Mann und ich ruhen wie neugeboren nebeneinander auf einem geblümten Sofa. Der Blonde, der Rotbäckige und der Müller sitzen am Tisch. Warmer Kaffee dampft in einer Kanne. »Essen kommt gleich«, schreit die Frau durch die offene Tür. Wenige Minuten danach erscheint sie mit Tellern, die randvoll mit Sauerkraut und Kartoffelbrei angehäuft sind. Es duftet im ganzen Raum. Wir, die wir auf den Sesseln und auf dem Sofa sitzen, nehmen die Teller herüber und stellen sie behutsam auf unser Knie. Bis zum Waldrand kann ich schauen. Oben, zwischen Bäumen heraus, kommt ein Jeep. Ich sehe ihn über die Wiese schaukeln und wundere mich: »Was ist denn das?« frage ich erstaunt und deute auf das Fenster. Alle richten sich auf. Der Müller wird blaß: »Die Amerikaner«, ruft er aufgeregt. Der Schreck läßt uns wie erstarrt dasitzen. Der Kurze faßt sich zuerst: »Eßt ruhig weiter. Was anderes können wir jetzt doch nicht mehr tun.« Wir hören Stimmen vor der Tür. Lachen. Der Müller flüstert: »Das ist die Streife. Die kommt sonst nur ganz selten.« Die Tür geht auf. Mit gezogener Pistole springen förmlich zwei der vier Soldaten ins Zimmer. Wir rühren uns nicht. »German«, forscht der eine. Wir nicken. »Get up! Hands up!« Wir folgen. Die anderen beiden kommmen herein. Sie fühlen uns blitzschnell nach Waffen ab. »Sit down!« Sie ziehen sich Stühle heran und lassen sich breitbeinig nieder. »Who speaks english?« Ich melde mich. Er winkt mich heran. Sehr genau und umständlich erzählt er mir, daß nur 8 Kilometer von hier ein amerikanisches Flüchtlingslager für geflohene deutsche Soldaten errichtet wurde. Er malt auf dem Tisch eine Skizze auf und beschreibt genau den Weg, den wir bis dahin nehmen sollen. Ich nicke eifrig. Der Soldat wird netter und zugängiger. Wir können ja nicht sechs Mann im Jeep mitnehmen, erläutert er und wenn ihr nicht hingeht, so schnappen wir euch später doch. Er blickt meinen Mann genau und lange an. Dann fragt er: »You are an officer?« Wie ein gebanntes Kaninchen nickt mein Mann. »Steh auf, wenn ich mit dir spreche«, sagt der Ami sehr bestimmt. Mein Mann erhebt sich und stellt den Teller vorsichtig hinter sich auf das Sofa. »Sie sind mir verantwortlich, daß diese fünf Mann sich noch heute abend im Lager melden. Sie haben ungefähr sieben Kilometer zu laufen. Thank you«, fügt er höflich hinzu. Mein Mann läßt sich erschöpft fallen. Mit einem Schrei springt er gleich darauf wieder in die Höhe. Die Amerikaner, die sich schon zum Gehen gewandt hatten, fahren herum, haben sofort ihre Pistolen in der Hand – alles geht so furchtbar schnell, daß keiner weiß, was eigentlich geschehen ist. Wir sitzen bewegungslos. Mein Mann steht mit hochrotem Kopf. Die Hände auf dem Rücken. Ich fasse mich zuerst: »Was ist?« frage ich. »Das Essen! Ich hab' mich in das heiße Essen gesetzt.« Ich beginne zu lachen. Die Amis sehen noch sehr mißtrauisch aus. Vorsichtig drehe ich meinen Mann zu ihnen um. An der dünnen, fadenscheinigen Hose hängt das Sauerkraut und der Kartoffelbrei. Der Rest auf dem Teller ist eine plattgedrückte Masse. Die Amis kommen heran. Sie haben begriffen und prusten vor Lachen. Freundlich klopfen sie meinem Mann auf die Schulter. Der größte sagt heiter: »Don't worry. War has finished! That's the best!« Draußen springen sie unter Gelächter in ihren Jeep und brausen davon. Bei uns löst sich die Spannung erst jetzt richtig. Der arme Häuptling ist noch lange die Zielscheibe vieler Witze.

Nachdem wir gegessen und getrunken haben, sagt der Franz: »Nett, daß uns die Amis so schön den Weg gezeigt haben. Jetzt wissen wir auf jeden Fall, wohin wir nicht gehen dürfen!« Der Müller mischt sich ein: »Das sind keine Amis. Das sind die Kanadier, die wir hier haben!« »Kein Wunder! Die waren ja auch so riesig, wie kanadische Fichten«, meint der Blonde. Wir machen uns langsam fertig. Die Frau hat uns belegte Brote eingepackt. Beide wünschen uns Glück, daß wir Bayern erreichen. Nach einem herzlichen Abschied machen wir uns auf den Weg. Der Müller hat uns eine Skizze mitgegeben, nach der wir auf die schnellste Weise zur Grenze kommen. Wir laufen äußerst wachsam und beobachtend. Jetzt, da wir so nah an unserem Ziel sind, wollen wir auch nichts mehr dem Zufall überlassen. Die Begegnung mit den Kanadiern war uns lehrreich genug. »Mensch«, sagt Franz, »ich kann's immer noch nicht fassen, daß die uns einfach laufenlassen. Die Russen hätten sich doch wie Aasgeier auf uns gestürzt und uns in Ketten abgeschleppt.« »Egal! Jetzt sind wir so nahe, daß wir auch wirklich heim nach Deutschland wollen. Dann können sie mit uns machen, was sie wollen!« Der Kurze ist fest entschlossen und wir mit ihm!

In dieser Nacht schlafen wir auf freiem Feld. Eine kleine Bodensenke bietet uns nur wenig Schutz. Ich habe die erste Wache. Der Himmel ist voller Sterne. Ein halber Mond schaut auf uns nieder. Weit, weit in der Ferne blinzeln ein paar Lichter. Sind es Lichter der Heimat? Werden wir morgen dort sein? Wie wird man uns aufnehmen? Mein Herz ist voller Vorfreude, mein Kopf noch immer voller Sorgen und Befürchtungen. Der Rotbäckige wacht allein auf und setzt sich neben mich: »Bist du nicht müde?« »Ich bin ein bißchen aufgeregt«, sage ich. »Versuch trotzdem zu schlafen. Morgen muß noch viel gelaufen werden.« Noch eine Weile liege ich still wach neben ihm. Dann trägt mich der Schlaf fort.

Der nächste Tag findet uns früh auf den Beinen. Es ist, als riefe uns die Heimat. Jeder drängt vorwärts. Jeder hat es eilig. Der Karte nach müssen wir bereits über der Grenze sein. Wir bleiben aber immer noch versteckt und getrauen uns nicht auf Wege und Straßen. Am Mittag sehen wir Bauern auf den Feldern. »Ich geh' hin und frag'«, sagt der Franz. Wir setzen uns auf die Erde und warten. Aufgeregt winkend kommt er zurückgerannt. Von Weitem schon schreit er: »Dort, ganz in der Ferne, das ist Passau. Wir sind in Deutschland!« Wir sehen uns an. Keiner redet. Franz steht vor uns: »Wir sind in Bayern! Wir sind in Deutschland! Stellt Euch vor, der Bauer ist aus Pfarrkirchen!« »Setz' dich! Das müssen wir erst verdauen.« Der Rotbäckige ist gerührt. Wir legen uns auf den Rücken und schauen in den weiten, blauen Himmel. »Und es ist hier doch ein anderer Himmel als in Rußland«, sage ich leise. »Mein Gott, wie weit liegt das zurück. Ist es wirklich wahr gewesen«, fragt mein Mann. Keiner antwortet. »Los, jetzt laufen wir endlich wie freie Bürger mitten auf der Straße. Jetzt kann uns keiner mehr!« Franz zieht uns hoch. Als wir eine richtige Landstraße finden, haken wir uns unter und marschieren im Gleichschritt auf dem herrlich glatten Asphalt. Wir pfeifen, singen, lachen. Der Blonde tanzt immer fünf Schritt vor uns her. Ein Waldarbeiter kommt auf einem Fahrrad vorbei. »Wo kommt Ihr her?« ruft er herüber. »Aus russischer Gefangenschaft«, brüllen wir wie aus einem Munde zurück. Er schüttelt den Kopf und fährt weiter. Ich glaube, er hält uns für verrückt. Wir sind noch keine halbe Stunde gelaufen, als uns eine amerikanische Streife anhält. Woher? Wohin? Ich dolmetsche. Sie sehen uns an, so, wie man seltene Tiere betrachtet. Zwei Mann bleiben bei uns. Die beiden anderen lassen sich von einem vorbeikommenden Wagen mitnehmen. Wir sitzen an einem Wiesenrand und warten. Es dauert nicht lange, da braust ein Jeep heran. Sie setzen uns herein, übereinander. Hinten hocken sich noch die Soldaten drauf – und ab geht es. Ich spreche den Fahrer an und frage, wohin sie uns bringen. »Ins Lager. Wir sind gleich da.« Ehe ich weitere Fragen stellen kann, biegt der Jeep schon mit Schwung in einen Feldweg ein. Wir stehen vor dem Lagertor. Zwei Mann heben einen Schlagbaum. Vor einer Baracke halten wir. Drinnen ein Offizier, ein Mann an einer Schreibmaschine und einer, der gelangweilt Zeitung liest. Wir müssen nacheinander herantreten. Name, Einheit, Gefangennahme, Beruf, Heimatadresse. Ich blicke meinen Mann an. Er sagt halblaut: »Wie immer.« Ich verstehe. Die Aufnahme geht schnell. Der an der Maschine zieht das letzte, kleine Blatt heraus. Dem Zeitungsleser gibt er einen Stoß. Der zieht seine langen Beine an, steht auf. Mit breitem Mund zermahlt er einen Kaugummi. »Let's go!« Draußen eine kurze Lagerstraße. Rechts und links braun-graue Zelte. Höchstens zehn oder vierzehn. Wäsche auf Leinen. Wenige Gefangene nur. Sie drehen sich neugierig um, fragen: »Woher?« »Rußland!« »Mensch!« Fassungsloses Schweigen. Bewunderung. Der Ami deutet auf ein Zelt. Es ist leer. Drahtbetten stehen nebeneinander. Ordentlich gefaltete Decken am Fußende. Ganz vorsichtig setzen wir uns. »Wie im Hotel«, brummt andächtig beinahe der Kurze. Nach Minuten schon versammeln sich draußen die Kameraden. Sie fragen, wir erzählen. Stunden vergehen. Als es zu dunkeln beginnt, werden wir dem Kommandanten vorgeführt. Einzeln werden wir befragt. Alles wird genau notiert. Fingerabdruck genommen. An einem Tisch muß jeder eigenhändig einen langen Fragebogen ausfüllen. Nur mein Name ist gelogen. Alles andere gebe ich wahrheitsgemäß an. Als wir an der Tür stehen, sagt der Kommandant mit einem Lächeln: »Nehmt mir's nicht übel, aber ihr stinkt!« »Wir tragen auch seit einem Jahr die gleiche Uniform«, übersetze ich. Mit einer lässigen Handbewegung weist er uns zur Tür: »Go out, go out!« Im Zelt schimpft Franz wie ein Rohrspatz. »Dieser eingebildete Affe! Dem hätte Rußland mal gut getan. Es trifft eben immer die Falschen!« Ein Ami kommt ins Zelt: »Mitkommen! Duschen.« Wir sehen uns an. Ich gehe zu meinem Mann. »Jetzt habe ich es aber satt. Ich gehe zum Kommandanten.« Während die anderen in das Waschzelt geführt werden, verlange ich den Kommandanten zu sprechen. Er läßt mich lange warten. Als ich eintrete, behandelt er mich mit solch einer Herablassung, daß ich das Gefühl habe, er glaube nun, einen ganz dicken Fisch gefangen zu haben. Er steht hinter seinem

Schreibtisch, ich davor. Kurz fragt er: »Was gibt es?« Er tritt einen Schritt zurück. Ohne Umschweife antworte ich: »Ich bin eine Frau!« Erstaunen. Skepsis. »Ich kam mit meinem Mann in russische Gefangenschaft. Es ist der Hauptmann, dessen Papiere Sie hier liegen haben. Ich glaubte, die Tatsache, daß ich eine Frau bin, noch geheimhalten zu können, bis wir daheim sind. Jetzt aber muß ich doch bitten, daß Sie mir erlauben, allein zu duschen! Vielleicht sehe ich danach etwas menschlicher aus.« Der Offizier zieht seinen Stuhl heran und setzt sich. »Das ist mir ja noch nie passiert. Eine Frau!« Er beguckt mich von allen Seiten, kann aber wohl nicht viel Frauliches an mir entdecken. Ich fühle, daß er mit seinem Mißtrauen kämpft. Er geht auf und ab. Überlegt. »Duschen Sie erst mal. Warten Sie hier.« Er geht hinaus. Nach einer Weile holt mich ein Soldat. Wir warten vor dem Duschzelt. Die Kameraden sind noch drin. Als sie herauskommen, rede ich kurz mit meinem Mann. »Was wird?« »Nichts. Abwarten.« Der Soldat läßt mir lange Zeit. Als ich mich abtrockne, ruft es draußen: »He, Fraulein!« Er hält mir mit ausgestrecktem Arm ein neues Hemd, frische Unterhosen und eine gut gebügelte, amerikanische Uniformhose entgegen. Als ich angezogen bin, nimmt er mich strahlend in Empfang und führt mich in unser Zelt. Dort warten die Kameraden schon auf mich. Auch sie sind zum Teil frisch ausstaffiert. Franz springt sofort hoch und umarmt mich: »Ich hab's geahnt! Ich hab's vermutet. Nein, gespürt hab ich's. In Rußland noch nicht. Auf dem Transport auch nicht, aber als du unsere geklauten Hühner ausgenommen hast, da hab' ich gedacht, Mensch, das macht der – oder die – wie meine Frau. Na, und dann hab' ich aufgepaßt. Verraten hast du dich ja nie!« Er hebt mich wieder hoch und schwenkt mich herum. Ganz stolz ist er und freut sich wie ein Kind. Der Kurze schüttelt immer nur seinen Kopf und brummt: »Daß eine Frau das alles mitgemacht hat, und daß sie mit uns durchkam – ne, ne!« Der Blonde guckt nur stumm mit seinen großen Kinderaugen zu mir herüber. Nur der Rotbäckige stellt ganz sachlich fest: »Na, von Frau ist ja auch wirklich an Dir nischt zu sehen, du Bügelbrett! Aber das ist ja ein dicker Hund! Nimmt der Häuptling seine Frau mit ins russische Lager. Wenn das der Stalin wüßte!« Wir lachen laut und fröhlich. Zwei Offiziere treten ins Zelt. Der Captain begleitet sie. »Mitkommen zur ärztlichen Untersuchung«, dolmetsche ich. Der Captain deutet dann auf mich. Die beiden Ärzte nicken. Aha, denke ich, jetzt werden sie mich richtig untersuchen und mir vielleicht neue Papiere geben. In der Baracke, die einzige, die es gibt, verschwinden die Kameradn einzeln hinter einem Wandschirm. Ich warte bis zuletzt. Ein Arzt mißt: Größe 1,75 m, Gewicht 46,5 kg, Ernährungszustand ungenügend, Verwundung keine, Operation keine, ansteckende Krankheiten keine, Befall von Ungeziefer ja Läuse. Untersuchung beendet. Im Zelt rasieren sich die Kameraden. Ein amerikanischer Soldat schneidet uns die Haare. Sehr kurz – sehr eigen. Zwei Zentimeter bleiben. Höchstens! Mit einer Antiläuseseife werden wir behandelt und müssen zwei Tage ein blaues Käppchen tragen. Allmählich werden wir wieder Menschen.

Am Abend gibt es ein überreichliches Essen. Wir sind sehr vorsichtig. Dem herrlichen Pudding, den es als Nachspeise gibt, kann jedoch keiner widerstehen. In der Nacht schlafen wir alle sehr schlecht. Die Enge des Zeltes. Das Drahtbett. Die zwei wärmenden Decken! Es ist alles anders, ungewohnt und fremd. Wir sitzen viele Stunden wach und plaudern. Ob die Sachsen noch immer im Wald arbeiten? Ob unsere Straße weitergebaut wird? Ob der Hundemetzger noch immer Ratten und Mäuse schlachtet? Was mag aus Klein-Adolf werden? Wir suchen im Dunkeln die Adressen zusammen, die wir durch alle Fährnisse gerettet haben und wir lachen lauthals über den Dicken, den der Blonde im Fenster eingeklemmt hat. Still wird es, als der Name des Rheinländers fällt. Die vielen Toten, die wir in eisigem Boden verscharren mußten, die Toten, die wir aus unserer Baracke hinaustrugen

– alle werden wieder lebendig. Es ist eine Nacht der Erinnerung und gleichzeitig des Abschiednehmens von einer Kameradschaft, die uns Kraft gab, die Gefangenschaft durchzustehen und zu überleben.

Am Morgen, nach dem Frühstück, sitzen wir mit den anderen Gefangenen zusammen. Sie erzählen uns, daß dieses Sammellager erst spät errichtet wurde, um all die Kameraden aufzulesen, die nachts, auf heimlichen Wegen, aus der Tschechei, aus Jugoslawien, Italien und auch Ungarn in die Heimat sich durchgeschlagen haben. »In kurzer Zeit wird hier alles aufgelöst. Es kommen ja kaum noch welche an. Ihr seid seit zwei Monaten die Letzten!« Ein Landser, der von Italien heraufgekommen ist, sagt: »Wir werden bald entlassen. Die Offiziere und SS-Leute bringen sie nach Bad Kreuznach, habe ich gehört. Aber davon sind schon lange keine mehr hier.« Wir schweigen.

Am Nachmittag sitzen wir gemütlich in der Sonne. Der Kurze beginnt zu reden: »Wer weiß, ob die nicht auch etwas gegen Feldwebel haben.« Franz sieht ihn lange an und meint: »Ja, und besonders gegen so widerliche wie dich!« »Ja, und deshalb müßt ihr weg. Du und vor allem der Häuptling. Schließlich sind wir nicht wochenlang gelaufen, um dann Euch beide im Lager zu wissen!« schimpft der Rotbäckige. »Also los! Stiefel geputzt und ab«, sagt unternehmungslustig mein Mann. »Fällt dir nichts ein?« forscht der Franz und sieht den Blonden an. »Wieso gerade ihm?« frage ich. »Weil er es auch war, der die Bretter in der Latrine für unsere Flucht locker gemacht hat.«

»Waaas?« Wir erstarren vor Bewunderung. »Wie hast du denn das geschafft?« »Mein Geheimnis«, lacht der Junge. Mehr erfahren wir nicht.

Abends, im Zelt, stecken wir die Köpfe zusammen. »Haben wir die Russen geschafft, so schaffen wir die Amis auch. Die sind ja viel leichtsinniger, weil sie gar nicht glauben, daß bei ihrer guten Behandlung, einer überhaupt weg will.« Franz hat schon feste Vorstellungen: »Also, Kinder. Keine Wachtürme. Keine Scheinwerfer. Es wäre doch gelacht, wenn wir das Graben verlernt hätten.« Mein Mann wendet sich an mich: »Du wirst doch sicher ohnehin bald entlassen. Warum bleibst du dann nicht hier?« Ehe ich antworten kann, knurrt der Kurze: »Jetzt ist sie so lange mit uns gelaufen, da wird sie ja den Rest auch noch schaffen!« »Du nimmst mir das Wort aus dem Mund.« lache ich. Damit ist die Sache geregelt. »Also los. Dann laßt uns beginnen«, bestimmt der Kurze. »Du beginnst gar nichts, Idiot«, schimpft Franz. »Du ruhst und sammelst Kräfte!« Seit sie wissen, daß ich eine Frau bin, sind sie in der Auswahl ihrer Schimpfworte viel milder geworden! Um vier Uhr früh kommen der Blonde und der Franz von ihrem Beobachtungsposten zurück. Ihr Plan ist bereits gefaßt: »Zwölf Wachen laufen. Alle zehn Minuten kommen sie an dem Punkt vorbei, wo wir graben. Dann machen wir vier Minuten Pause. Dann geht's weiter. Muß ja nicht tief sein. Den Draht ziehen wir mit den Händen hoch.« »Wann?« frage ich. »Heute Nacht! Man weiß ja nie, wann die Amis auf die Idee kommen, euch zu verlegen!« meint der Blonde. »Wir holen euch. Bis dahin schlaft. Wir brauchen ungefähr eine Stunde und zwanzig Minuten. Ich hab' eine Uhr, von einem Kameraden aus dem Zelt gegenüber.« Wieder ein Abschiednehmen. Diesmal aber ruhig und heiter, in der Gewißheit, daß wir doch im Grunde alle in Sicherheit sind, daß wir all dem Grauen entronnen sind und – daß wir uns wiedersehen werden!

Die Nacht ist unangenehm hell. Wir liegen auf unseren Betten und warten. An Schlafen ist nicht zu denken, so sehr wir uns auch bemühen. Nach Mitternacht huscht der Rotbäckige herein: »Fertig!« Wir ziehen die Uniformjacken über und schleichen hinaus. Flach robben wir über den Boden. Der Franz und der Blonde haben ihre Hände dick mit Lappen umwickelt. Sie zerren den Stacheldraht hoch. Wir tauchen hintereinander in die Mulde und rutschen hindurch. »Wenn der Häuptling paßt, so passen die anderen auch«, hatte schon gestern das Urviech kess festgestellt. Es klappte alles in wenigen Minuten. Geduckt rennen wir davon und werfen uns ins Gras. Laufen weiter. Liegen wieder. Endlich eine Straße. Ein paar Büsche decken uns nur wenig. Alles bleibt still. »Wenn ich daheim bin, gehe ich nie wieder nachts aus«, schimpft wütend der Kurze. Wir lachen lautlos.

Hinter Eggenfelden lacht uns das Glück. Vor einem Dorfgasthaus steht ein schwerer Lastwagen. Wir warten, bis der Fahrer herauskommt. »Könnten Sie uns ein Stück mitnehmen? Wir sind entlassene Soldaten.« »Wohin wollt Ihr denn?« Wie aus einem Munde antworten wir: »Nach Frankfurt.« »Ich fahre nach Stuttgart.« Wir überzeugen den Mann, daß auch diese Richtung gut für uns ist. Auf Zuckersäcken sitzend, haben wir eine glatte und reibungslose Fahrt. Mutig beschließen wir in Stuttgart, den Zug zu nehmen. Da wir am Bahnhof nicht durchkommen, schlendern wir hintereinander über die Gleise und schaffen es, auf den Bahnsteig zu gelangen. Erstaunlich, wie einfach manche Dinge im Leben zu erreichen sind, wenn der Wille oder ein Zwang dahintersteht. Mein Mann beobachtet den Schaffner. »Zwei Stunden gefahren, ist besser, als vier gelaufen«, sage ich. »Geld haben wir ohnehin nicht. Strafe zahlen ist sinnlos. Mal sehen, was sie mit uns machen.« Natürlich erwischt uns der Schaffner. Rücksichtslos setzt er uns an der nächsten Haltestelle heraus. Es ist Lauffen. Wir kennen den Ort nicht. Zwischen gestapelten Brettern eines Sägewerks legen wir uns für einige Stunden nieder. Als der Morgen sich aus den Wolken der Nacht schiebt, wagen wir uns wieder zum Bahnhof. Unverdrossen besteigen wir den nächsten Zug, der einläuft. In Heidelberg übergibt uns der Schaffner dem Roten Kreuz – und nicht, wie er es erst androhte, der amerikanischen Bahnpolizei. Eine alte, sehr besorgte Schwester fragt uns sofort: »Habt Ihr Entlassungspapiere?« Wir schütteln die Köpfe. »Dann schnell raus. Die Amis gucken hier oft herein und kontrollieren die, die hier auftauchen sehr genau!« Sie steckt uns eine Schachtel Kekse zu und drängt uns fort. Wir haben Angst. Überall amerikanische Soldaten. »Die Stadt scheint mehr Amis als deutsche Bürger zu haben«, sagt der Kurze. Langsam, um keinen Verdacht zu erregen, schlenden wir, uns unterhaltend, aus der Stadt heraus. Am Straßenrand, unter einem Baum, machen wir Rast. Die Kekse halten nicht lange vor, aber wir wagen nicht zu betteln. Die kurze Pause gibt uns wieder etwas Kraft. Vor uns eine kurvenreiche Landstraße. Hunger und Durst sind wieder unsere treuen Begleiter. Wir marschieren hintereinander. Eine Stunde? Zwei Stunden? Der Himmel ist bedeckt. Verärgert lugt die Abendsonne ab und zu hinter einer Wolke hervor. Ein Personenwagen hält neben uns. »Wohin wollt Ihr?« Ein Mann, Mitte 40, schaut aus dem Fenster. »Frankfurt«, antworten wir wie aus einem Munde. »Ich fahre nach Aschaffenburg. Wollt Ihr mit?« Wir steigen ein. Der Mann hat seinen vierjährigen Sohn bei sich; mit dem war er beim Arzt, so erzählt er. Wir reden wenig. Als wir aussteigen, nehme ich mir ein Herz und bitte: »Können Sie uns drei Mark borgen? Sie bekommen sie auch bestimmt später wieder.« Lächelnd drückt er uns das Geld in die Hand. Nur mit Mühe gelingt es mir, seine Adresse zu bekommen. Er glaubt wohl, daß er das Geld nie wiedersieht. Mit Bahnsteigkarten besteigen wir in einer sehr kleinen Stadt – oder ist's ein Dorf? – den Zug. Kurz vor Hanau ein rascher Abschied vom Kurzen. Wir geben ihm alles Geld mit, was wir noch übrig haben. Der Zug hält nur wenige Minuten. Wir setzen uns auf eine Bank und überlegen, wie wir ohne Karte durch die Sperre kommen. Es ist zugig und abendkühl. Als ein neuer Zug einläuft, nehme ich mir ein Herz, fasse meinen Mann am Arm und ziehe ihn zum Ausgang. Ich stütze mich schwer. Am Kontrollhäuschen lasse ich den Mann gar nicht zu Wort kommen. »Haben Sie denn keine Bahnpolizei hier? Da steigt man harmlos aus dem Zug und schon reißt einem einer die Aktentasche weg und weg ist er.« »Ja, ja, heute passiert viel«, sagt der Beamte freundlich. »Setzen Sie sich ein wenig, dann geht der Schreck vorbei.« Von einer Fahrkarte spricht keiner. Hinkend gehe ich neben meinem Mann her – zum Ausgang. Der Bahnhof liegt etwas außerhalb der Stadt. Eine endlose Friedhofsmauer. Einen Radfahrer fragen wir nach Büdingen. Mein Mann erklärt mir, daß es eine Kleinstadt am Rande des Vogelsberges ist. Mir ist Westdeutschland unbekannt. Ich laufe neben ihm her, so, wie ich durch die Tschechoslowakei und durch Österreich gelaufen bin. Es ist schon sehr dunkel, als wir uns am Rand eines Waldes, dicht an einem See niederlegen. Es ist warm. In der Ferne blinken die Lichter einer Stadt. Traumlos schlafen wir bis zum Morgen. Ohne Pause marschieren wir dann bis die Sonne hoch am Himmel steht. Ein Stück nimmt uns ein Milchwagen mit. Er läßt uns einige Kilometer hinter Büdingen. Wir laufen quer feldein. Es ist später Nachmittag. Vor uns ein breiter Acker. Schwer aufgeworfene Schollen. Das Gehen macht Mühe. Mein Mann bleibt stehen. »Siehst du dort in der Ferne das Dörfchen?« Es steht mit ausgestrecktem Arm. »Dort müssen wir hin!« Seine Stimme verschwimmt an meinem Ohr. Ich fühle mich leicht, schwebe. Der Boden unter meinen Füßen wird zu einem Watteteppich.

Als ich erwache, liege ich, in ein dickes Federbett eingepackt, in einer alten, niedrigen Bauernstube. Ich war mitten auf dem Acker ganz plötzlich zusammengesunken. Mein Mann hatte nicht die Kraft mich zu tragen. Er holte Hilfe im Dorf. Auf einem Leiterwagen, zwei Kühe davor, brachten sie mich in das Haus seines Vetters. Eines Vetters, den mein Mann seit neununddreißig Jahren nicht mehr gesehen hat.

Am nächsten Morgen schon kommt der Arzt aus Büdingen herauf. Er untersucht mich. Drei Stunden später bringt mich das Auto des Roten Kreuzes nach Gelnhausen ins Krankenhaus.

Neun Wochen liege ich dort. Schwere, infektiöse Gelbsucht. Auf eigene Gefahr und eigenen Wunsch werde ich entlassen. Wochen liege ich noch in der kleinen Bauernstube. Mein Mann hilft auf dem Feld. Sehr langsam geht der Krieg auch für mich zu Ende. Ich bin nicht daheim, aber ich bin in Deutschland. In einem zerstörten, zerrissenen und armen Deutschland, das sich Amerikaner, Franzosen, Russen und Engländer untereinander aufteilen. Ein Land, das sie entmilitarisieren, demontieren, entkapitalisieren, entkartellisieren und entnazifizieren.

Und während sich die Sieger noch streiten und verhandeln, wer was von dem Rest bekommt, der ganz merkwürdigerweise nach der Zerschlagung Deutschlands noch übrig ist, krempeln die Trümmerfrauen bereits die Ärmel hoch und gehen an die Arbeit. Sie legen den Grundstein für den Wiederaufbau Deutschlands. Und wir alle, die wir überlebt haben, fassen mit an. Es ist, als würde sich unser Land schütteln. Der Staub fällt ab. In Städten und Dörfern greifen die Menschen zu Schaufeln und Schippen – und aus den Ruinen entsteht neues Leben...

Namen und Daten

Anzengruber	besuchten wir später einige Male in Leoben/Österreich. 1978 verstorben. Er kam nach unserer Flucht 10 Tage in russische Haft. Beihilfe zur Flucht. Wurde am zwölften Tag entlassen, auf Drängen der Österreicher.
Josef	verheiratet. Lebt im Burgenland. Postbote.
Der Kurze	schaffte die Flucht bis nach Hause. Auch in der Klinik mit Gelbsucht. Besuchte uns mit Frau und vier Kindern. Kaufmann.
Der Blonde	Rechtsanwalt in Berlin. Floh in den Westsektor. Verheiratet. Ein Kind.
Franz	das Urviech. Er wurde in Pfarrkirchen entlassen, wie auch die anderen. Lebt mit Frau und fünf Kindern in Nürnberg.

Klein-Adolf wurde 1949 entlassen. Ist Kellner in Frankfurt.

Die beiden Sachsen kamen nach sechs Jahren frei. Sie leben in der D.D.R. und sind noch immer unzertrennlich.

Der glatte Hauptmann soll von den Russen bei einem Streit erschossen worden sein.

Von den Volksdeutschen haben nur wenige überlebt. Die Frau des Zahnlosen schrieb mir, daß ihr Mann erst im Jahr 1957 entlassen wurde. Er kam mit einer Lungenkrankheit zurück.

Der Aschaffenburger Geschäftsmann erhielt sein Geld nach drei Jahren zurück. Er besuchte uns in Hanau.